Meyer–Ingwersen · Neumann · Kummer

Zur Sprachentwicklung
türkischer Schüler in der Bundesrepublik

Band 1

Scriptor Taschenbücher
Literatur + Sprache + Didaktik

Herausgegeben von:
Barbara Kochan · Detlef C. Kochan · Harro Müller–Michaels

Johannes Meyer–Ingwersen
Rosemarie Neumann · Matthias Kummer

Zur Sprachentwicklung
türkischer Schüler
in der Bundesrepublik

Band 1

Scriptor Verlag Kronberg/Ts.
1977

CIP-Kurztitelaufnahme der Deutschen Bibliothek

Meyer-Ingwersen, Johannes
Zur Sprachentwicklung türkischer Schüler in der Bundesrepublik/
Johannes Meyer-Ingwersen;
Rosemarie Neumann; Matthias Kummer.; 1. Aufl. –
Kronberg/Ts.: Scriptor-Verlag 1977.
   (Scriptor-Taschenbücher; S 105: Literatur + Sprache + Didaktik)
   ISBN 3–589–20496–6
   NE: Neumann, Rosemarie: ; Kummer, Matthias:

© 1977 Scriptor Verlag GmbH & Co KG
Wissenschaftliche Veröffentlichungen
Kronberg/Ts.
Alle Rechte vorbehalten
Druck und Bindung Pustet Regensburg
Printed in Germany
ISBN 3-589-20496-6

Die euch das Buch stahlen, das unter euren Windeln lag
Werfen euch vor, ihr seiet nicht belesen.
Am Strassenrand sitzend oder auf der Drehbank
Verspeist ihr, mit schwarzen Händen, euer Brot, so
Beschuldigen sie euch, dass ihr die feinen Tisch-
sitten nicht kennt.

Bertolt Brecht, Gesammelte Werke 9/549

Vorwort

Der breite Zustrom ausländischer Kinder traf unsere Schulen zunächst
unvorbereitet. Als man vor Jahren ihre Eltern als Arbeitskräfte an-
warb, hatte man nicht bedacht, dass dies auch Folgen für unser Bil-
dungswesen mit sich bringen würde. Auch als die Zahl der ausländischen Schüler nach und nach stark zunahm, tröstete man sich zunächst
noch mit dem Gedanken, dass dies eine vorübergehende Erscheinung
sei. Erst in jüngster Zeit beginnt sich die Erkenntnis durchzusetzen,
dass es sich hier um eine Daueraufgabe handelt, die nicht verschwinden, sondern weiter zunehmen wird. Insbesondere die Zahl der türkischen Schüler wächst - trotz Arbeitslosigkeit und Anwerbestopp - von
Jahr zu Jahr weiter, und gerade sie sind es, die sprachlich wie auch
inhaltlich die grössten Probleme haben.

Bisher wurde versucht, diesen Problemen mit eilig und ohne besondere Sachkenntnis zubereiteten Provisorien beizukommen. Unsere
Schulen, die ca. 2o% der Hauptschüler ohne Abschluss lassen, und
unsere Hochschulen, die den zukünftigen Lehrern selbst vieles, was
für den Unterricht deutscher Kinder erforderlich wäre, nicht vermitteln,
tun sich schwer, den ausländischen Schülern gerecht zu werden. Das
Schulversagen dieser Kinder ist im Grunde ein Versagen unseres Bildungssystems, das ungerechterweise den Schülern angelastet wird.
Die Bemühungen vieler einzelner Kollegen um eine Verbesserung der
Situation und Ansätze in einzelnen Hochschulen zeigen, dass dies
Versagen nicht schicksalhaft ist. Wenn breite Aufklärung über die
Problematik betrieben, Aus- und Fortbildung verbessert und die vor-
handenen Bemühungen koordiniert werden, können sehr wohl Erfolge
organisiert werden.

Neue Problemstellungen erfordern neue Lösungswege. Die Suche nach
solchen Wegen geschieht zwar auf der Basis des bisher von den Wissenschaften bereitgestellten Wissens, aber es reicht sicher nicht aus,
das neue Problemfeld gewissermassen als Steinbruch für die eine
oder andere dieser Wissenschaften verfügbar zu machen. Es wäre z.
B. wenig sachgerecht, die türkischen Schüler als neues, ein wenig
exotisches und deshalb lohnendes Beschreibungsobjekt für die Linguistik zu entdecken. Worum es vielmehr bei der Erforschung der sprach-

lichen Fähigkeiten dieser Kinder gehen muss, ist die Entwicklung einer Didaktik, die ihren Spracherwerb so fördern und organisieren hilft, dass ihr Schulerfolg gesichert und eine breite Entwicklung ihrer Persönlichkeit unterstützt wird.

Für die Fähigkeitsentwicklung ausländischer Kinder ist es zentral, dass der Erwerb von Muttersprache und Zweitsprache im Zusammenhang gesehen und als einheitlicher Prozess gefördert wird. Wer demgegenüber an eine "Funktionsverteilung" der Art denkt, dass die Muttersprache dem Elternhaus überlassen und das schulische Wissen andererseits nur in der Zweitsprache ausdrückbar gemacht wird, muss sich fragen lassen, ob er bedacht hat, was er hier zerschneidet. Dies einzusehen bedeutet jedoch nicht, dass man für eine getrennte Beschulung ausländischer Kinder in "bilingualen" Sonderklassen eintritt. Solange die Verhältnisse nicht so sind, dass solche Klassen gleichberechtigt von deutschen wie ausländischen Kindern besucht werden, läuft ihre Einrichtung auf schulische Segregation hinaus. Unter diesen Umständen ist es sinnvoller, für einen organisch auf die Regelklasse bezogenen zusätzlichen Muttersprachunterricht für die ausländischen Schüler einzutreten. Hieraus - und aus dem Mangel wirklich zweisprachiger Lehrer für den Fall türkischer Kinder - folgt, dass die anzustrebende Sprachdidaktik in zwei aufeinander bezogene Teilbereiche gegliedert sein muss:

x Didaktik des Türkischen als Muttersprache in deutschsprachiger Umwelt,

x Didaktik des Deutschen als Zweitsprache von Kindern türkischer Muttersprache.

Das vorliegende Buch will zum zweiten dieser Teilbereiche einen Beitrag leisten. Es ist entstanden im Rahmen der Forschungsarbeiten des Essener DFG-Projekts zur sprachlichen Entwicklung türkischer Schüler unter Leitung von Prof. K.-D.BÜNTING. Über Verlauf und Perspektiven dieser Forschungsarbeiten informiert der als Teil II abgedruckte Zwischenbericht vom Januar 1976 sowie der in Anhang 1 abgedruckte weiterführende Projektantrag, gemäss dem wir seit Juli 76 arbeiten. Aufgrund zahlreicher Diskussionen haben wir Materialien zur praktischen Arbeit in der Schule hinzugefügt (Teil I und die Anhänge 2 - 5), ausserdem eine Einschätzung der Tendenzen in der Entwicklung der Beschulungs modelle (Teil III). Hierdurch wurde das Buch umfangreicher als vorgesehen, so dass es nun in zwei Teilen erscheinen muss.

Wo wir Kritik üben, tun wir dies oft ohne Bezug auf Personen. Dies deshalb, weil die Zweitsprachdidaktik noch so sehr in den Anfängen steckt, dass eine starke Personalisierung problematischer Positionen willkürlich und unfruchtbar erscheint. Wir sind jedoch für Kritik und Stellungnahmen dankbar. Danken möchten wir der Deutschen Forschungs Gemeinschaft, dem Regierungspräsidenten in Düsseldorf, dem Essener Schulamt und allen Kollegen in den Essener Schulen, die unsere Forschungsarbeiten unterstützt haben und unterstützen.

Die Autoren

INHALTSVERZEICHNIS

I. FÜR DIE UNTERRICHTSPRAXIS

1. Einige Probleme, auf die man achten sollte.

Bei unseren Beobachtungen zum Sprachlernprozess türkischer Schüler sind uns nach und nach eine Reihe Schwierigkeiten aufgefallen, die offensichtlich eng mit der allgemeinen Schulsituation zusammenhängen. Auch Kollegen aus anderen Orten haben uns immer wieder auf diese Probleme hingewiesen. Da sie - selbst bei unveränderten allgemeinen Bedingungen - im einzelnen nicht unüberwindlich sind, haben wir die uns am wichtigsten scheinenden Punkte in diesem Abschnitt zusammengestellt. Jeder dieser Punkte ist ambivalent, d.h. es lassen sich an jedem schwerwiegende Fehler aufzeigen, die kumuliert den gesamten Unterrichtserfolg zunichte machen, jedoch finden sich auch für jeden in der Praxis immer wieder bespielhafte Ansätze zu einer Überwindung des Problems. Es geht uns im vorliegenden Abschnitt im wesentlichen darum, solche positiven Ansätze systematisch zusammenzufassen. Aus Gründen der deutlicheren Präsentation haben wir jedoch den Weg gewählt, jeweils von den möglichen Fehlern auszugehen. Wir hoffen, dass man uns dies Kontrastmittel nicht als "Schwarzmalerei" auslegen wird. Allen Kollegen, die uns durch ihre tägliche Auseinandersetzung mit den Schwierigkeiten, die sich einem qualifizierenden Unterricht für türkische Kinder immer noch in den Weg stellen, auf die hier nachgezeichneten Gefahren und Möglichkeiten aufmerksam gemacht haben, sei an dieser Stelle herzlich gedankt.

1.1. Worauf das gesamte Kollegium achten muss.

Wir führen hier an erster Stelle die Punkte an, die auf Schulen mit vielen Ausländern in Regelklassen wie auch auf Schulen mit besonderen Vorbereitungsklassen zutreffen.

(1) Die Probleme der ausländischen Kinder werden häufig nur am Rande mitbehandelt. Eigene Konferenzen darüber finden nicht statt, soweit sie in Konferenzen auftauchen, stehen sie am Ende der Tagesordnung. Obgleich die Ausbildung bisher nicht genügend zum Unterricht für ausländische Schüler befähigt, versucht das Kollegium nicht, sich in dieser Frage Zusatzinformationen von aussen zu beschaffen. Die für den Unterricht und die Bewertung ausländischer Schüler gültigen Erlasse und Richtlinien bleiben unbekannt.

(2) Es werden keine besonderen Förderstunden für ausländische Schüler in deutschen Regelklassen bereitgestellt. Soweit sie bereitgestellt werden, gehen sie nicht auf die spezifischen Schwierig-

keiten der ausländischen Schüler ein, sondern es wird irgendein
Programm abgearbeitet, das man ansonsten in Förderstunden mit
deutschen Schülern verwendet hat oder verwenden würde.

(3) Den ausländischen Schülern werden keine zweisprachigen Wörterbücher zur Verfügung gestellt. Der Grund hierfür ist häufig einfach der, dass die deutschen Schüler zum Verständnis der Unterrichtssprache keine Wörterbücher benötigen, so dass diese nicht
unter den für die jeweilige Klasse anzuschaffenden Lehrbüchern
aufgelistet sind. Bei Schülern der Regelklasse müssten sie ausserdem zusätzlich zu den für alle Schüler bestellten Büchern angeschafft werden. Die ausländischen Schüler würden also grössere
Aufwendungen erfordern, als die deutschen. Auch diese Notwendig-
leit wird nicht immer eingesehen. Schliesslich gibt es auch Kollegen, die das Benutzen von Wörterbüchern im Fremdsprachenunterricht als "Schummeln" empfinden und die diese Haltung
unreflektiert auch auf den Unterricht für ausländische Schüler
übertragen.
Gegenüber solchen Fehlhaltungen ist zu betonen, dass zum reibungslosen Verständnis des deutschsprachigen Unterrichts - je
nach Klassenstufe - ein Wortschatz von ca. 1o ooo bis 5o ooo
Wörtern erforderlich wäre, Wendungen und übertragene Bedeutungen nicht einmal voll eingerechnet. Da dieser Wortschatz in angemessener Zeit nicht vermittelt werden kann, ist das schnelle
und sichere Benutzen von Wörterbüchern in jeder Situation für die
ausländischen Schüler ein absolutes Erfordernis.

(4) Manchmal werden zwar Wörterbücher beschafft und ausgege-
ben, jedoch ihre Benutzung nicht erklärt und geübt. Dies bedeutet in der Regel, dass die Wörterbücher nicht ausgenutzt werden
können. Das wenigste, was für die Ausnutzung von Wörterbüchern
abgesichert werden muss, ist:

x   Kenntnis der Reihenfolge und der Unterschiede beider
    Alphabete,
x   Benutzung alphabetisch geordneter Listen
x   Entschlüsseln der grammatischen und lexikographischen
    Sonderzeichen des jeweiligen Wörterbuchs,
x   Verständnis für die Bedeutungsverzweigung einzelner
    Wörter,
x   Aufsuchen der kontextgerechten Bedeutung,
x   Verständnis für den Aufbau komplexer Wendungen,
x   Isolieren des unbekannten Wortes im Text oder im
    Sprechtext.

Weitergehende Fähigkeiten wären z.B. der Schluss vom Verb auf
das entsprechende Verbalsubstantiv (welches vielleicht nicht extra
aufgeführt ist), Aufsuchen im muttersprachlich/deutschen Wörterbuch
unter der vermuteten Bedeutung etc. In allen diesen Punkten geht
es nicht um einmaliges Vorführen, sondern um das Absichern einer

Fertigkeit, damit das Wörterbuch später mühelos und ohne grossen
Zeitverlust benutzt werden kann.

(5) Häufig ist für die türkischen Schüler die Kenntnis und mühelose Benutzung der Schreibschrift nicht durchgesetzt. Der erste
Grund dafür liegt im Grundschullehrplan der Türkei, wo das Schreiben im 1. Schuljahr als Schreiben einzelner Druckbuchstaben eingeführt wird. Erst in der 2. Klasse wird nach einigen Monaten die
Verbindung zwischen den Druckbuchstaben nach und nach durchge-
nommen. Auf diese Weise lernen die meisten türkischen Schüler
nie eine wirkliche Schreibschrift.
Die Folgen sind: unterentwickelte Schreibmotorik, verkrampftes
Schreiben, Widerwillen gegen schriftliche Arbeiten, Konzentration auf Einzelbuchstaben und infolgedessen unentwickelte Wahrneh-
mung ganzer Wörter. Hieraus ergeben sich zusätzliche Schwierigkeiten für die Entwicklung des sinnentnehmenden Lesens und die
Auffassung der grammatischen Formen in der Zweitsprache Deutsch.
Häufig sind nicht einmal alle 4 Buchstabenvarianten grundsätzlich
bekannt (gross/klein, gedruckt/geschrieben).
Es muss deshalb strengstens darauf geachtet werden, dass alle
ausländischen Schüler - im Muttersprach- wie auch im Deutschunterricht - von vorn herein die Schreibschrift schreiben lernen.
Für die neuhinzukommenden Schüler müssen in regelmässigen Ab-
ständen Schreibschriftkurse abgehalten werden.

(6) Für die ausländischen Kinder in der Bundesrepublik ist bisher
die Schulpflicht in breitem Masse noch nicht durchgesetzt. Dies
gilt insbesondere auch für türkische Kinder. Viele von ihnen werden
stark verspätet angemeldet, andere kommen überhaupt nicht mehr
zur Schule, nachdem sie in die Bundesrepublik eingereist sind,
wieder andere verschwinden vor Beendigung der Schulpflicht aus
der Schule. Dies geschieht bei Mädchen im Alter von 1o - 13
Jahren oft, weil sie auf jüngere Geschwister aufpassen müssen
und um zu verhindern, dass sie von Mitschülern oder anderen
männlichen Personen "belästigt" werden. Es geschieht bei Jungen z.T. dann, wenn sie eine Schwarzarbeit aufnehmen.
Massnahmen zur Durchsetzung der Schulpflicht sind derzeit im
wesentlichen den einzelnen Schulen überlassen und werden nur
sehr begrenzt durchgeführt. Insbesondere werden diejenigen Familien nicht erreicht, die aus Uninformiertheit oder aus anderen Gründen ihre Kinder überhaupt nicht zur Schule schicken.

(7) Bei der Aufnahme türkischer Schüler muss darauf geachtet
werden, dass die im Pass enthaltenen Geburtsdaten sehr oft nicht
zutreffen. Soweit dies für die Kinder Schaden bringt (etwa einen
verfrühten Schulabgang), muss unbedingt auf Berichtigung durch
die zuständigen türkischen Behörden gedrängt werden.
Die Hauptursache für die vielfach falschen Geburtsdaten liegt darin,

dass Kinder, die in Dörfern geboren sind, nicht sofort gemeldet werden, weil die Meldestelle oft sehr weit entfernt liegt und im Winter z.B. überhaupt nicht erreicht werden kann. Ausserdem kommt es auch vor, dass jüngere Kinder einfach auf den Pass verstorbener älterer Geschwister weitergeführt werden, wodurch man sich die Meldung sowohl des Todesfalles als auch der neuen Geburt spart. Eine Differenz von 1 - 3 Jahren zwischen Pass und tatsächlichem Alter kann als normal betrachtet werden. Die grösste von uns bisher beobachtete Altersdifferenz war die im Falle eines siebenjährigen Schulanfängers, der nach seinem Pass bereits 2o Jahre alt hätte sein müssen.

(8) Manchmal werden türkische Schulanfänger wegen Sprachschwierigkeiten oder wegen grösserer Defizite beim Schulreifetest zunächst in den Schulkindergarten eingestuft. Diese Massnahme ist in der Regel sicher gut gemeint, aber problematisch. Sie ist unbedingt abzulehnen, wenn die Schüler ohnehin bereits überaltert sind. Aber auch bei türkischen Schülern mit normalem Alter ist davon auszugehen, dass sie auf ihrem weiteren Schulweg eventuell noch einige Jahre verlieren werden. Dies gilt besonders dann, wenn es sich um stark verschüchterte Kinder handelt, die ausserdem kaum Deutsch sprechen oder verstehen. Für solche Kinder bringt der Besuch des Schulkindergartens normalerweise wenig Erfolg, so dass sie besser in eine Vorbereitungsklasse eingeschult werden sollten. Bei allen Kindern, die einigermassen gut Deutsch verstehen, ist demgegenüber die Einschulung in eine Regelklasse der Einschulung in eine Vorbereitungsklasse vorzuziehen, da der Besuch der Vorbereitungsklasse notwendig defizitfördernd ist.

(9) Bei der Übernahme von Kindern aus Vorbereitungsklassen stellt sich gewöhnlich heraus, dass der Wissens- und Leistungsstand dieser Kinder unter dem der für sie zuständigen Klassenstufe liegt. Hierauf kann die aufnehmende Schule im Prinzip auf zwei Weisen reagieren: entweder es werden Fördergruppen eingerichtet, die auf die spezifischen Defizite der Schüler eingehen, oder die Schüler werden heruntergestuft, oft mehrere Klassen. Leider wird meist der zweite, scheinbar bequemere Weg gegangen. Das Ergebnis ist, dass die Schüler völlig überaltert sind, später die Hauptschule ohne Abschluss verlassen werden und dass sie auch stark demotiviert werden. Andererseits werden die durch Sprachschwierigkeiten und durch das Programm der Vorbereitungsklassen verursachten Defizite durch die Zurückstufung keineswegs ausgeglichen, so dass in Wahrheit weiterhin die Notwendigkeit für Förderunterricht bzw. die Gefahr von Nichtversetzungen besteht.
Es ist übrigens natürlich auch keine sinnvolle Alternative zum Förderunterricht, wenn man die Kinder einfach ihrem Alter gemäss in eine Klasse hineinsetzt und ansonsten abwartet, was geschieht. Dies bedeutet, dass die Kinder nicht real am Unterricht teilnehmen können, so dass ihre Situation nach und nach immer schlechter wird.

(1o) Häufig - und aus verschiedenen Gründen - werden ausländische Schüler bei der Meldung zum Gymnasium oder zur Realschule übergangen. Dabei wird z.B. nicht bedacht, dass die Sprachschwierigkeiten für den ausländischen Schüler in gleichem Masse
in der Hauptschule bestehen, wie in den höheren Schulen. Auch
werden die Bildungsabsichten der ausländischen Eltern oft unterschätzt. Schliesslich werden die Klassenlehrer von Vorbereitungsklassen oft überhaupt nicht über die Möglichkeiten und die Ver-
fahrensweise beim Übergang auf höhere Schulen hingewiesen. Andererseits sind die ausländischen Eltern meist so wenig über unser
Schulsystem informiert, dass sie von sich aus nicht dazu in der
Lage sind, ihre Rechte wahrzunehmen.
Ein Ergebnis dieser Situation ist, dass z.B. die Zahl türkischer
Schüler auf Gymnasien und Realschulen in Essen zur Zeit nur
ca. 2 % aller türkischen Schüler ausmacht. Zieht man noch die
Kinder von Ärzten, Lehrern und anderen Intellektuellen ab, so
schrumpft diese Zahl weiter zusammen. Andererseits finden sich
in unseren Hauptschulen eine Anzahl von Schülern, die durchaus
ein Gymnasium hätten besuchen können. Diese Schüler gelten
dann oft als Beleg dafür, dass im Grunde für die Ausländer bereits genug getan wird - d.h. man kalkuliert nicht ein, dass
das Leistungsgefälle bei den türkischen Schülern eher noch grösser ist, als bei den deutschen. Infolgedessen besteht die Gefahr,
dass es als durchaus normal empfunden wird, wenn nur diese
Spitzenschüler einen Hauptschulabschluss erreichen, während die
übergrosse Mehrzahl der Schüler im Bereich zwischen der 5. und
der 9. Klasse nach und nach ohne Abschluss die Hauptschule verlässt.

(11) Noch immer wird es in vielen Hauptschulen zu leicht hinge-
nommen, wenn ausländische Schüler vorzeitig bzw. ohne Hauptschulabschluss die Schule verlassen. Das Ergebnis ist, dass
diese Jugendlichen ohne eine Chance auf Berufsausbildung bleiben. Bei der derzeitigen wirtschaftlichen Situation finden sie
grossenteils überhaupt keinen dauerhaften Arbeitsplatz. Die Folge ist eine Zunahme von Schwarzarbeit und Jugendkriminalität.
Welche sozialen Probleme sich hier längerfristig anbahnen, ist
zur Zeit überhaupt noch nicht voll abzusehen.
Angesichts der vielfältigen Schulschwierigkeiten ausländischer
Kinder wäre es durchaus gerechtfertigt, ihnen gegebenenfalls die
Schulpflicht automatisch bis zur Erreichung des Hauptschulabschlusses zu verlängern. Solange dies nicht durch Erlass so
geregelt ist, sollten die Schulen in jedem Einzelfall darauf drän-
gen, dass die bestehenden Möglichkeiten der Verlängerung von
den ausländischen Schülern voll ausgenutzt werden.

(12) Es ist bisher leider nicht überall üblich, die ausländischen
Lehrer, Eltern und Schüler von Anfang an und umfassend über
unser Schulsystem aufzuklären. Die Folge ist, dass Pläne für
den Bildungsweg einzelner Kinder immer wieder auf der Basis

des' heimatlichen Schulsystems gemacht werden, weil man sich
ein anders organisiertes Schulsystem überhaupt nicht vorstellen
kann.
Dies bedeutet z.B. im Fall von türkischen Eltern, dass sie von
einer fünfjährigen Grundschule (ilkokul) ausgehen, der eine drei-
jährige Mittelschule (ortaokul) und danach ein dreijähriges Gymnasium (lise) folgt. Sie bemerken daher nicht, dass ihr Kind den
Anschluss an das Gymnasium bereits während der 4. Klasse ver-
passt. Ausserdem halten sie die Vorbereitungsklassen oft für
gleichwertige Türkische Schulen (Türk okulu) des heimatlichen
Schulsystems, und akzeptieren es z.B. auch, wenn in einzelnen
Fällen illegal 5. Vorbereitungsklassen an deutschen Grundschulen
geführt werden, in denen angeblich das türkische Grundschuldiplom
(ilkokul diplomasi) erteilt werden soll, während in Wahrheit überhaupt kein gültiges Zeugnis erteilt werden kann.
Die rechtzeitige und umfassende Information der ausländischen
Eltern über unser Schulsystem und die erreichbaren Abschlüsse
ist eine wesentliche Voraussetzung dafür, dass sich bei den Eltern realistische Bildungserwartungen für ihre Kinder überhaupt
entwickeln können. Nur auf dieser Basis kann eine sichere Grundlage für die notwendige Zusammenarbeit zwischen Schule und
Elternhaus geschaffen werden. Soweit die Schüler sich noch in
der Vorbereitungsklasse befinden, sind eventuelle Widerstände gegen eine rechtzeitige Integration in die Regelklasse ebenfalls
nur auf der Basis ausreichender Information der Eltern zu vermeiden.

(13) In völlig ungenügendem Masse werden bisher die ausländischen Eltern in die Elternvertretungen einbezogen. Dies gilt insbesondere für die Gremien, die über die einzelnen Schulen hinaus
gehen, beginnt aber in vielen Fällen auch schon in der einzelnen
Schule. Auch wo z.B. in Vorbereitungsklassen Elternvertreter gewählt werden, bleibt dies oft ein formaler Akt, ohne dass sich
die Eltern der damit gegebenen Möglichkeiten bewusst würden.
Die Folge ist, dass die besonderen Probleme der ausländischen
Schüler bisher in der Gesamtheit der Elternschaft zu wenig bekannt
werden. Gerade diese Uninformiertheit der deutschen Elternschaft
ist es aber, die immer wieder ausländerfeindliche Reaktionen
bei einzelnen Anlässen - etwa der Zunahme ausländischer Schüler
in einer Regelklasse oder ihrer "Bevorzugung" bei den Förderstunden zur Folge hat. Je mehr und je effektvoller die ausländischen
Eltern in die Elternvertretungen einbezogen werden, um so mehr
können chauvinistische Stimmungen in der deutschen Elternschaft
abgebaut bzw. von vorn herein verhindert werden.

Es folgen nun einige weitere Punkte, die speziell in Schulen mit
Vorbereitungsklassen beachtet werden müssen, damit diese Klassen funktionsfähig bleiben und nicht zu Ghettos für die ausländischen Schüler werden.

(14) Die vielleicht wichtigste Frage für den Erfolg der Vorbereitungsklassen ist es, wieweit die darin arbeitenden deutschen Kollegen für diese Aufgabe qualifiziert sind bzw. sich weiter qualifi-
zieren können. Dies hängt jedoch eng damit zusammen, wie und
für welche Zeitdauer sie für diese Aufgabe ausgewählt werden.
Gerade in dieser Frage sind besonders schwerwiegende Fehler möglich.
In der Regel ist an einer Schule mit Vorbereitungsklassen zunächst
kein Lehrer vorhanden, der für den Unterricht in diesen Klassen ausgebildet ist. Es kommt also alles darauf an, Kollegen zu finden,
die sich langfristig - nach Möglichkeit auf Dauer - in diese Aufgabe einarbeiten und sich die dafür nötigen Kenntnisse und Fähigkeiten zusätzlich aneignen. Hierzu gehören: der häusliche und
schulische Hintergrund der jeweiligen ausländischen Schüler, die
Methodik des Zweitsprachenunterrichts, die spezifischen Lernschwierigkeiten, die sich aus der jeweiligen Muttersprache der Schüler
ergeben, vernünftige Kriterien für die Einschätzung des Lernfort-
schritts und die Bewertung und vieles andere mehr. Da den betroffenen Kollegen bisher Hilfestellung nur in ganz ungenügender
Weise gegeben wird, und da nach und nach eine sehr umfangreiche und tiefgehende Qualifikation erreicht werden muss, handelt
es sich um eine mühsame und langwierige Fortbildung, die im
Kollegium auch dementsprechend anerkannt werden sollte. Wichtig wäre ausserdem eine enge Kooperation aller am Unterricht der
Vorbereitungsklassen beteiligten Lehrer, um durch den Austausch
von Erfahrungen, Unterrichtsmaterial und Zielvorstellungen die Arbeit für die Kollegen zu erleichtern und den Lernprozess für die
Schüler bruchloser zu machen.
Nach unseren Beobachtungen gibt es in dieser Richtung in vielen
Kollegien sehr gute Ansätze. In einigen Fällen sieht die Wirklichkeit jedoch leider noch ganz anders aus. Deutsche Kollegen werden
z.T. nur kurzzeitig in Vorbereitungsklassen eingesetzt bzw. völlig
unvorhergesehen aus dieser Aufgabe wieder herausgerissen. Gern
wird auf neuhinzukommende Kollegen zurückgegriffen, die noch
nicht im Kollegium verankert sind. Auch wurden Junglehrer, die
zunächst nur mit einem Halbjahresvertrag über 14 Wochenstunden
eingesetzt waren, ziemlich breit und zum Teil gegen ihren Willen
in Vorbereitungsklassen geschickt, obwohl es völlig klar war, dass
die meisten von ihnen dort nicht kontinuierlich weiterarbeiten würden. Festlegungen dieser Art mögen in isolierten Einzelfällen aus
schulorganisatorischen Gründen unvermeidlich sein, sobald sie jedoch in einer Schule zur Regel werden, sind sie völlig unverantwortbar.

(15) Ein weiteres wichtiges Problem ist, wieweit den Vorbereitungsklassen tatsächlich die für sie vorgeschriebenen bzw. sachlich erforderlichen Lehrerstunden zur Verfügung stehen. Neben der
bloss quantitativen Seite, dass in den Vorbereitungsklassen Unter-
richtsausfall nach Möglichkeit vermieden werden sollte, hat dies
Problem eine qualitative Seite, die erheblich wichtiger ist: wie

verteilen sich die zur Verfügung stehenden Stunden auf deutsche
bzw. ausländische Kollegen, und wie verteilen sich diese Anteile wiederum auf die verschiedenen Fächer? Hier ist leider noch
ziemlich generell zu beobachten, dass der Anteil deutscher Lehrerstunden zu niedrig liegt, und dass so entscheidende Fächer wie
Mathematik, Sachkunde und Naturwissenschaften oft den ausländischen Kollegen zugemutet werden, obwohl es gerade hier um
das Heranführen an den Stoff der deutschen Regelklassen und
die Vermittlung eines breiten Fachwortschatzes auf Deutsch gehen
muss. Es ist eine offensichtliche Fehlentscheidung, wenn in einer
Schule Sport, Werken, Kunst, Musik und ähnliches in der Vorbereitungsklasse durch deutsche Lehrer abgedeckt werden, während
man in den Fächern, wo es zentral um Wissensvermittlung und
Fachwortschatz geht, keine deutschen Lehrer einsetzt.

(16) Obwohl für die Bildung und Teilung von Vorbereitungsklassen niedrigere Zahlen festgelegt sind, als im Falle der Regelklassen, stösst man in der Praxis doch immer wieder auf Fälle,
wo genau das Gegenteil realisiert ist. Es werden nicht nur Vorbereitungsklassen über das zur Teilung erforderliche Maximum
hinaus ungeteilt gelassen, sondern es kommt auch vor, dass
zwei Klassen gebildet werden, die dann aber zeitweise oder durch-
gehend gleichzeitig vom gleichen Lehrer unterrichtet werden. Allerdings scheint sich die Situation in dem unserer Beobachtung zugänglichen Bereich in den letzten zwei Jahren erheblich gebessert
zu haben.

(17) Nicht immer wurden in der Vergangenheit die für die Schüler
von Vorbereitungsklassen zur Verfügung stehenden Beträge für
Schulbücher - die mit den Beträgen für die entsprechenden Regelklassen übereinstimmen - ausgeschöpft. Je weniger Fachstunden
hier auf Deutsch erteilt wurden, um so weniger hielt man die
entsprechenden deutschen Fachbücher für erforderlich. Fremdsprach-
ige Fachbücher sind in der Bundesrepublik bisher nicht erstellt
worden. Bücher aus dem Heimatland erschienen lange Zeit als
unbeschaffbar. Die Folge war, dass die Schüler sich in den Vor-
reitungsklassen nicht einmal prinzipiell an das Benutzen von
Schulbüchern gewöhnen konnten und schon gar nicht an das Verwenden deutscher Fachbücher als Informationsquelle. Inzwischen
hat sich die Situation in dieser Frage - jedenfalls in Essen und
für türkische Schüler - erheblich gebessert. Es muss jedoch weiter daran gearbeitet werden, die deutschen Lehrbücher auch in die
Vorbereitungsklassen zu bringen. Es wäre besonders wichtig, in
Fächern mit starkem Fachwortschatzanteil parallel muttersprachliche und deutsche Lehrbücher einzusetzen.

(18) In vielen Fällen sind die ausländischen Kollegen im Kollegium ziemlich isoliert. Dabei wäre gerade hier eine intensive
Zusammenarbeit erforderlich. Der deutsche Lehrer braucht den

ausländischen Kollegen, um Zugang zu den häuslichen, schulischen und sprachlichen Voraussetzungen seiner Schüler zu finden. Der ausländische Kollege braucht andererseits Unterstützung beim Lesen des deutschen Lehrplanes und der deutschen Lehrbücher, zu denen er die Schüler ja auch durch seinen muttersprachlich gehaltenen Unterricht hinführen soll. Oft muss er auch in Fachinhalte (z.B. Mengenlehre) oder materielle Bedingungen (Anschauungsmaterial, Versuchsgeräte) eingeführt werden, die sich von denen im Heimatland erheblich unterscheiden. Es gibt hier auf beiden Seiten genügend Bedürfnisse, die jeweils als Ansatzpunkt zum Aufbrechen einer eventuellen Abkapselung oder Scheu benutzt werden können. Leider werden sie oft noch nicht genügend ausgenutzt.

(19) In einigen Fällen mussten wir beobachten, dass man den Deutschkurs - jedenfalls in der C-Gruppe - ausländischen Kollegen überlässt, die das Deutsche nicht sicher beherrschen. So sinnvoll es nun auch sein kann, türkischen Schülern die deutsche Sprache durch einen sehr weitgehend zweisprachigen türkischen Lehrer vermitteln zu lassen - weil er nämlich ein stärkeres Bewusstsein der Lernschwierigkeiten haben wird und weil er auch in komplizierten Fällen korrekte Bedeutungserklärungen in der Muttersprache geben kann - so wenig ist es vertretbar, dass dieser Unterricht durch einen Lehrer gegeben wird, der selbst erst gebrochen Deutsch spricht und der grammatisch und orthographisch stark fehlerhaft schreibt. Auf die typischen Türkenfehler kommen die türkischen Schüler ganz von allein, es ist durchaus nicht notwendig, sie ihnen im Anfängerkurs einzuschleifen. Soweit die Besetzung der C-Gruppe durch einen türkischen Kollegen einfach dadurch bedingt ist, dass sich alle deutschen Kollegen ausserstande sehen, Deutschunterricht in einer türkischen Anfängergruppe zu geben - was bei fehlender Spezialausbildung durchaus verständlich ist - muss das Kollegium hieraus den Schluss ziehen, die fraglichen Stunden dann doppelt zu besetzen und den Unterricht durch einen deutschen und einen türkischen Lehrer kooperativ erteilen zu lassen.

(2o) In der Regel ist es heute noch nicht üblich, den Inhalt der Deutschkurse in den Vorbereitungsklassen, die Kriterien für den Übergang in die Regelklasse und die Bewertung der in die Regelklasse übergegangenen Schüler aufeinander abzustimmen. Dies schlägt sich schon darin nieder, dass z.B. schriftliche Leistungen in der Vorbereitungsklasse viel weniger geübt werden, als sie nachher für den Übergang und für das "Überleben" in der Regelklasse verlangt werden. Auch der vermittelte Wortschatz der Deutschkurse ist in keiner Weise auf die Bedürfnisse der Regelklasse abgestimmt. Um diesem Problem beizukommen, wäre offensichtlich eine breite fachliche Zusammenarbeit im gesamten Kollegium erforderlich.

(21) Die überwiegende Mehrheit der türkischen Schüler wird bisher
weit über die vorgeschriebene Höchstzeit von zwei Jahren in den
Vorbereitungsklassen belassen. Schüler, die vier oder fünf Jahre
in einer Vorbereitungsklasse zubringen mussten, sind durchaus
keine Seltenheit. Ab und zu hört man von deutschen Kollegen auch
die Auffassung, die offizielle Aufenthaltsdauer müsse über zwei
Jahre hinaus verlängert werden, da die Vorbereitung in zwei Jahren
nicht zu schaffen sei.
Diese Meinung ist jedoch unbegründet. Zunächst einmal sind immer
wieder einzelne Schüler zu beobachten, die den Anschluss an die
Regelklasse in sehr viel kürzerer Zeit schaffen, obgleich sie sprachlich die gleichen Voraussetzungen haben, wie die anderen Schüler
auch. Der Unterschied besteht sehr viel mehr in der Frage der
Arbeitshaltung, der Beherrschung von Arbeitstechniken, der häuslichen Unterstützung und Zielorientierung etc. Wenn bestimmte türkische Schüler besonders schnell lernen, so deshalb, weil sie die
Voraussetzungen dafür mitbringen, selbst einem desorientierten und
wenig konsequenten Unterricht noch genügend geordnete Information
zu entnehmen. Andere Kinder mit schlechteren Lernvoraussetzungen haben diese Fähigkeit nicht. Es ist aber zu betonen, dass
hier die reine zeitliche Verlängerung nichts nützt. Erfahrungsge-
mäss lernen die meisten Schüler nach mehr als zwei Jahren Aufenthalt in der Vorbereitungsklasse kein Deutsch mehr hinzu, im
Gegenteil: dort, wo längere Verweildauer üblich ist, wird die Motivation so weitgehend zerstört, dass eher noch wieder Deutschkenntnisse abgebaut werden.
Es muss daher unbedingt darauf geachtet werden, dass die Verweildauer von zwei Jahren nicht überschritten, wohl aber in einer grossen
Zahl von Fällen unterschritten wird. Wo dies unerreichbar erscheint,
muss der bisherige Deutschunterricht vom Kollegium durchdacht
und sowohl quantitativ als auch qualitativ verbessert werden. Ausserdem sind auf jeden Fall Fördermassnahmen nach der Übernahme in die Regelklasse erforderlich.

(22) In manchen Fällen sind türkische Kinder bereits in der Grundschule stark überaltert - sei es, dass sie zu spät eingeschult wurden, sei es, dass man sie mehrfach hat sitzen lassen. Bisher wird
in diesen Fällen häufig so verfahren, dass diese Schüler eines Ta-
ges entsprechend ihrem Alter an die Vorbereitungsklasse der Hauptschule überwiesen werden. Auf diese Weise sind Übergänge von
der 2. in die 5. Vorbereitungsklasse durchaus nichts Aussergewöhn-
liches.
Wenn man bedenkt, wie selten es für ein deutsches Kind möglich
ist, eine Klassenstufe zu überspringen, müsste eigentlich von vorn
herein klar sein, dass willkürliche Versetzung über mehrere Klassen hinweg - um den überalterten Schüler aus der Grundschule los
zu sein - sich pädagogisch von selbst verbietet. Man kann in so
gelagerten Fällen auch sicher nicht argumentieren, dass durch diese
Massnahme der Schüler dem Ziel des Hauptschulabschlusses näher
gebracht würde.

(23) Türkische Grundschüler, die nicht von vorn herein die Regelklasse besuchen, sollten möglichst nach dem 1., spätestens nach
dem 2. Schuljahr integriert werden, da sonst der bei der Integration zu bewältigende Niveauunterschied zu gross wird. Soweit türkische Schüler dennoch die 3. oder 4. Vorbereitungsklasse besuchen - etwa weil sie erst später in die Bundesrepublik eingereist
sind, sollte die Integration nicht erst auf den Punkt verschoben
werden, wo sie ohnehin aus der Grundschule in die Hauptschule
übergehen. Der Wechsel in den neuen Schultyp hinein bringt ohnehin genügend Unsicherheitsfaktoren mit sich, und die Grundschule
hat das Kind nur dann wirklich genügend vorbereitet, wenn sie es
bereits vorher in die Regelklasse einführt. Ausserdem kann man
auch nur bei rechtzeitiger Übernahme in die Regelklasse absichern,
dass alle dafür infrage kommenden Schüler wirklich für die Realschule oder das Gymnasium vorbereitet und gemeldet werden.

(24) Vor den nationalen Zwergschulen, die sich hinter Stichwörtern wie "Bayrisches Modell" oder "Vorbereitungsklassen in Lang-
zeitform" verbergen, können die ausländischen Eltern nicht ein-
dringlich genug gewarnt werden. Hier entsteht ein neuer Schultyp,
der ausschliesslich auf Arbeiterkinder spezialisiert ist, und dabei
wiederum auf solche, die wegen ihrer sprachlichen Situation und
wegen der relativen Rechtlosigkeit ihrer Eltern hier in der Bundesrepublik besonders benachteiligt sind. Eine Einschulung in diesen
Schultyp dürfte in der Regel - bei allem guten Willen der unmittelbar Beteiligten - einen Verzicht auf einen gleichwertigen Abschluss bedeuten.

1.2. Einige Gesichtspunkte für den deutschen Lehrer in der Vorbereitungsklasse.

(25) Leider bereitet die Lehrerausbildung und weitgehend auch die
Fortbildung bisher so wenig konkret auf die Situation und die Aufgabenstellungen in der Vorbereitungsklasse vor, dass selbst Kollegen, die sich freiwillig und aus eigenem Entschluss für diese
Arbeit gemeldet haben, nicht selten nach einiger Zeit resignieren.
Dies hat u.a. damit zu tun, dass es keine konkretisierten Richtlinien und nur wenig geeignete Hilfsmittel für den Unterricht gibt,
dass die Vergleichsmasstäbe für die Einschätzung des eigenen Unterrichts fehlen bzw. zu unsicher sind und dass der Kollege, der
die rechtzeitige Integration türkischer Schüler in die Regelklasse
betreibt, dadurch leicht in einen unausgesprochenen, aber unter-
schwellig sehr starken Interessenkonflikt mit dem übrigen Kollegium geraten kann.
Angesichts dieser Situation ist es wichtig, sich gleich zu Beginn
der Arbeit in der Vorbereitungsklasse folgendes klarzumachen:
Der Unterricht in der Vorbereitungsklasse ist eine völlig neuarti-
ge Aufgabe, die etwa mit dem herkömmlichen Deutschunterricht

nichts und mit dem herkömmlichen Fremdsprachenunterricht nur
sehr wenig zu tun hat. Es geht ja darum, ausländischen Kindern
die deutsche Sprache so zu vermitteln, dass sie sie als Unterrichtsmedium aller Schulfächer relativ mühelos verstehen und relativ fehlerfrei benutzen können. Dies muss in kürzester Zeit und
unter Ausnutzung der zweisprachigen Alltagssituation der Kinder geschehen. Dabei müssen alle Negativeffekte dieser zweisprachigen
Alltagssituation nach und nach abgebaut werden (etwa die bereits
sehr früh verfestigten "Türkenfehler"). Kinder und Eltern, die
ihre neue Umwelt weitgehend nicht durchschauen und oft noch
Interpretationsmuster aus dem Heimatland anlegen, müssen dazu gebracht werden, aktiv und zielgerichtet am Schulerfolg mit-
zuwirken.

Für diese komplexe neue Aufgabenstellung gibt es bisher weder
eine spezifische Ausbildung noch eine Anerkennung. Wer jedoch
in der Vorbereitungsklasse arbeitet, ohne sich diese besondere
Aufgabe klarzumachen und das dafür notwendige Wissen nach und
nach aufzuarbeiten, steht von vorn herein auf verlorenem Posten.
Das gleiche kann man auch für den Fall eines isolierten Herange-
hens an diese neue Aufgabe sagen, da selbst gute Erfolge, die
in der Vorbereitungsklasse erzielt werden, bei Lehrerwechsel in
der Vorbereitungsklasse oder durch Integration sehr schnell wieder zerstört werden können. Daher scheinen uns folgende Massnahmen für Kollegen in Vorbereitungsklassen ausgesprochen wichtig:

x   Versuchen Sie, eine enge Zusammenarbeit mit allen den
    Kollegen an Ihrer Schule zu erreichen, die an den auslän-
    dischen Kindern interessiert bzw. für sie zu interessieren
    sind. Es ist wichtig, dass auch Kollegen mitarbeiten, die
    nicht in der Vorbereitungsklasse sind, da dies den Bruch
    beim Übergang in die Regelklasse abbauen hilft. Versuchen
    Sie gemeinsam, ein durchgängiges Programm für den
    Deutschunterricht in der Vorbereitungsklasse und spätere
    Fördermassnahmen zu verwirklichen.

x   Sichten Sie arbeitsteilig die erreichbaren Informations-
    quellen zu: Deutsch als Zweitsprache, Sprachkontrast
    Deutsch/Muttersprache der Schüler, Hilfsmittel wie Wör-
    terbücher, zweisprachige oder übersetzte Texte etc, In-
    formationsquellen über das Heimatland, insbesondere das
    dortige Bildungs- und Erziehungswesen, Lehrpläne etc.,
    sowie über die Situation der Gastarbeiter und ihrer Kinder
    hier in der BRD.

x   Vergewissern Sie sich - z.B. anhand von Lehrbüchern ver-
    schiedener Schulfächer - welche sprachlichen Anforderungen
    nach dem Übergang in die Regelklasse an die ausländischen
    Schüler tatsächlich gestellt werden. Überprüfen Sie die
    angebotenen Deutschmaterialien daraufhin, welche am wei-
    testen in diese Richtung führen, und welche Arbeitsmateria-

lien dann noch zusätzlich entwickelt werden müssen. Sichern
Sie eine enge Kooperation zwischen dem unmittelbaren
Deutschunterricht in der Vorbereitungklasse und den übrigen
dort auf Deutsch erteilten Fächern ab: so wird der Deutschunterricht zielgerichteter und die Arbeit in den anderen Fächern kann effektiver werden.

x Versuchen Sie, die ausländischen Kollegen an Ihrer Schule
mit in die gemeinsame Arbeit einzubeziehen. Ein Ansatzpunkt dafür sind die objektiv vorhandenen gegenseitigen Interessen: Sie brauchen die ausländischen Kollegen, um etwas
über das Heimatland der Kinder, das dortige Schulsystem
und die Muttersprache der Kinder zu erfahren, ausserdem
kann Ihnen der ausländische Lehrer den Zugang zu den Elternhäusern der Schüler erleichtern. Andererseits können Sie
den ausländischen Lehrer bei der Lektüre der Richtlinien,
nach denen er unterrichten soll, und der deutschen Lehrbücher,
auf die er inhaltlich zuarbeiten soll, unterstützen. (Man wird
jedoch die eigene Hilfe sehr behutsam anbringen müssen,
da es z.B. türkischen Kollegen oft sehr viel schwerer fällt,
zuzugeben, dass sie etwas nicht können. Ausserdem muss
man im Auge behalten, dass ein objektiver Interessenkonflikt besteht: die Anstellung des ausländischen Kollegen ist
eng an die Zahl der Schüler in Vorbereitungsklassen gebunden,
so dass der Kollege seine eigene Stellung untergräbt, wenn
er effektiv auf die Integration zuarbeitet. Dies ist ein un-
haltbarer Zustand, dessen Folgen man ganz sicher nicht einfach den ausländischen Kollegen anlasten kann.)

x Überprüfen Sie, wie weit es in Ihrer Umgebung Fortbildungs-
einrichtungen oder Arbeitsgemeinschaften von Kollegen gibt,
die sich mit den gleichen Problemen beschäftigen. Gibt es
an Ihrem Ort bereits eine konkrete GEW-Arbeit in dieser Richtung? Soweit eine Hochschule vorhanden ist: gibt es dort
Hochschullehrer, die bereit wären, Sie in Ihrer Arbeit zu
unterstützen?

x Versuchen Sie zu erreichen, dass wenigstens einige von Ihnen die Muttersprache der Schüler wenigstens bis zu einem
gewissen Grade erlernen. Dies kann Ihnen das Verständnis
für die Lernschwierigkeiten der Kinder, aber auch den Zugang
zu den Elternhäusern und die Kenntnisnahme der schulischen
Voraussetzungen aus dem Heimatland wie aus dem muttersprachlich gehaltenen Unterricht erheblich erleichtern. Ausserdem hilft es, Disziplinprobleme abzubauen, wenn die
Kinder wissen: der Lehrer versteht, was wir so zwischen-
durch reden.

All dies wird man natürlich nicht anpacken, wenn man von der Einschätzung ausgeht, es handle sich bei den Vorbereitungsklassen

um eine relativ kurzfristige Erscheinung, die wieder verschwinden
wird. Dies ist aber wenigstens für den Fall türkischer Schüler
ganz sicher eine Fehleinschätzung. Die Zahl der türkischen Schüler
in unseren Schulen nimmt zu und wird weiter zunehmen. Noch immer zieht eine beträchtliche Zahl Kinder zu ihren seit Jahren hier
in der Bundesrepublik lebenden Eltern nach. Es kommen jetzt aber
auch die ausgesprochen geburtenstarken Jahrgänge türkischer Kinder
ins schulpflichtige Alter, die bereits hier geboren sind, und von
denen viele ebenfalls nicht fliessend Deutsch sprechen. Das Problem wird noch verschärft durch einen neueren Trend in der Bildungs-
politik, der diesen breiten Zustrom türkischer Kinder mit Separie-
rung von der 1. Klasse an beantwortet. Hinzu kommt, dass man
durchaus nicht als sicher voraussetzen kann, dass der derzeitige
"Anwerbestopp" auf Dauer bestehen bleibt.

(26) In vielen Fällen verzichten deutsche Lehrer in Vorbereitungsklassen darauf, einen unmittelbaren Kontakt zu den Eltern ihrer
Schüler aufzubauen. Sie gehen implizit davon aus, dass dieser
Kontakt im wesentlichen vom "Klassenlehrer" - nämlich dem ausländischen Lehrer - aufgebaut werden muss, resignieren gegenüber
bereits erfahrenen oder auch nur vermuteten Verständigungsschwie-
rigkeiten oder auch gegenüber dem Problem, dass der Einzugsbe-
reich der ausländischen Schüler viel zu gross ist.
Demgegenüber ist festzuhalten, dass der Kontakt der deutschen
Lehrer mit den Eltern der Kinder in den Vorbereitungsklassen -
sowohl in Form von Elternabenden, als auch in Form von Hausbesuchen - unbedingt erforderlich ist. Er ist wichtig für die Stimmung im Elternhaus, aber auch für den deutschen Lehrer. Für
die Eltern ist dieser Kontakt wichtig, damit sie von vorn herein
auch die Vorbereitungsklasse als funktionalen Bestandteil der deutschen Schule erfassen. Solange der Kontakt z.B. türkischer Eltern
zu unserer Schule nur über den türkischen Kollegen läuft, ist es
- unabhängig von den Intentionen des türkischen Kollegen - ganz
klar, dass die Eltern die Vorbereitungsklasse als in sich geschlos-
sene "Türkenschule" auffassen und die Perspektive des möglichst
raschen Übergangs in die Regelklasse nicht ernst nehmen. Es ist
auch unfair, die Aufklärung der Eltern über die oft sehr diffizielen
Fragen der weiteren Bildungsmöglichkeiten für ihre Kinder ausgerechnet dem ausländischen Kollegen zuzuschieben, dem unser
Schulsystem notwendig nicht in allen praktischen Einzelheiten
vertraut sein kann.
Aber auch für die deutschen Kollegen ist der unmittelbare Kontakt
zu den Elternhäusern sehr vorteilhaft. Zunächst einmal hilft er,
den Hintergrund der Schüler besser zu verstehen. Solange man nicht
in türkischen Elternhäusern gewesen ist, setzt man oft in vielen
Punkten einfach "deutsche" Verhältnisse voraus. Wenn man erst
in wenigen Elternhäusern war, neigt man leicht dazu, die von Fall
zu Fall bestehenden enormen Unterschiede einzuueben. Erst häufi-

ger Kontakt bringt ein einigermassen sicheres und differenziertes
Verständnis für die doch sehr unterschiedlichen Verhaltensweisen
der türkischen Schüler mit sich.
Zu beachten ist beim Kontakt mit türkischen Eltern u.a. folgendes:

x Bei Hausbesuchen sollte man sich vorher vergewissern, dass
auch der Vater um die fragliche Zeit zuhause ist. Denn in
vielen türkischen Familien hat der Vater die Funktion, Entscheidungen über die Erziehung der Kinder offiziell zu treffen und nach aussen zu vertreten. Andererseits muss es
jedoch im Gespräch selbst darauf ankommen, auch die
Mutter mit einzubeziehen und von der Richtigkeit der ev.
angestrebten Entscheidung zu überzeugen, da in den meisten
Fällen die Mütter die faktisch entscheidende Rolle innerhalb
des familiären Erziehungsprozesses spielen und durchaus die
Revision bereits getroffener Entscheidungen durchsetzen können.

x Oft werden die Deutschkenntnisse der Eltern zur ungefähren
Verständigung ausreichen. Dabei können meist die Väter
mehr Deutsch, als die Mütter. Auch ältere Kinder der Familie können oft als Dolmetscher einspringen. Wo die Verständigung nicht funktioniert, oder wo es um kompliziertere
Sachverhalte geht, ist es gut, den Besuch zusammen mit
einem türkischen Kollegen zu machen. Dagegen ist es sehr
problematisch, Kinder höherer Klassen aus anderen Familien
als Dolmetscher mitzunehmen, weil in türkischen Familien
die Kinder in einem für uns ungewohnten Masse Statussym-
bol und Gegenstand scharfer Konkurrenz zwischen den Familien sind.

x Wenn Elternversammlungen zunächst nur schwach besucht
werden, liegt dies meistens daran, dass in fast allen Fällen
die Väter kommen würden, dass diese aber gerade Schicht
haben oder aus anderen Gründen verhindert sind. Man sollte
daher zur Ankündigung der Elternversammlung nacheinander
zwei Briefe in der Muttersprache den Kindern mit nachhause
geben und von den Eltern abgezeichnet zurückgeben lassen.
Im ersten Brief ca. 2 Wochen vor der geplanten Versamm-
lung sollte man mehrere mögliche Termine zur Auswahl stellen und darum bitten, den günstigsten anzukreuzen. Man wird
dann den am häufigsten angekreuzten Termin auswählen und
ca. eine Woche vorher einen zweiten Brief mit diesem Termin mit nachhause geben. In diesem Brief sollen die Eltern
abzeichnen, ob aus ihrer Familie jemand kommt oder nicht.
Man sollte es übrigens der Familie überlassen, wen sie als
Vertreter schickt. So kann es durchaus sein, dass anstelle
des Vaters ein älterer, bereits im Arbeitsleben stehender
Bruder kommt. Im übrigen sollten Elternversammlungen nach

Möglichkeit von deutschen und türkischen Lehrern gemeinsam durchgeführt werden.

x Man muss bei der Zusammenarbeit mit türkischen Eltern immer im Blick behalten, dass ihnen die Schwierigkeiten ihrer Kinder in unseren Schulen noch weniger durchschaubar sind, als vielen deutschen Eltern. Was die türkischen Eltern von ihren Kindern erwarten, ist: Gehorsam, rein quantitativ in Zensuren ausgedrückte Leistung, und allgemein gesagt: dass sie auf die Familie ein möglichst gutes Licht werfen. Falls ein Aussenstehender - etwa der Lehrer - etwas an den Kindern auszusetzen findet, wird darauf sehr leicht durch Prügeln der Kinder (selbstverständlich erst wenn Sie gegangen sind!) reagiert. Prügeln gilt auch in vielen türkischen Familien durchaus noch als lernfördernd, während in Wahrheit natürlich durch dies Erziehungsverhalten eine starke Verkrampfung aufgebaut wird.

x Zu beachten ist noch, dass auch körperliche Schwächlichkeit, chronische Krankheiten, Hör- und Sehstörungen von vielen türkischen Familien als etwas empfunden werden, was man besser vor der Aussenwelt verborgen hält. Es ist daher nicht immer einfach, z.B. durchzusetzen, dass ein Kind untersucht wird, eine Brille bekommt etc. Dieser Zustand wird noch dadurch verschlimmert, dass in vielen Fällen die Kinder aus Vorbereitungsklassen nicht rechtzeitig bzw. nicht in der Bundesrepublik eingeschult worden sind, so dass sie auch keiner schulärztlichen Untersuchung unterzogen worden sind.

1.3. Mögliche Gefahren für den Deutschunterricht in der Vorbereitungsklasse.

(27) Eine zentrale Gefahr für den Deutschunterricht in der Vorbereitungsklasse ist der Verzicht darauf, den Lernprozess des Schülers als Prozess der Aneignung und Entwicklung von Fähigkeiten zu sehen und zu organisieren. Es geht dabei um das richtige Verhältnis von Bewusstheit und Übung, von Theorie, Begriffen und auch Regelwissen in den Köpfen der Schüler einerseits und automatisierten Fertigkeiten andererseits.
Dabei scheint die Hauptgefahr heute in der Vernachlässigung der Bewusstheit über die Zweitsprache Deutsch zu liegen. Dies hat mehrere Gründe. Einmal dringt - nachdem jahrelang völlige Ratlosigkeit herrschte - die behavioristische Fremdsprachendidaktik jetzt auch in die Vorbereitungsklassen ein, etwa unter Schlagwörtern wie "direkte Methode", "Vorrang des Mündlichen", "Kommunizieren können" etc. Zum anderen übersehen in der Regel die Beteiligten nicht - bzw. nur unvollkommen - den gesamten Bereich der Fähigkeiten und Fertigkeiten, die ein ausländischer Schüler erwerben muss, um sich des Deutschen als eines problemlosen Lernmediums

zu bedienen. Infolgedessen wird es meistens völlig vernachlässigt, sie über so wichtige Punkte aufzuklären, wie:

- x die hauptsächlichen grammatischen Unterschiede zwischen
  ihrer Muttersprache und dem Deutschen und die dadurch
  bedingten Fehlertendenzen,
- x die Art, wie Laute im Mund gebildet werden und die dabei
  zwischen beiden Sprachen auftretenden Unterschiede,
- x die unterschiedlichen systematischen Beziehungen zwischen
  den Lauten in beiden Sprachen (z.B. unsere Um- und
  Ablautbeziehungen gibt es natürlich in den Sprachen der
  Gastarbeiterkinder nicht),
- x die Tatsache, dass im Deutschen neue Buchstaben und
  unbekannte Buchstabenkombinationen auftauchen, und dass
  die bekannten Buchstaben teilweise anders verwendet werden,
  als in der Muttersprache,
- x den Gebrauch von Wörterbüchern,
- x die unterschiedlichen Regelmässigkeiten beim Aufbau komplexer Wörter in beiden Sprachen,
- x die Tatsache, dass Wörter z.B. durch Übertragung vieldeu-
  tig sind, und dass die Bedeutungen nicht in beiden Sprachen analog verteilt sind,
- x die Tatsache, dass man oft nicht ein einzelnes Wort verstehen muss, sondern eine ganze Redewendung.

Diese Punkte werden oft mit der Überzeugung abgeschmettert, es
gehe ja nun nicht darum, aus den Ausländerkindern "kleine Sprachwissenschaftler" zu machen, es sei am wichtigsten, die Kinder
für Alltagssituationen in der deutschsprachigen Umwelt fit zu machen, im übrigen werde sich das Deutsch in ihren Köpfen hoffent-
lich schon irgendwie festsetzen. Diese Haltung verdeutlicht einmal
mehr, wie stark der Deutschunterricht in der Vorbereitungsklasse
parallel zum Englischunterricht in der Hauptschule gesehen wird.
Geht man jedoch von den tatsächlichen Bedingungen dieses Unterrichts (Erlernen der Zweitsprache in zweitsprachiger Umwelt) und
von seinem notwendigen Ziel (Erlernen der Zweitsprache als pro-
blemloses Lernmedium in kürzester Zeit) aus, so wird deutlich,
wie unverantwortbar es ist, dem Schüler ein bewusstes und damit
auch aktives Verhalten gegenüber der Lernaufgabe vorzuenthalten.
Wenn etwa das Biologiebuch der Regelklasse 7 das "integrierte"
türkische Kind mit ca. 150 neuen Vokabeln pro Seite konfrontiert
- und das Vokabelproblem ist nur eines von vielen - dann ist
nicht erkennbar, wie das Kind mit der Situation fertig werden
soll, wenn es nicht zuvor in der Vorbereitungsklasse zu einer Art
"kleinem Sprachwissenschaftler" ausgebildet worden ist. (Es ist
zu betonen, dass hier tatsächliches Wissen über die Mutter- und
die Zweitsprache vermittelt werden muss, nicht etwa einige ste-
rile Brocken aus den sog. "linguistischen Theorien"!).

Bedauerlicherweise arbeiten bisher weder die Lehrerausbildung und
Fortbildung, noch die Verlage, die Deutschmaterialien für Vorberei-

reitungsklassen erstellen, im grossen und ganzen in diese Richtung. Das hat zur Folge, dass es für den in der Vorbereitungsklasse arbeitenden Kollegen um erheblich mehr geht, als um die blosse Einsicht in die Notwendigkeit einer breiten Fähigkeitsentwicklung der Schüler auf sprachlichem Gebiet. Es geht um die Breite und Tiefe der Stoffanalyse, und darum, dass in fast allen Bereichen spezifische Lernmittel und Unterrichtsverfahren überhaupt erst entwickelt werden müssen.

Ein weiteres Erschwernis für die Entwicklung der Bewusstheit ist es, wenn die Schüler der Vorbereitungsklasse in dieser Hinsicht aus dem Muttersprachunterricht ein defizitäres Vorverständnis mitbringen, wie wir es im Fall türkischer Schüler oft beobachten mussten. Wenn aus dem Muttersprachunterricht selbst primitive grammatische Begriffe wie etwa die Wortarten, die Unterscheidung von Wörtern und Sätzen, die Veränderbarkeit von Verben und Substantiven auch bei älteren Schülern nicht bekannt sind und wenn kein Vorverständnis über die Notwendigkeit einer geregelten Rechtschreibung und Zeichensetzung gelegt worden ist, so erschweren diese Defizite im Bereich der Muttersprache den Deutschlernprozess der Schüler enorm. Gerade in diesem Fall ist es wichtig, sich mit dem ausländischen Kollegen abzustimmen, um wenigstens durch den laufenden Muttersprachunterricht eine gewisse Unterstützung zu erhalten.

(28) Eng im Zusammenhang mit dem vorigen ist die Gefahr des Verzichts auf unabdingbare stoffliche Anteile des Deutschunterrichts in der Vorbereitungsklasse zu sehen. Berücksichtigt werden müssen auf jeden Fall folgende Bereiche:

x <u>Lautung</u>: unterschiedliche Laute, systematische Zusammenhänge zwischen Lauten,

x <u>Schreibmotorik</u>: Entkrampfung, flüssiges und müheloses Schreiben durch richtige Koordinierung der Schreibbewegungen,

x <u>Buchstabenkenntnis</u>: abgesicherte Kenntnis der 4 Varianten (gross/klein, gedruckt/geschrieben) aller Buchstaben,

x <u>Rechtschreibung</u>: Absichern der Masse der bekannten Wörter auch vom Schriftbild her, Kenntnis der wichtigsten Rechtschreibprinzipien des Deutschen und ihres Unterschiedes zu denen der Muttersprache.

x <u>Grammatik</u>

x <u>Lexik</u>: systematische Arbeit am Wortschatz, Aufbau von Wortfeldern, Wendungen, Absichern eines Integrationswortschatzes, der auch Grundlagen für die übrigen Fächer legt, Verbindung zur Grammatik,

x <u>Wortbildung</u>: Analysierfähigkeit für Ableitungen und Zusammensetzungen, Wortfamilien, Bedeutungsentwicklung,

x <u>Sinnentnehmendes Lesen</u>: Auffassen des Geschriebenen als
Sinnträger, richtige Lautung des Geschriebenen, Ein-
kreisen und Hervorheben unverstandener Teile, Isolieren unverstandener Wörter und Ausdrücke, Feststellen
der dem Kontext angemessenen Bedeutung, Übergang
vom lauten zum stillen Lesen,

x <u>Planen und Herstellen von Texten</u>: Nacherzählung, Bilderge-
schichte, Themenfindung zu einer Geschichte, Bei-
spielfindung zu einer Behauptung, Bericht über einen
Vorgang, Schlüsselfragen zum Thema etc. (Gerade
hier müssen die defizitären Deutschkenntnisse der
Schüler und die Tatsache, dass sie im Muttersprachunterricht meist keine selbständige Textproduktion
kennengelernt haben, besonders berücksichtigt werden.)

Die Gefahren des Wegfalls ganzer Stoffbereiche aus diesem Programm
sind beträchtlich. Sie sind zunächst einmal um so grösser, je mehr
der jeweilige Anteil Bewusstheit und Begrifflichkeit auf der Seite des
Schülers und des Lehrers voraussetzt. Ausserdem werden aufgrund
der zur Zeit noch herrschenden Tendenz in der Fremdsprachendidaktik oft auch alle schriftlichen Anteile weit zurückgedrängt, zumal die
Konfrontation mit den schriftlichen Produkten der Schüler für den
Lehrer alles andere als erfreulich ist. Hier spielt es eine grosse Rolle, dass man sich im mündlichen Bereich ausserschulische Lernerfol-
ge der Schüler unkontrolliert als Erfolge des eigenen Unterrichts zu-
gute halten kann, während bei den schriftlichen Leistungen unüberseh-
bar deutlich wird, was der Schulunterricht leistet und was nicht. Der
hieraus oft gezogene Schluss, Deutsch in der Vorbereitungsklasse in
erster Linie mündlich zu vermitteln, führt in der Konsequenz dazu,
dass im Klassenraum nichts anderes und nicht mehr geschieht, als
auf der Strasse auch, und dass die Kriterien des Deutschunterrichts
in der Vorbereitungsklasse völlig mit denen der Regelklasse ausein-
anderklaffen.
Ein weiterer Grund für die Gefahr der Stoffreduzierung ist neben der
noch ungenügenden Ausbildung und Fortbildung sowie der Mangelhaftig-
keit der zur Zeit zur Verfügung stehenden Hilfsmittel die Tatsache,
dass der Deutschunterricht und noch mehr der deutschsprachige Fachunterricht in den Vorbereitungsklassen nicht in genügendem Ausmass
erteilt wird. Selbst 6 Wochenstunden Deutsch in zwei Jahren, gekoppelt mit einem gutdurchdachten und intensiv durchgeführten deutschsprachigen Fachunterricht könnten die anstehende Aufgabe wahrscheinlich nur begrenzt lösen. Tatsächlich wird dieser Unterricht aber in
der Praxis in völlig unverantwortbarer Weise gekürzt. Insbesondere
werden kaum deutsche Fachlehrerstunden wirklich zur Verfügung gestellt.

(29) Eine weitere Gefahr ist die des Verzichts auf eine genaue eigene Planung. Für die genaue eigene Planung wäre es erforderlich,

jeweils für die konkrete Situation der eigenen (bzw. der aufnehmenden) Schule festzustellen, was die Schüler bis zum Zeitpunkt der Integration wenigstens können müssen, und was andererseits durch Förderunterricht nachgearbeitet werden kann. Natürlich differieren diese Anteile auch stark mit der jeweiligen Klassenstufe. Bei dieser Einschätzung müssen alle im vorigen Punkt aufgezählten Stoffbereiche berücksichtigt werden. Als Gegenstück dazu ist ein differenzierter Überblick über den derzeitigen Stand der Schüler erforderlich. Die Differenz zwischen beidem - derzeitigem Stand und anzustrebendem Minimum - muss sinnvoll auf die in der Vorbereitungsklasse zur Verfügung stehende Zeit verteilt werden. Das setzt eine starke Kontinuität der Arbeit in der Vorbereitungsklasse und die enge Zusammenarbeit aller beteiligten Lehrer (der Deutschgruppen, aber auch des deutschsprachigen Fachunterrichts) voraus. Bei der Planung muss ausserdem die ständige Fluktuation der Schüler als verzögerndes Moment mit eingerechnet werden.

Eine solche sinnvolle Planung wird in vielen Schulen bereits durch die relativ planlose Art des Lehrereinsatzes verunmöglicht. Hinzu kommt dann mangelnde Kooperation im Kollegium. Ausserdem lassen sich noch zu viele Kollegen ihr Programm einfach vom Lehrbuch vorgeben, obwohl gerade in diesem Bereich die vorhandenen Lehrbücher ausgesprochen wenig mit den Bedürfnissen des Unterrichts zu tun haben. Schliesslich wird die Notwendigkeit, die Schüler auch und gerade auf die spätere Teilnahme an einem breiten Fächerspektrum sprachlich vorzubereiten, bisher kaum begriffen. Hier spielt offensichtlich die Benennung des Faches als "Deutsch" eine verhängnisvolle Rolle, indem man es nämlich oft einseitig als Vorbereitung auf den späteren Deutschunterricht in der Regelklasse auffasst und die weit grösseren sprachlichen Anforderungen in anderen Fächern nicht einkalkuliert.

(3o) Auch der Verzicht darauf, die Schüler klar auf den Übergang in die Regelklasse zu orientieren, stellt eine Gefährdung des Deutschunterrichts in der Vorbereitungsklasse dar.

Die Orientierung auf den Übergang in die Regelklasse beginnt damit, den Schülern eine gründliche Kenntnis über unser Schulsystem, die möglichen Abschlüsse und die daraus folgenden Berufsmöglichkeiten sowie über den provisorischen Charakter der Vorbereitungsklassen zu geben. Entsprechend Alter und Verständnis sind sie möglichst frühzeitig darüber aufzuklären, was in der Regelklasse vor sich geht. Alle Leistungsanforderungen und Bewertungen im Deutschunterricht der Vorbereitungsklasse müssen möglichst einsichtig mit dem Ziel des Überganges in die Regelklasse verbunden werden. Wichtig ist von einem möglichst frühen Zeitpunkt an die Lektüre und Bearbeitung kurzer Abschnitte aus den real in den entsprechenden Regelklassen verwendeten Fachbüchern. Frühzeitiger Kontakt zu deutschen Klassen - etwa durch gemeinsamen Unterricht - kann ebenfalls helfen, die Perspektive des Übergangs zu konkretisieren. Jedoch muss hier auf jeden Fall auch dafür gesorgt werden, dass kleinere

Gruppen von deutschen und ausländischen Schülern gemeinsam an
einer Aufgabenstellung arbeiten, zu der beide Seiten etwas beitragen können, da sonst die Randstellung der ausländischen Schüler in der Regelklasse bereits im gemeinsamen Unterrichts vorbereitet wird.

Faktisch findet eine wirksame Orientierung auf das Ziel der Vorbereitungsklasse - Übergang in die Regelklasse - bisher nur sehr begrenzt statt. Als unmittelbares Ziel erscheint vielmehr aufgrund
der derzeitigen Handhabung zunächst einmal die Versetzung in die
jeweils nächsthöhere Vorbereitungsklasse - auch dann, wenn diese
real im gleichen Raum, vom gleichen Lehrer und mit dem gleichen
Programm unterrichtet wird. Leistungsanforderungen und Bewertungen werden nicht mit dem bevorstehenden Übergang motiviert, sondern - wie auch sonst üblich - mit dem Klassendurchschnitt. Die
deutschen Fachbücher bleiben den ausländischen Schüler weitgehend
unbekannt, über die Differenzen zwischen dem deutschen Lehrplan
und dem in der Vorbereitungsklasse verwirklichten reduzierten Hei-
matlehrplan legen die beteiligten Kollegen sich nur begrenzt Rechenschaft ab - den Schüler werden diese Differenzen nicht sichtbar gemacht. Bei den türkischen Vorbereitungsklassen war es bisher ausserdem durchaus üblich, die Mehrzahl der Schüler zwischen drei
und fünf Jahren in der Vorbereitungsklasse zu belassen, so dass
den Schülern die Perspektive des Übergangs nach spätestens einem
Jahr sehr unwirklich erscheinen musste, weil sie kaum jemals einen solchen Übergang beobachten konnten. Es kommt auch vor, dass
aus der Grundschule hinzukommende Schüler der Deutsch-A-Grupppe
in der Hauptschule auf die B- und C-Gruppe aufgeteilt werden, weil
die dortige A-Gruppe bereits von "langjährigen" Vorbereitungskläss-
lern besetzt ist.

Gewinnen aber die Schüler in der Vorbereitungsklasse keine klare
Orientierung auf den Übergang in die Regelklasse, so lässt die Motivation zum Deutschlernen normalerweise nach spätestens einem bis
anderthalb Jahren nach, weil die Schüler das für den täglichen Gebrauch ausserhalb der Schule nötig erscheinende Deutsch nun können und den Deutschunterricht überhaupt nicht mehr ernst nehmen.
Ebenso lassen auch ihre Leistungen in den übrigen Fächern nach,
besonders in Vorbereitungsklassen der Hauptschule, wo den Kindern
bald ihre aussichtslose Lage bewusst zu werden beginnt.

(31) Eine weitere Gefahr ist der Verzicht auf einzelne notwendige
Hilfsmittel. Als Minimum sollten die folgenden Hilfsmittel im
Deutschunterricht der Vorbereitungsklassen eingesetzt werden:

x   das Deutschbuch, nach dem gearbeitet wird, und das den
    Kindern unbedingt mit nachhause gegeben werden muss,
x   ein Wörterbuch pro Kind ab spätestens der 3. Klasse (zu-
    nächst das Langenscheidt-Universal-Wörterbuch, später ein
    grösseres); auch das Wörterbuch muss mit nachhause ge-
    geben werden,
x   ein Vokabelheft (in der Grösse eines normalen Schreibheftes),

x zusätzliche Arbeitsblätter zum jeweils behandelten Stoff, da
Darstellung und Übungen in den gängigen Deutschbüchern
teils unbrauchbar und auf jeden Fall unausreichend sind,

x entsprechende Arbeitsblätter für Hausaufgaben,

x Paralleltexte (Texte, wo der gleiche Inhalt in beiden Sprachen parallel nebeneinandergeschrieben steht, einsetzbar
zum Isolieren und Identifizieren unbekannter Vokabeln, zum
müheloseren Vokabellernen, zum Vergleichen grammatischer
Eigenschaften etc.),

x einfache und ansprechende Lektüre, die nicht direkt Gegenstand des Unterrichts ist, sondern über den Unterricht hinaus zum Deutschlernen motivieren und die Lesefertigkeit verstärken soll.

Was die Lektüre angeht, so sollten die Schüler vom Deutschlehrer
an die Benutzung der nächstgelegenen Stadtbibliothek herangeführt
werden. Hierzu ist als mindestes erforderlich, die Stadtbibliothek
im Unterricht zu erklären, die Aufnahmekärtchen gemeinsam im
Unterricht auszufüllen, die von den Eltern unterschriebenen Kärtchen
einzusammeln und die Bibliothek mehrfach gemeinsam mit der Klasse zu besuchen. Dies ist sicher aufwendig, aber lohnend, weil so
für die Beschäftigung mit schriftlichem Deutsch ein sehr viel rea-
lerer Hintergrund geschaffen wird.

(32) Gefährlich ist auch der Verzicht auf Arbeitstechniken, wie er
immer wieder dann vorkommt, wenn diese Arbeitstechniken nicht
vom muttersprachlichen Unterricht her vorbereitet sind. Es geht hier
letztlich um die Aktivierung der Schüler, um die Entwicklung ihrer
Aktivität und Selbstkontrolle. Hierher gehören einmal Fähigkeiten
wie:

x getrennte Hefte führen
x Notizen aus der Kladde auswerten können
x Kameraden zuhören und den Inhalt wiedergeben können
x Gruppen- und Partnerarbeit

dann aber auch kompliziertere sprachliche Fähigkeiten wie:

x Unbekanntes isolieren,
x alphabetische Listen benutzen können,
x Symbole und Abkürzungen im Wörterbuch lesen können,
x neue Wörter bilden und ihre Richtigkeit überprüfen können,
x Wortfamilien verfolgen und Leerstellen füllen können,
x Wortfelder aufschliessen können

Alle vermittelten Techniken und Fähigkeiten sollen dazu dienen,
den selbständigen ausserschulischen Deutschlernprozess des Schülers zu aktivieren, den schulischen Deutschkurs effektiver zu
machen und den Schüler zur Selbstbehauptung in der Regelklasse
zu befähigen.

(33) Eine der grössten Gefahren für den Deutschunterricht in der
Vorbereitungsklasse wie für den Unterricht der ausländischen Schü-

ler überhaupt ist eine Haltung, die man als "Nachsicht anstelle von Einsicht" kennzeichnen kann. Aus einer weitgehenden Unsicherheit über das Verhältnis zwischen den Vorkenntnissen der Schüler und den stofflichen Implikationen des eigenen Unterrichts resultiert bei manchen Kollegen das beständige Bedenken, die Schüler ja doch nur zu überfordern und zu langweilen. Dies schlägt wiederum um in die Haltung, von den Schülern nichts oder doch nur sehr wenig zu fordern. U.a. kommen die folgenden Fehlhaltungen vor:

x keine Leistungen fordern,
x keine ganzen Sätze fordern,
x keine genaue Aussprache fordern,
x kein Erlernen der neuen Wörter fordern,
x kein schriftliches Arbeiten fordern,
x kein richtiges Schreiben fordern,
x keine Hausaufgaben fordern,
x keine Ordnung fordern.

Ein solcher Verzicht auf Forderungen entsteht z.T. erst mit der Zeit und aus enttäuschten Leistungserwartungen heraus. Er ist dann ein Symptom dafür, dass der Lehrer noch keinen Überblick darüber hat, welche Lernschritte für die Kinder möglich sind und wie man sie dazu anleiten kann.
Natürlich bedeutet der Verzicht auf Forderungen für die Kinder nur scheinbar einen Vorteil. In Wahrheit werden die anstehenden Lernaufgaben nicht gelöst und auf Dauer die Ausbildung einer Arbeitshaltung verhindert, wie sie zum gleichberechtigten Besuch der Regelklasse erforderlich wäre. Der Verzicht auf Anforderungen geht denn auch oft mit einer unterschwelligen Geringschätzung der Kinder einher:

x der rechtzeitige Übergang in die Regelklasse wird als unmöglich gesehen,
x beim Übergang versucht man den Kindern durch Zurücknahme um ein oder mehrere Klassen zu "helfen",
x die Kinder gelten durchweg als "typische Haupt- oder Sonderschüler", der Übergang auf eine höhere Schule wird nicht ins Auge gefasst.

Der eigentliche Grund für diese nachsichtig-negative Einschätzung ist der, das weder gesehen wird, welche ungeheure Leistung etwa ein türkisches Kind vollbringt, das auch nur einigermassen Deutsch lernt, noch: wie diese Leistung durch sinnvolle Organisation des Lernprozesses zu unterstützen wäre.

(34) Schliesslich fehlt häufig der genaue Überblick über Entwicklung und Stand der einzelnen Schüler, bezogen auf das Ziel ihres Übergangs in eine bestimmte Regelklasse.
Es ist relativ einfach, die augenblickliche Leistung jedes Schülers am augenblicklichen Gruppendurchschnitt zu messen. Dies verbie-

tet sich aber im Falle solcher Durchgangseinrichtungen wie der Vorbereitungsklassen im Grunde von selbst.
Das blosse Beziehen auf den Gruppendurchschnitt gibt natürlich ein
ganz falsches Bild. Denn ein Schüler, der sich längst "zur Ruhe
gesetzt hat" und dessen Kenntnisse stagnieren, kann gemessen am
Gruppendurchschnitt lange Zeit als viel besser erscheinen, als ein
anderer, der neu hinzugekommen ist und mit grossen Schritten vo-
rankommt. Gerade dieser aber müsste gelobt, seine Leistungen müssten besonders anerkannt werden. Bei dem anderen Schüler wäre
demgegenüber zu untersuchen, wieso er überhaupt noch in dieser
Gruppe ist und wie sein passives Verhalten wieder aufgebrochen
werden kann, wenn man ihn aufrücken lässt. Faktisch ist es aber
oft umgekehrt: gelobt wird der resignierte, passiv gewordene Schüler, der schon lange in der gleichen Gruppe ist, während der noch
schnell hinzulernende Anfänger verprellt wird.
Eine pädagogisch völlig unvertretbare Massnahme ist es schliesslich auch, wenn passiv gewordene Schüler - etwa als Strafe für
Faulheit (nichtgemachte Hausaufgaben, mangelnde Mitarbeit in der
Stunde etc.) in die nächst niedrige Deutschgruppe zurückversetzt
werden. Eine solche "Strafe" - wie wir sie leider mehrfach beobachten mussten - demonstriert dem Schüler ausschliesslich, dass
auch die Lehrer den Zweck der Vorbereitungsklasse nicht ernst
nehmen. Ausserdem zeigt ein solches Verhalten, dass die beteiligten Kollegen keine klare Einsicht in die Notwendigkeit haben,
Kindern an verschiedenen Stellen ihres Lernprozesses unterschiedliche Aufgaben zu stellen. In den von uns beobachteten Fällen kam
es sogar vor, dass Kinder die in der Bundesrepublik geboren waren,
zusammen mit neu eingereisten Kindern in der C-Gruppe unterrichtet wurden.

1.4. <u>Welche Fehler man besonders in der Grundschule bekämpfen
muss.</u>

(35) Entsprechend dem Grundschulprogramm der Türkei beginnen
die meisten türkischen Kollegen den Schreibunterricht mit der
Druckschrift, und versuchen dann später (meist erfolglos), durch
Verbinden der Druckbuchstaben zur Schreibschrift überzugehen.
Dies darf auf keinen Fall zugelassen werden, da so die Schreibmotorik der Schüler von vorn herein stark behindert wird. Ver-
pflichten Sie die türkischen Kollegen notfalls durch Konferenz-
beschluss, sofort mit der Schreibschrift zu beginnen und unterstützen Sie sie bei der Durchführung des Schreibkurses.

(36) Es gibt Tendenzen, den Deutschunterricht in der 1. Vorbereitungsklasse nur mündlich ("audio-lingual") abzuhalten. Insbesondere zeichnet sich diese Tendenz für die sechsjährigen segregierten Klassen ab.
Der Grundgedanke scheint dabei der zu sein, dass man den Lese-
und Schreiblernprozess in der Muttersprache nicht dadurch verwir-

ren will, dass man zugleich auch das noch nicht voll beherrschte Deutsch nach ganz anderen Prinzipien lesen und schreiben lässt. Dieser Gedanke ist jedoch nur scheinbar plausibel. Die Verwirrung kann nämlich ebensogut im zweiten Jahr einsetzen, wenn dort plötzlich das Deutsche hinzukommt. Der Lese- und Schreiblernprozess ist ja im zweiten Jahr keineswegs abgeschlossen. Ausserdem steht nun das neu hinzukommende Deutsche stark unter dem Druck der vorher bereits für die Muttersprache gefestigten Schreibweisen.

Das vernünftigste Vorgehen wäre es sicher, einen kombinierten und betont kontrastiven zweisprachigen Lese-Schreibkurs zu machen, wo der muttersprachliche und der deutsche Anteil stark aufeinander bezogen und zugleich deutlich voneinander abgehoben sind. Die Notwendigkeit eines solchen Kurses ergibt sich ohnehin im Fall der zweijährigen Vorbereitungsklassen, da anders eine rechtzeitige Integration überhaupt nicht denkbar ist. In Wahrheit kommt man um dies Vorgehen auch nicht dadurch herum, dass man den Gebrauch der Schrift für eine der beiden Sprachen um ein Jahr hinausschiebt, denn spätestens im zweiten Jahr steht man dann vor der Wahl, entweder kontrastiv zu arbeiten oder totale Verwirrung zu stiften.

(37) Eine grosse Gefahr besteht darin, dass sich die türkischen Schüler im Fach Mathematik in den ersten Klassen sehr weit von den deutschen Schülern entfernen. Hier muss unbedingt dafür gesorgt werden, dass die Schüler mit den gängigen deutschen Lehrbüchern und entsprechend den hier gültigen Erlassen unterrichtet werden. Mit den zur Zeit aus der Türkei erhältlichen Grundschullehrbüchern ist dies nicht möglich. Soweit türkische Kollegen mit den deutschen Büchern Mengenlehre unterrichten können, kann dies vorteilhaft sein. Ansonsten sollte der Mathematikunterricht unbedingt von deutschen Lehrern gegeben werden.

(38) Man sollte den türkischen Schülern - jedenfalls einsetzend mit der 2. Klasse - unbedingt das deutsche Sachkundebuch geben. Durch die Arbeit mit dem Sachkundebuch können sie auf das später erforderliche breite Vokabular hin orientiert werden. In der Regelklasse wird später das in diesen Büchern enthaltene Wissen und das Vokabular annähernd vorausgesetzt.

(39) Man darf es nicht versäumen, den Schülern frühzeitig sehr leicht lesbare, kurze und bebilderte Lektüre zu liefern. Für die untersten Vorbereitungsklassen kann man z.B. einige hundert der sehr beliebten "Pixi"-Buch-Serie (vom Carlsen-Verlag) anschaffen und jeweils halbwöchig austauschen. Nach einer gewissen Zeit kann man die Kinder dann zusätzlich an die örtliche öffentliche Bibliothek heranführen. Ein Verzicht auf frühzeitige deutschsprachige Lektüre nimmt dem Deutschunterricht in seiner schriftlichen Form viel von seiner Lebensnähe.

(4o) Es geschieht leicht, dass ausländische Schüler, die sich gut
entwickelt haben, dennoch an die Hauptschule weitergegeben werden. Oft trösten sich die Kollegen an der Grundschule dabei mit
dem Gedanken, dass es ja auch noch später Wege auf eine höhere Schule gibt. Dies ist jedoch - jedenfalls bezogen auf ausländische Schüler - eine Illusion. Man kann nicht davon ausgehen, dass
etwa ein türkisches Kind mit relativ guten Leistungen später seinen
Weg über das Aufbaugymnasium oder die 1o. Klasse schon finden
wird. Was geschieht, ist viel eher, dass dies Kind als eine Art
"Vorzeigeausländer" in der Hauptschule den übrigen ausländischen
Schülern, die es schwerer haben, die Luft wegnimmt. So ist es
immer wieder zu beobachten, dass vereinzelt türkische Schüler einen Hauptschulabschluss erreichen, dass aber nicht die Notwendigkeit von Anstrengungen gesehen wird, diesen Abschluss für die
grosse Mehrzahl der türkischen Schüler zu ermöglichen, weil die
Spitzenschüler ja zeigten, dass man es schaffen kann, wenn man
will.

Wenn sich ein ausländisches Kind in der Grundschule bereits gut
entwickelt, muss man es daher unbedingt fördern und in Absprache
mit dem Elternhaus ins Gymnasium bringen. Wer dies versäumt,
versperrt nicht nur dem unmittelbar betroffenen Schüler den Weg
zu einer besseren Ausbildung, sondern stützt zugleich auch die
breite Unterqualifizierung der ausländischen Schüler auf unseren
Hauptschulen.

1.5. Einige Probleme nach der "Integration".

(41) In die Regelklasse kommen einige Ausländerkinder, die zuvor die Vorbereitungsklasse einer anderen Schule besucht haben.
Der Unterricht geht genauso weiter wie bisher. Schliesslich hat
die abgebende Schule die Kinder als "reif für die Integration" gekennzeichnet. Sie werden also "gerecht" behandelt, indem sie im
"gleichen" Unterricht die "gleichen" Chancen haben, wie alle anderen Schüler auch. D.h. sie werden in einem Unterricht, der
auf deutsche Schüler zugeschnitten ist, so behandelt, als ob sie
deutsche Schüler mit allen Voraussetzungen eines deutschen Schülers wären. Wenn sie tatsächlich auch so funktionieren, haben sie
das Recht auf eine gleiche Note wie der deutsche Schüler.

Wer so denkt - oder so handelt, ohne so zu denken - sollte sich vor
Augen halten, wieviel er nach mehreren Jahren Schulenglisch von
einem auf Englisch gehaltenen Vortrag oder gar einer auf Englisch
geführten Diskussion um ein spezielles Fachthema verstanden hätte. Und dabei sind Englisch und Deutsch so gut wie miteinander
identisch (soweit es um Grammatik und Lexik geht), und keineswegs so immens unterschieden, wie Türkisch und Deutsch.

(42) Ausländische Schüler haben grundsätzlich immer gewisse
sprachliche Defizite, und zwar in jedem der in (28) genannten

Bereiche. Wenn diese Defizite nicht genau eingeschätzt werden,
kommt es naturgemäss zu einer Reihe von Fehlhaltungen der
aufnehmenden Schule bzw. des aufnehmenden Lehrers. Der Schüler wird u.U. zu niedrig eingestuft, obgleich ihm das gar nichts
nützt, weil in der niedrigeren Klassenstufe für ihn die gleichen
Schwierigkeiten bestehen. Es werden keine Fördermassnahmen
angesetzt, oder wenn welche angesetzt werden, nicht die, die
der Schüler benötigt. Insbesondere bestehen meistens keine klaren Vorstellungen darüber, wie ungeheuer gross das Vokabeldefi-
zit im Fachunterricht lange Zeit über notwendig sein muss, und
wie weitgehend es aufgrund des Programms der derzeitigen Vorbereitungsklassen von einem zusätzlichen Wissensdefizit begleitet
wird.

Die Folge der unklaren Einschätzung über Können und Defizite
sind gefährlich frühe und allgemeine Einstufungen der Kinder als
"dumm", "unintelligent", "langsam", "gehemmt", "faul" etc.,
aber - aufgrund guter Ausdrucksfähigkeit im mündlichen Deutschunterricht - auch als "intelligent", "wach", "schnell" etc. Die
positiven Einstufungen sind in dieser Situation für das Kind ebenso gefährlich, wie die negativen, da alsbald bei dem mit notwendigkeit einsetzenden Leistungsversagen Urteile hinzukommen wie
"könnte, will aber nicht", "hat alles andere im Kopf, nur nicht
die Schule" etc.

(43) Eine besondere Klippe bilden bei Übergang in die Regelklasse die Hausarbeiten. Es ist natürlich in der Regel völlig unsinnig, von dem Schüler sofort oder innerhalb von kurzer Zeit
die "normalen" Hausarbeiten - also die Aufgaben, die deutschen
Schülern zu diesem Zeitpunkt sinnvoll gestellt werden können
- zu verlangen. Andererseits wäre es aber auch ganz falsch,
auf Hausarbeiten des ausländischen Schülers völlig zu verzichten
und ihm gerade in dieser Situation die häusliche Vorbereitung
auf den Unterricht abzugewöhnen. Beides müsste notwendig die
Arbeitshaltung und die Motivation des Schülers zerstören, denn
für ihn kommt es darauf an, sich gerade jetzt so gut wie möglich auf den nur mit grosser Mühe teilweise verfolgbaren deutschen Unterricht vorzubereiten.
Man muss also den neu"integrierten" ausländischen Schülern
besondere Hausaufgaben geben, die leistbar sind, und die sich
selbst dadurch legitimieren, dass sie die Position des Schülers
im jeweils nächsten Unterrichtsabschnitt verbessern. Eine solche Aufgabe kann z.B. darin bestehen, den Stoff einer kommenden Biologiestunde im türkischen Schulbuch vorzuarbeiten und
die spezifischen Termini des Stoffes herauszusuchen, um die
Stunde dann, wenn sie auf deutsch gehalten wird, besser zu
verstehen, und die deutschen Termini schneller mit den türkischen
identifizieren zu können. Dies setzt allerdings voraus, dass man
dem neu"integrierten" Schüler Fachlehrbücher sowohl auf Deutsch
als auch in der Muttersprache gibt - also mehr Bücher, als sie
der deutsche Schüler hat. Nur so kann man wirkliche Gleichbe-

rechtigung absichern. Natürlich sind auch andere Aufgaben denkbar,
z.B. kann man ein Textstück auf unverstandene Ausdrücke und
Wörter analysieren und diese im Wörterbuch aufsuchen lassen. Hierbei ist allerdings dringend eine Nachbesprechung notwendig, weil
die dem Schüler zugänglichen deutsch-türkischen Wörterbücher bereits auf dieser Schwierigkeitsebene unzuverlässig, unvollständig
und schwer zu handhaben sind. Ohne Nachbesprechung würde daher
die angedeutete Aufgabenstellung leicht in einem Misserfolgserleb-
nis enden. Auch Einzelprobleme der deutschen Rechtschreibung,
Grammatik und Wortbildung - soweit sie noch nicht durch den
Deutschunterricht der Vorbereitungsklasse geklärt worden sind -
können in Aufgabenstellungen für Hausarbeiten eingehen. Man muss
dann allerdings absichern, dass bei der Lösung dieser Aufgaben auftretende Probleme nachbesprochen werden können (etwa im Förderunterricht).

(44) Ein ähnlich heikles Problem wie das der Hausaufgaben bildet
auch die Frage der Bewertung. Solange die Schüler in der Vorbereitungsklasse waren, sind sie immer am Klassendurchschnitt der Vorbereitungsklasse gemessen worden. Dort waren sie relativ gut, weshalb man sie überhaupt in die Regelklasse überwiesen hat. Nach
dem Übergang setzt nun schlagartig die Bewertung entsprechend
dem Durchschnitt der Regelklasse ein. Aus dem ausgesprochen guten türkischen Schüler wird ein sehr schlechter Schüler. Hierauf
sind weder Schüler noch Eltern vorbereitet. Viele türkische Eltern
reagieren in so einer Situation bereits auf die Noten 3 oder 4 sehr
negativ, auf die Noten 5 und 6 unbedingt mit Prügeln. Auch die
Schüler sind über ihr plötzliches, für sie völlig unerklärliches Versagen verwirrt. Natürlich führen sie es auf die "deutsche" Klasse
zurück und werden so gegen die Regelklasse eingenommen. Sie
können schliesslich nicht überblicken oder gar schon vorher erwarten, dass in unserem Bildungssystem ein Weg für sie vorgesehen
ist, der genau genommen gar kein Weg ist, jedenfalls kein ge-
planter und durchdachter Weg.

Natürlich kann es nicht darum gehen, den Schülern und ihren Eltern
durch beschönigende Zeugnisse die Illusion zu machen, der Anschluss
an die Regelklasse sei schon geschafft. Ebenso falsch ist es aber
auch, alles anzustreichen, was nicht richtig ist und sofort mit den
Massstäben der Regelklasse zu messen. Man wird vielmehr eine
Bewertung einführen müssen, die zunächst nur das betrifft, was
von dem Schüler auch schon erwartet werden kann, und die - entsprechend dem Unterrichtsverlauf und dem daneben verlaufenden
Förderprogramm - nach und nach immer mehr Gesichtspunkte einbezieht. Wichtig ist, dass der Schüler überblicken kann, was er
richtig machen muss, um an eine gute bzw. erträgliche Note heran-
zukommen. Diese Chance muss man ihm aber lassen, weil man
sonst gerade bei so notenorientierten Schülern, wie es Türkenkinder gewöhnlich sind, jede Motivation zerstören würde.

Manchmal taucht gehen ein solches Vorgehen bei der Bewertung
das Bedenken auf, die deutschen Mitschüler würden diese "Unge-
rechtigkeit" nicht hinnehmen. Dies Bedenken zeigt im Grunde, dass
die ausländischen Schüler von der Klasse noch nicht angenommen
sind, und dass der Lehrer ihre besondere Situation nicht genügend
und in der richtigen Weise in die Diskussion eingebracht hat. Dieser Zustand ist für die Entwicklung der deutschen Schüler vom
erzieherischen Standpunkt wenigstens ebenso bedenklich, wie für
die ausländischen Kinder. Es ist ein Zeichen von Ignoranz, wenn
die deutschen Schüler glauben, generell mehr zu können, weil
sie gemessen an einem Unterricht, der auf sie zugeschnitten ist,
mehr können, als die ausländischen Schüler. Diese Ignoranz sollte
man im Interesse der deutschen Schüler selber möglichst früh und
gründlich zerstören. Im übrigen muss man ihnen klar machen: Es
kommt überhaupt nicht infrage, dass sich nach und nach aus ausländischen Mitschülern eine Art "Fünferkissen" bildet, auf dem
sich der Rest der Klasse ausruhen kann, weil man als Deutscher
ja immer noch besser ist, als diese Ausländer.

(45) Schliesslich geschieht es immer wieder, dass die türkischen
Schüler in deutschen Regelklassen nicht - oder jedenfalls nicht
intensiv genug - auf die Möglichkeit zum Besuch des muttersprachlichen Zusatzunterrichts sowie Ort und Zeit dieses Unterrichts hingewiesen werden. Häufig meinen Kollegen, sie könnten den Kindern, die sich doch in der Regelklasse schwer genug tun, nicht
auch noch zusätzlichen nachmittäglichen Muttersprachunterricht zu-
muten. Dies Bedenken ist verständlich, aber man tut den Kindern
dennoch keinen Gefallen, wenn man sie nicht zum Muttersprachunterricht schickt. Man kann ja für keinen der ausländischen Schüler
voraussagen, ob er seine Ausbildung in der Bundesrepublik beenden
wird - in der Masse der Fälle wird das bei Türkenkindern so sein
- oder ob er plötzlich wieder in die Heimat zurück muss. Hinzu
kommt, dass es auch ohnehin problematisch wäre, die Muttersprache einfach verkümmern zu lassen. Schliesslich bedeutet
das Fernbleiben eines Teils der türkischen Kinder vom Muttersprachunterricht für die übrigen, dass sie weniger gut nach Alter und Leistung differenziert werden können, so dass auch für sie dieser
Unterricht weniger erfolgreich ist. Man sollte daher den Muttersprachunterricht nicht als Konkurrenz zur Regelklasse auffassen,
sondern als eines der Schulfächer, die für den ausländischen
Schüler nun einmal notwendig sind.

2. Einige Rechtschreibschwierigkeiten türkischer Schüler.

Gerade die türkischen Schüler fallen unter den Gastarbeiterkindern
dadurch auf, dass sie zwar nach relativ kurzer Zeit ein lautlich
scheinbar einigermassen richtiges Deutsch sprechen, dass ihre
Rechtschreibung aber zunächst für einen Deutschen kaum lesbar
ist und auch sehr nachhaltig problematisch bleibt. Was soll man
z.B. mit einer Schreibung wie _fılaş_ anfangen, hinter der sich
gleich drei Wörter verstecken - nämlich: "Flasche", "Fleisch" und
"vielleicht" ? Und wer würde auf Anhieb in der Form bugoçın unser "Brötchen" wiedererkennen, und in figoylen unser "Fräulein"?
Und doch sind gerade solche Fehlschreibungen - wenn man den
Kontrast zwischen beiden Sprachen, und besonders zwischen den
Prinzipien ihrer Rechtschreibung voraussetzt - ausgesprochen na-
heliegend. Wir geben in diesem Abschnitt einen kurzen Überblick
über die hauptsächlichen Fehlerquellen. Dabei streben wir keine
Vollständigkeit an - eine gesonderte Arbeit zur Rechtschreibproblematik ist in Vorbereitung - Versuchen jedoch, die hauptsächlichen
"Türkenschreibungen" einsichtig zu machen. Am wenigsten können
wir natürlich diejenigen Fehler berücksichtigen, die sich bereits
auf der Basis eines relativ guten Verständnisses der deutschen
Rechtschreibung gebildet haben, und die tendentiell in die "normalen" Fehler rechtschreibschwacher deutscher Schüler übergehen.
Aber auch viele "inkonsequente" Übergangsfehler bleiben hier unberücksichtigt.

2.1. Rahmenbedingungen.

Bei den zur Zeit zu beobachtenden Rechtschreibschwierigkeiten
türkischer Schüler müssen die Rahmenbedingungen berücksichtigt
werden, die sich aus der derzeitigen Schulsituation ergeben:

x   Die Schüler haben einen grossen Teil ihrer Deutschkennt-
    nisse ausserhalb der Schule und ausschliesslich durch
    Hören und Sprechen erworben. Darunter ist auch ein gros-
    ser Teil ungeklärter bzw. nicht voll verarbeiteter Wörter
    und Ausdrücke.

x   Der Deutschunterricht in den Vorbereitungsklassen ist beim
    deutschen Lehrer stärker mündlich, beim türkischen Lehrer
    stärker schriftlich durchgeführt worden. Eine systematische
    Information über deutsche Rechtschreibung oder gar die
    Unterschiede in der Rechtschreibung beider Sprachen ist
    in der Regel weder gegeben worden, noch in Übungen ein-
    gegangen.

x   Die Schüler haben häufig wenig Leseerfahrung im Deut-
    schen, da sie ausser den Deutschbüchern kaum andere
    deutsche Bücher erhalten haben. Auch die Deutschbücher,

die ohnehin nicht sehr zum selbständigen Lesen motivieren,
werden in manchen Schulen nicht mit nachhause gegeben.

x Meist ist die Schreibmotorik unterentwickelt und die Kinder
beherrschen nur die Druckschrift. Oft besteht keine Klarheit
über den Unterschied von Druck- und Schreibbuchstaben (die
Schreibschrift wird ja als "verbundene Druckschrift" eingeführt) und über den Unterschied von Gross- und Kleinbuchsta-
ben (dies hängt mit der relativen Seltenheit der Grossbuchstaben im Türkischen zusammen - sie erscheinen dort nur
bei Eigennamen, von Eigennamen abgeleiteten Wörtern und
am Satzanfang - und mit der weitgehenden grammatischen
Unkenntnis der Schüler).

x Die Schreiberfahrung im Muttersprachunterricht der Grundschule besteht für viele Schüler im blossen Abschreiben von
Druckschrifttexten, und es gibt nicht wenige Schüler, die
diese Arbeit längere Zeit als blosses Kopieren einer unverstandenen Folge von Einzelbuchstaben durchführen. Wir haben
Schüler der 4. Vorbereitungsklasse gesehen, die mit grosser
Schnelligkeit jeden beliebigen Text exakt kopierten, obwohl
sie ca. die Hälfte der Buchstaben nicht einmal benennen
konnten. Natürlich sind das Extremfälle. Die Kombination
von Druckschrift und blossem Abschreiben im Unterricht der
Vorbereitungsklasse führt aber vielfach dazu, dass die Schüler weniger Wortbilder, als eher blosse Buchstabenfolgen
sehen.

x Eine geregelte Rechtschreibung ist nach unserer Beobachtung
im Muttersprachunterricht der Vorbereitungsklassen in den
meisten Fällen nicht durchgesetzt. D.h. die Kinder haben
kein klares Bewusstsein davon, dass jedes Wort nur auf eine einzige Weise geschrieben werden darf, und dass die
Richtschnur hierfür die Schreibweise in gedruckten Texten
ist.
Um dies zu verstehen, muss man mehreres bedenken. Zunächst einmal ist es   so, dass es in den Türkei zwar
eine zentral geregelte und beim Druck von Büchern und Zeitungen relativ streng eingehaltene Rechtschreibung gibt, dass
diese Rechtschreibung aber ziemlich jung und in der Bevölkerung keineswegs durchgesetzt ist. Die Lateinschrift wurde ja
überhaupt erst ab 1928 eingeführt. Ausserdem gibt es in der
Türkei immer noch einen hohen Anteil Analphabeten. Die geregelte Rechtschreibung ist zwar bis in die Bücher vorgedrun-
gen, aber nicht unbedingt in die Klassenzimmer und selbst
nicht immer in die Schreibweise der Lehrer. Auf jeden Fall
gibt es viele türkische Grundschullehrer, die in Einzelfragen
der Rechtschreibung unsicher sind, und die es deshalb unterlassen, ihre Schüler auf eine geregelte Rechtschreibung zu

orientieren. Nicht selten bieten sie den Schülern auch
selbst Beispiele für inkonsistente und falsche Rechtschreibung. Typische Problemkreise sind dabei die folgenden:

die Unterscheidung der Buchstaben i und ı; die richtige
Verwendung von ğ (das leicht ohne ˇ geschrieben oder
in der Umgebung von vorderen Vokalen mit dem gleich
ausgesprochenen y verwechselt wird); die Verwechslung
der stimmhaften Verschlusslaute b, d, g mit ihren stimmlosen Entsprechungen p, t, k (besonders bei Türken aus
dem Schwarzmeer-Raum), die mangelnde Beherrschung
der Assimilation von Endungsanfängen (also üçde, kitapda
anstelle von üçte "in drei", kitapta "im Buch" etc) u.a.m.

Erschwerend für die Durchsetzung der 1928 eingeführten Rechtschreibung scheint sich auszuwirken, dass sie stark phone-
matisch orientiert ("lautgerecht") ist und die Hochsprache
nach dem Prinzip "Schreib wie du sprichst" wiederzugeben
versucht. Sobald dies Prinzip von Dialektsprechern angewandt wird, hat das natürlich eine ganze Reihe typischer
Fehler zur Folge.
Man muss aufgrund der hier angedeuteten Problematik davon ausgehen, dass im Regelfall türkische Schüler aus dem
Muttersprachunterricht kein Verständnis für eine normierte,
zum Teil von der Aussprache abweichende Rechtschreibung
mitbringen, was ihnen selbst nicht zum Vorwurf gemacht
werden kann. Dies Verständnis muss also erst im Deutschunterricht hinzuerworben werden. Insofern unterscheidet sich
die Lage der türkischen Schüler völlig von der der griechischen, den in deren Muttersprachunterricht nimmt die (ziemlich verworrene und nur historisch erklärbare) Rechtschreibung
des Neugriechischen eine grosse Rolle ein.

x   Den türkischen Schüler fehlen meist auch die grammatischen
Grundbegriffe sowie eine geregelte Zeichensetzung. Dies
wirkt sich natürlich stark auf das Problem der Gross- und
Kleinschreibung im Deutschen aus, die auch in der Muttersprache oft nicht abgesichert ist.
Im übrigen unterscheidet sich die türkische Komma-Setzung
wesentlich von unserer. Einerseits können einzelne Satzteile zur besseren Hervorhebung durch Komma abgetrennt werden,
andererseits haben die Nebensätze im Türkischen meistens
die Form von erweiterten Verbalnomina oder Adverben, so
dass sie nicht ohne weiteres durch Kommata abgetrennt werden können. Daher ist unsere Verwendung des Kommas -
nämlich vornehmlich zur Satzabtrennung - für den türkischen
Schüler durchaus unerwartet.

x   Auch in der Muttersprache steht den Schülern hier in der
Bundesrepublik in der Regel kaum Lektüre in der Mutterspra-

che zur Verfügung, was den Prozess der Gewöhnung
an standardisierte Wortbilder stark behindert.

2.2. Zum Verhältnis von Laut und Schrift.

Der Schreibvorgang funktioniert in keiner Sprache als ein blosses
Umsetzen einzelner Sprachlaute in die ihnen entsprechenden Buchstaben. Vielmehr spielen in jedem Fall die relativ standardisierten
Gestalten ganzer Wörter ("Wortbilder") und einzelner Morpheme bei
der Steuerung des Schreib- (und Lese)Vorgangs eine entscheidende
Rolle. Auch zu Zeiten, wo es für das Deutsche noch keine völlig
gefestigte Rechtschreibung gab und der gleiche Schreiber im gleichen Text zwischen mehreren Schreibweisen des gleichen Wortes
wechseln konnte (wie im Frühneuhochdeutschen), war es keineswegs so, dass er beim Schreiben für jedes hinzuschreibende Wort
aufgrund einer ad-hoc-Analyse der Laute jeweils eine neue Schreibung erfand. Er wechselte vielmehr nur zwischen wenigen relativ
festgelegten Varianten, und das auch nicht einmal bei der Mehrzahl der Wörter. Historisch gesehen sind überhaupt die Buchsta-
benschriften, die als einzige eine sehr enge Beziehung zwischen
Schriftzeichen und Laut ermöglichen, ziemlich jung. Sehr viel
älter sind die Schriften, wo das Schriftzeichen nur Abbild eines
Wortes oder Morphems ist, ohne dabei dessen lautliche Realisie-
rung zu bezeichnen.

Wenn man dies in Rechnung stellt, sieht man, dass der Lese-
und Schreibunterricht auf jeden Fall zwei Aufgaben lösen muss:

(a) er muss die Beziehungen zwischen Laut und Schrift
    klären,

(b) er muss den Grundbestand der Wortstämme und Affixe
    hinsichtlich ihrer schriftlichen Standardform - zusammen
    mit deren möglichen Änderungen aufgrund von Grammatik
    und Kontext - fest einprägen helfen.

Da die Beziehungen zwischen Laut und Schrift, der Grundbestand
der Stämme und Affixe und die Regeln ihrer möglichen Veränderung
von Sprache zu Sprache sehr verschieden sind, stehen die beiden
Aufgaben für jede neu hinzukommende Sprache erneut an. Sie sind
besonders wichtig in der Situation des Deutschunterrichts für ausländische Schüler, da hier nicht davon ausgegangen werden kann,
dass die Schüler

x   aus ihrer Muttersprache ein Verständnis für die Problematik
    mitbringen
x   das Deutsche lautlich einwandfrei sprechen,
x   sich in ihrer Aussprache und Schreibung des Deutschen aus-
    schliesslich vom Unterricht beeinflussen lassen.

Ausserdem halten die türkischen Schüler Laut und Buchstaben für
ziemlich problemlos identisch, und zwar natürlich in der Art, wie

die Buchstaben im Türkischen zur Repräsentation von Lauten benutzt werden.

Leider ist festzustellen, dass die derzeitige Lehrerausbildung auf unseren Hochschulen keineswegs ausreichend auf diese Situation vorbereitet. Gerade für zukünftige Deutschlehrer finden Seminare über die deutsche Rechtschreibung ziemlich selten statt, und wo sie stattfinden, beschränken sie sich oft auf eine Kritik der geltenden Rechtschreibung. Auch die Lautform des Deutschen in ihren verschiedenen Varianten (Hochlautung, Umgangssprache der Region, Mundarten etc.) wird kaum behandelt. Infolgedessen fehlt den Kollegen im Deutschunterricht für Ausländerkinder das notwendige Instrumentarium, um mit der ziemlich komplexen Situation fertig zu werden. Auch bei uns ist die unreflektierte Identifizierung von Laut und Buchstabe noch sehr verbreitet. Auf jeden Fall aber ist die überwiegende Mehrzahl der Kollegen nicht darauf vorbereitet, den Auswirkungen der ihnen unbekannten Rechtschreibung der Muttersprache ihrer ausländischen Schüler sinnvoll zu begegnen. Der grösste Teil der Fehlerursachen bleibt für sie im Dunkeln, so dass sie weder einleuchtende Erklärungen noch wirksame Übungsformen anbieten können. Dies ist im Kern ein Mangel unserer Lehrerausbildung, von den Beteiligten wird er aber leicht auf die Schüler projiziert und als deren "Unfähigkeit" begriffen.

Zur Überwindung dieses beklagenswerten Zustandes muss man sich folgende Punkte klar vor Augen halten:

x   Auch wenn zwei Sprachen mit der gleichen Buchstabenschrift geschrieben werden, heisst dies nicht, dass sie in allen Fällen mit dem gleichen Buchstaben den gleichen Laut bezeichnen. Es heisst nicht einmal, dass alle Buchstaben der einen Sprache in der anderen bekannt sind und umgekehrt.

x   Zwei verschiedene Sprachen verfügen in der Regel nicht über den gleichen Satz von Lauten. Einige sind identisch, andere unterscheiden sich mehr oder weniger. In der eigenen Sprache nicht vorkommende Laute kann man oft erst nach langwierigem gezielten Üben richtig aussprechen und von anderen, ähnlich klingenden Lauten unterscheiden. Findet diese Übung nicht statt - etwa weil man das Deutsche auf der Strasse gelernt hat - so wird man einen Teil der ungewohnten Laute durch andere ersetzen. Entsprechendes gilt für ungewohnte Lautverbindungen. Dies Ersetzen hat dann natürlich auch Folgen für die Schreibweise.

x   In verschiedenen Sprachen gibt es unterschiedlich grosse Abweichungen zwischen der Aussprache und der Schreibweise. Nirgends fehlen diese Abweichungen ganz. Im Türkischen sind sie ziemlich gering, im Deutschen ziemlich gross. Aber auch wo sie annähernd gleich gross sind, sind sie nicht identisch, vielmehr gehorchen sie völlig verschie-

denen Regeln.

x Man beherrscht die Rechtschreibung einer Sprache erst dann
   einigermassen, wenn man (1) das grundsätzliche Verhältnis
   von Laut und Schrift kennt und automatisiert hat (und also
   völlig unbekannte Wörter dieser Sprache aufgrund von Analo-
   gieschlüssen mit einem hohen Mass an Treffsicherheit richtig schreiben kann), als auch (2) die Masse des Wort- und
   Morphemmaterials orthographisch geklärt und angeeignet ist.

Den Rechtschreib-Lernprozess etwa eines türkischen Schülers kann
im Grunde genommen nur ein Lehrer sinnvoll organisieren, der hinsichtlich der hier genannten Punkte über beide Sprachen - das Deutsche wie das Türkische - und das genaue Verhältnis zwischen beiden informiert ist. (Ganz entsprechend liegt die Problematik im
Bereich der Grammatik). Das Gefühl, Aufgaben dieser Art nicht ge-
wachsen zu sein, erklärt nach unseren Beobachtungen einen Teil
der relativ häufigen Reserviertheit gegenüber einem Einsatz in der
Vorbereitungsklasse. Diese Reaktion ist verständlich, hilft jedoch
nicht weiter. Denn die Probleme stellen sich in der Regelklasse
ebenfalls ein, und hier sind sie viel unentwirrbarer, weil es der
Kollege hier nicht mit den Auswirkungen einer ihm fremden Sprache zu tun hat, sondern mit denen von bis zu fünf oder sechs solcher Sprachen.

2.3. Lautliche Schwierigkeiten türkischer Schüler.

Wie bereits erwähnt, hört sich die Aussprache türkischer Schüler
meist relativ "deutsch" an - jedenfalls ist sie erheblich besser,
als die griechischer oder spanischer Kinder. Dennoch gibt es auch
für türkische Schüler eine Reihe lautlicher Schwierigkeiten, die
nur dann nicht wirksam werden, wenn die Kinder etwa mehrere
Jahre hindurch vor ihrem ersten Schulbesuch einen vorwiegend
deutschen Kindergarten besucht haben. Allerdings liegen die Schwierigkeiten nur zum kleineren Teil bei den Einzellauten - da gibt es
nur wenige, die nicht auch irgendwie im Türkischen vorkommen,
so dass die türkischen Kinder die meisten Einzellaute des Deutschen ohne Schwierigkeiten nachsprechen können. Problematisch
sind vielmehr die für das Deutsche charakteristischen Verbindungen und Beziehungen zwischen Einzellauten.

Zunächst zu den Lauten des Deutschen, die auch als Einzellaute
für Türken problematisch sind:

x Von den Konsonanten des Deutschen kommen hauptsächlich
   die Affrikaten, also z (=ts) und pf infrage, ausserdem
   unser r.
   Die beiden Affrikaten ts und pf kommen im Türkischen
   nicht vor, weshalb die Schüler grosse Schwierigkeiten
   haben, sie hervorzubringen. Sie ersetzen diese Laute

normalerweise durch die entsprechenden (stimmlosen) Rei-
belaute, also s und f. Dies wird vom Deutschen her dadurch unterstützt, dass wir (1) im Anlaut ein stimmloses
s gar nicht kennen, sondern nur seine stimmhafte Entsprechung, und dass wir (2) im Anlaut pf immer als f aussprechen, es sei den, wir wollten "ganz deutlich" artikulieren. Wir lassen deshalb das stimmlose s am Wortanfang
leicht für ts durchgehen, f als Aussprache für pf am Wortanfang ist sowieso korrekt und nur pf im In- und Auslaut
- das keineswegs sehr häufig ist - fällt uns etwas auf,
wenn es als f gesprochen wird (wie etwa in kufer, tof für
Kupfer, Topf).

Wenn nun die hier angedeuteten Ersetzungen von ts und pf
in der Aussprache auch kaum auffallen, so machen sie sich
in der Rechtschreibung doch stark bemerkbar. Schreibungen
wie Sayton, som, Kuffel, Affel für Zeitung, zum, Kupfer,
Apfel wirken schon einigermassen verfremdet. Das pf als
vermeintliche Schreibung für f gerät auch in Berührung mit
dem griechischen ph, dessen Herkunft und Verwendungsbe-
reich die türkischen Schüler natürlich nicht überblicken.
Die Folge ist z.B. eine Schreibung wie Telopfen für Tele-
phon.

Zur Affrikate ts hatten wir in unserem Zwischenbericht
(vgl. Abschn. II dieses Buches, dort 2.6.6.(1)) die Frage aufgeworfen, ob dieser Laut nicht von Türken aus dem
Nordosten der Türkei sehr wohl gebildet werden kann. In
Ihrem Dialekt ist ts nämlich ersatzweise für die sonst im
Türkischen verbreitete Affrikate tsch (geschrieben ç) vorhanden. Tatsächlich haben wir inzwischen beobachtet, dass
manche Schüler aus diesem Gebiet mit der Bildung unseres
z (=ts) besser zurechtkommen. Bei diesen Kindern kommen
dementsprechend auch Fehlschreibungen wie çük, çige für
Zug, Ziege vor, allerdings durchmischt mit der sonst üblichen Fehlschreibung mit s.

x Deutsches r hört sich sehr verschieden an, je nachdem, ob
es vor dem Vokal steht, oder ob es auf einen Vokal folgt.
Dementsprechend wird es von den türkischen Schülern unterschiedlich missverstanden.
Vor Vokalen hören die türkischen Schüler aus unserem r
soetwas wie einen velaren Reibelaut heraus. Diesen Reibelaut geben sie mit ğ wieder, obgleich dies ğ im Standardtürkischen noch anders ausgesprochen wird und auch unmittelbar am Wortanfang nicht vorkommt. So kommen Schreibungen zustande wie: biğot, ğazier, ğayzı für "Brot", "Fri-
seur" (nämlich: "Rasier"!), "Reise". Häufig fällt das ˘
weg, so dass man nur dies liest: bigot, gazier, gayzı. Das
Wörtchen gut steht deshalb auch nicht unbedingt für "gut",
sondern möglicherweise auch für "rot".

Steht r im Deutschen nach einem Vokal, so beeinflusst es
mehr oder weniger stark die Vokalqualität, jedenfalls in
einigermassen ungezwungener Aussprache. Die Verhältnisse sind jedoch in dieser Hinsicht regional verschieden. Typisch ist weithin die Längung von vorausgehendem a, wobei das r weggelassen wird. Die Längung bleibt in der
Schreibweise unberücksichtigt, wie in Abaytet für "Arbeiter",
kann aber auch ausgedrückt sein, etwa durch aǧa anstelle
von blossem a, wie in aǧats für "Arzt". Typisch für den
norddeutschen Raum ist die Aussprache -a für unbetontes
schliessendes -er, woraus sich die folgenden Schreibungen
erklären: Fatta, sivesda, Bruda etc. Andererseits wird be-
tontes -er leicht zu eya oder eye, vgl. eya oder eye für
"er", deya für "der", siveya für "schwer".

x Problematischer als die Konsonanten sind unsere Vokale,
und zwar deshalb, weil wir erheblich mehr davon haben, als
es im Türkischen gibt. Man muss dabei beachten, dass wir
nicht nur 8 Vokale haben, wie das die Existenz von 8 Vokal-
buchstaben in unserer Schrift nahelegt, nämlich: a, ä, e, i,
o, ö, u, ü. Tatsächlich gibt es bei uns viel mehr Vokale,
denn mit jedem der Vokalzeichen bezeichnen wir je eine
"kurze" und eine "lange" Variante des vermeintlich gleichen
Vokals; in Wahrheit sind die beiden Varianten aber nicht
nur quantitativ (in ihrer Länge) unterschieden, sondern vor
allem auch qualitativ (in Klang und Zungenstellung). Wer
also als Ausländer die eine Variante eines unserer Vokale
aussprechen kann, muss darum noch lange nicht die jeweils
andere Variante auch aussprechen können.
2 mal 8 Vokale müssten eigentlich 16 geben, aber der Buchstabe ä bezeichnet keinen eigenen Laut, sondern genau die
gleichen beiden Vokalvarianten, wie e. Es bleiben also nur
7 Paare oder 14 Laute. Ausserdem bezeichnet e aber in unbetonten Silben einen Sonderlaut, nämlich ə, der mit betontem e - langem wie auch kurzem - wenig gemein hat.
Daher haben wir 15 Vokale. Hinzu kommt, dass im Oberdeutschen Raum tatsächlich langes ä: in Bär von langem e:
in Beere unterschieden wird. Dort gibt es also 16 Vokale.

Demgegenüber hat das Türkische nur 8 Vokale. Ihr Verhältnis zu denen des Deutschen wird ungefähr an folgender Tabelle deutlich:

		mit breiten Lippen		mit runden Lippen	
		vorn	hinten	vorn	hinten
eng	lang	(i:) ə	O	(ü:)	u:
	kurz	i		(ü)	u
weit	lang	e:	a:	ö:	o:
	kurz	(e)	(a)	(ö)	(o)

Die in dieser Tabelle mit Buchstaben ausgeschriebenen 15
Vokale sind die des Deutschen. Dabei bezeichnet der : jeweils unsere "lange" Variante. Das Einteilungsschema "vorn/
hinten" bezeichnet die Stelle der höchsten Zungenhebung im
Mund, "eng/weit" den Grad der Verengung des Raums zwischen Zunge und Gaumen. Allerdings ist diese Einteilung
nur in groben Zügen richtig, im einzelnen ist die Zungenstellung weit komplizierter. Auch die Anordnung ist hier stark
schematisiert. In Wahrheit ist z.B. a viel weiter als e .
Diese Einteilung eignet sich aber gut zum Vergleich der türkischen mit den deutschen Vokalen.
Die türkischen Vokale sind in die Tabelle nicht als Buchstaben eingetragen, sondern als kleine Kreise. Jeder Kreis
bezeichnet also die Existenz eines türkischen Vokals an der
fraglichen Stelle. Der leere Kreis beim engen hinteren Vokal mit breiten Lippen bezeichnet die Stelle des türkischen
ı, das sehr weit hinten gesprochen wird, und für das es im
Deutschen keine Entsprechung gibt. Oft halten allerdings Türken unser i (kurzes i) oder unser ə für etwas ähnliches, wie
ihr ı. Daher kommen Schreibungen wie Bıld, bıtte einerseits,
maynı und zagın (für "meine" und "sagen") andererseits.
Wie man weiter sieht, hat auch der gerundete enge hintere
Vokal des Türkischen im Deutschen keine klare Entsprechung
- d.h. die Türken identifizieren unser u:, u, ü leicht mit
ihrem u, während sie langes ü: (ihr ü) klar davon unterscheiden.
Abgesehen von dieser Unsicherheit im Bereich der engen hinteren Vokale besteht der Hauptunterschied - wie aus der Tabelle leicht ersichtlich - darin, dass im Türkischen unsere
weiten Langvokale fehlen. Wo wir also z.B. die Oppositio-
nen Ofen, offen bzw. Beet, Bett haben, gibt es für sie
nur die Vokale in offen, Bett. Dies bringt sowohl Schwierigkeiten für die Aussprache und die Worterkennung mit sich,
als auch für die Rechtschreibung.
Die Aussprachefehler im vokalischen Bereich gehen aber weitgehend unbemerkt durch, da wir bei den Vokalen eine ziemlich grosse Toleranz gegen Abweichungen haben. Dies liegt
daran, dass die Vokale auch zwischen den Dialekten stärker
schwanken. Ausserdem sind wir von Ausländern eine erheblich stärkere Reduzierung unseres Vokalsystems gewöhnt:
wer z.B. eine slawische oder romanische Muttersprache hat,
kommt normalerweise mit den gesamten vorderen gerundeten
Vokalen - also allen Arten ö und ü - nicht noch zurecht. Die
Türken kommen uns mit ihren 8 Vokalen noch relativ nahe.

x Etwas problematisch ist für Türken auch der Diphthong au .
Sie neigen dazu, ihn durch av, ağ zu ersetzen, also durch
eine verwandte Folge Vokal + Reibelaut. Dies entspricht der
generellen Behandlung der Diphthonge im Türkischen. Beim
Zuhören fällt uns auch dieser Ersatz kaum auf, aber wenn

wir auf die entsprechenden Schreibweisen stossen, nämlich:
bağm, hağz, Ağto bzw. Bavm, havz, avto, dann wirken
sie schon einigermassen ausgefallen.

x Erwähnt sei schliesslich noch, dass es im Standard-Türki-
schen nicht unseren Laut **ŋ** gibt - den Laut, den wir am
Ende solcher Wörter wie: Ring, Schwung, Zeitung etc
sprechen, also den velaren Nasal. Dieser Laut kommt allerdings in der Mehrzahl der türkischen Dialekte vor und ist
dort auch bedeutungsunterscheidend gegenüber n. Aufgrund
seines Fehlens in der Standard-Aussprache - die auf dem
Dialekt von Istanbul basiert - wird er jedoch in der Rechtschreibung nicht von n unterschieden. Die Folge ist, dass
auch Kinder, die diesen Laut aus der Aussprache ihrer Mütter und Väter kennen, ihn im Deutschen kaum vom n unterscheiden. Hieraus resultieren Fehlschreibungen wie: Sayton,
Rechnun etc.

Soweit zu den Schwierigkeiten, die türkische Schüler beim Hervorbringen einzelner Laute des Deutschen haben. Es sind - im Vergleich zu denen von Kindern mit anderer Ausgangssprache - nicht
eben viele. Grosse lautliche Schwierigkeiten bereiten den Sprechern
des Türkischen jedoch einige Verbindungsweisen und Beziehungsmus-
ter, in die unsere Einzellaute eintreten. Hier sind besonders die folgenden Punkte zu nennen:

x Das Türkische kennt keine Konsonantenhäufungen am Silbenanfang, und duldet am Silbenende höchstens zwei Konsonanten, wobei aber auch nur wenige Kombinationen erlaubt sind.
Alle Konsonantenansammlungen, die dieser Regel widersprechen, werden durch Einschub eines Vokals aufgelöst (Sprossvokal). Ausnahmen gegen diese Regel bilden in der offiziellen Rechtschreibung manche Fremdwörter, wie tren "Zug",
tramvay "Strassenbahn", elektrik "Elektrizität", priz "Steck-
dose". Viele Türken - darunter auch die Mehrzahl der Schüler
hier in der Bundesrepublik - scheinen jedoch auch hier die
Auflösungsregel anzuwenden. Sie schreiben: tiren, tıramvay
elektirik, piriz.
Die Regel über die Auflösung von Konsonantengruppen am
Silbenanfang wird automatisch auch auf das Deutsche übertragen. Einer der typischsten "Türkenfehler" besteht daher
in Schreibungen wie: Bulume, Birif, filigt, siraybt, figagın
für: Blume, Brief, fliegt, schreibt, fragen. Andererseits
entsteht auch umgekehrt leicht eine Unsicherheit, ob denn
da am Anfang wirklich ein Vokal hineingehört, so dass wir
bei den gleichen Kindern ebenfalls auch Vokalweglassungen
beobachten: Bsuch, Bsalın, grafee, schle, schn, Blieg,
schkın für: Besuch, bezahlen, Giraffe, Schule, schön, bil-

lig, schicken. Immerhin sind diese Weglassungen lange
nicht so häufig, wie die Einsetzung von Sprossvokalen in
Konsonantengruppen. Einsetzung von Sprossvokal findet sich
in der Rechtschreibung übrigens auch noch bei solchen türkischen Schülern, bei denen in der Aussprache gar kein Vokal an der fraglichen Stelle mehr zu bemerken ist. Dies
kann zwei Ursachen haben: entweder ist dieser Vokal so
flüchtig, dass wir ihn einfach überhören, oder es setzt sich
die türkische Schreibgewohnheit, keine zwei Konsonanten
am Wortanfang nacheinander zu dulden, einfach ins Deutsche fort.
Konsonantenhäufungen am Wortende erhalten im Türkischen
ebenfalls einen Sprossvokal, wie man etwa an der Behandlung von ausländischen Wörtern sieht: filim "der Film",
kayıt "Eintragung" (aus ar. qayd). Erlaubt sind allerdings
einige Zweierverbindungen mit r, l, n an erster Stelle, sowie st, şt, ht (vgl. dürüst "aufrichtig", hişt (Ausruf),
bedbaht "unglücklich"), aber sie sind ziemlich selten.
Deutsche Konsonantenhäufungen am Wortende werden von
den türkischen Schülern eher durch Weglassen des Endkonsonanten erleichtert, als durch Einsetzen eines Sprossvo-
kals. Dabei kommen Schreibungen heraus wie: Hef, such
Nach .für Heft, sucht, Nacht. Aus allgemeiner Verunsicherung über das Wortende entstehen aber auch Fehler der umgekehrten Art: trauright, sicht, nacht für traurig, sich, nach.

Wahre Zungenbrecher sind für türkische Schüler natürlich
solche Wörter wie: Angst, bringst, strengst (dich an),
spritzt, stirbst, sprengst, springst, wünschst, krampft,
streichst, etc. Besonders problematisch sind am Silbenanfang die Verbindungen mit r - also: grün, braun, grau,
schreiben - weil die Schüler unser r sowieso nicht gut
hören und analysieren können. Am Silbenende wird oft das
unmittelbar dem Vokal folgende n weggelassen, also: krak,
yug, lag, triken, spigt, sot, hiter für: krank, jung, lang,
trinken, springt, sonnt, hinter. Möglicherweise wird das
n hier weggelassen, weil es für eine besondere Vokalqualität gehalten wird (Nasalierung), nicht für einen folgenden
Konsonanten.

x   Das Türkische kennt kein Umlautverhältnis und ebenso auch
keinen Ablaut. D.h. es kennt keinen Vokalwechsel im
Wortstamm. Jeder türkische Wortstamm hat - für alle Ableitungen und grammatischen Formen - festgelegte und un-
wandelbare Vokale. Vertauscht man den Vokal im Wortstamm,
so hat man - soweit es sich dann überhaupt noch um ein
verständliches Wort handelt - notwendig ein anderes Wort
vor sich, vgl. etwa: donmak "gefrieren", dönmek "zurückkehren".
Zunächst zu unserem deutschen "Umlaut". Er besteht darin,

dass ein Hinterzungenvokal - nämlich a, o, u - mit dem
entsprechenden Vorderzungenvokal - also e/ä, ö, ü - systematisch wechselt. Der Wechsel kann grammatisch verur-
sacht sein, z.B. durch die Pluralbildung: Vater/Väter, Ofen/
Öfen, Mutter/Mütter , Fluss/Flüsse . Er kann aber auch durch
Regelmässigkeiten der Wortbildung bedingt sein, wie in: Bach
/Bächlein , Loch/Löchlein, Buch/Büchlein. Zu beachten ist,
dass die Merkmale "kurz/lang" durch den Umlaut nicht verändert werden - der Vokal behält hinsichtlich dieser Opposition die gleiche Qualität, was der Schreibung nicht so ohne
weiteres anzusehen ist. Man sieht dies z.B. an: Ofen/Öfen
gegenüber offen/öffnen , Buch/Bücher gegenüber Fluss/Flüsse .
Im Falle des langen ä: ist allerdings die Aussprache unterschiedlich: im Norden spricht man normales langes e: und
daher kann man hier das Wort fährt am Klang durch nichts
von dem Wort Pferd unterscheiden. Im oberdeutschen Raum
dagegen spricht man ein gelängtes "kurzes" e . (Überprüfen
Sie, ob sie den Vokal in schläfst, rät, Väter tatsächlich
anders aussprechen, als den in gehst, geht, Peter . Besonders problematisch ist es, wenn Sie diesen Vokal bei un-
kontrolliertem Sprachgebrauch "norddeutsch" aussprechen,
dann aber im Diktat plötzlich in die oberdeutsche Aussprache überwechseln, um das Wort "genau und deutlich" auszusprechen. Die Schüler haben sehr viel mehr im Ohr, was
sie tagtäglich hören, als was ab und zu im Diktat gesagt
wird.)
Im Türkischen gibt es zwar neben den Vokalen a, o, u
auch die Vorderzungenvokale e, ö, ü, aber diese sind im
Türkischen ganz und gar keine "Umlaute" der entsprechenden
Hinterzungenvokale. Deshalb gibt es im türkischen Alphabet
auch nicht das zusätzliche Zeichen ä , das im Deutschen
ja nur dazu da ist, zu zeigen, dass der Vokal e hier Umlaut zum a ist. Aber auch im Falle von ö, ü - wo die Buchstaben ja unser Umlautzeichen tragen - können Sie von dem
türkischen Schüler kein Verständnis für unseren Umlaut erwarten. Einem türkischen Kind ist es von seiner Sprache
her durchaus unverständlich, wieso ein Wortstamm mit zwei
alternierenden Vokalen ausgestattet sein, und doch dasselbe
bedeuten kann. Es wird daher Vater/Väter , schlafe/schläfst
offen/öffnest , Buch/Büchlein etc. entweder überhaupt nicht
zusammenbringen, oder aber - wenn es die Erfahrung gemacht
hat, dass diese Wortpaare jeweils zusammengehören - vermuten, dass wir im Deutschen zwischen a/e, o/ö, u/ü
überhaupt nicht richtig unterscheiden können. Diesem Verständnis könnte man nur entgegenwirken, indem man (a)
das Prinzip des Umlauts, und (b) die jeweiligen Bedingungen einsichtig machte. Da dies "normalerweise" im Deutschunterricht der Vorbereitungsklassen nicht geschieht - und
natürlich erst recht nicht auf der Strasse - brauchen wir uns

über Formen wie ich schlefe, wir fehren etc. nicht zu wundern. Besonders im Bereich a/e bildet sich bei türkischen Schülern mit der Zeit eine starke Unterscheidungsschwäche aus, die auf alle möglichen Wörter übergreift, auch wenn bei denen gar kein Umlaut möglich ist: z.B. Quelle/Qualle.

x Das gleiche Problem besteht natürlich auch für unseren Ablaut, also die Vokalveränderung, die uns hauptsächlich in Flexion und Wortbildung unserer starken Verben gegenübertritt. Vgl. dazu: stinken, stank, gestunken - werfen, warf, geworfen, Wurf, wirft - nehmen, nahm, genommen, nimmt. Dieser Vokalwechsel im Stamm ist dem türkischen Kind schon vom Prinzip her undurchsichtig. Weder Flexion noch Wortbildung haben - vom türkischen Standpunkt aus gesehen - mitten im Wortstamm etwas zu suchen. Ausserdem sind die vorkommenden Ablautreihen ziemlich vielfältig und unregelmässig, so dass sie noch weniger von selbst eingeprägt werden ("nach der natürlichen Methode"!), als unsere Umlaute. Da aber einige der starken Verben ziemlich häufig gebraucht werden, kann man sich leicht vorstellen, dass Unklarheit über das Ablautverhältnis das Verständnis für unsere Verbtempora kräftig durcheinanderbringen kann. Dies umso mehr, als die Kinder aufgrund des Unterschieds auf der grammatischen Ebene im Perfekt nicht die Kombination von Hilfsverb und Partizip erwarten (schon gar nicht in Distanzstellung) und daher auch meist das Partizip nicht als solches erkennen. Lautliche und grammatische Unklarheiten kumulieren sich hier.

x Unbekannt ist auch unsere "kurz"/"lang"-Opposition (vgl. oben S. 46f. zum Verhältnis der deutschen und türkischen Vokale). Deshalb ist es schwierig, die Kennzeichnung dieser Opposition - für "Kürze" häufig Verdopplung des Folgekonsonanten, für "Länge" Verdoppelung des Vokals: aa, ee, oo, ausserdem ie, häufiger Dehnungs-h - den Schülern einsichtig zu machen. Die Schwierigkeit staffelt sich folgendermassen:

    x die Schüler können die "lang/kurz"-Opposition nicht ohne weiteres hören, bzw. bei nicht-gegenübergestellten Beispielen entscheiden, um welchen Fall es sich handelt,

    x unsere Bezeichnungsweise für beide Varianten geschieht nicht am Vokalzeichen selbst, sondern danach (soweit überhaupt),

    x unsere Bezeichnungsweise ist ziemlich inkonsistent, so dass man auch Fehler machen kann, wenn man die allgemeinen Regeln durchgehend anwendet,

    x die Regeln werden im Deutschunterricht nicht erklärt, oder sie werden in einer für die Schüler nicht fass-

lichen Form erklärt, was die gleiche Auswirkung
haben kann.

Die Folge ist die, dass sich die Bezeichnungsweisen für
Länge und Kürze des Vokals verselbständigen. Das Dehnungs-
h erscheint nach einiger Zeit plötzlich als ch (vgl. auch den
nächsten Punkt). Die Kinder schreiben also: gecht, sicht,
stecht, ichre für geht, sieht, steht, ihre. Es kommt dann
in dieser Form auch in Wörter, in denen es nichts zu suchen
hat, vgl. müchde, rocht für müde, rot, und es wandert auch
vor den fraglichen Vokal, da der Schüler nur erinnert, dass
in dem Wort irgendwas mit einem h oder ch los war, aber
nicht weiss, was da los ist. Er schreibt also: fhare, mchüde,
etc. Von hieraus verschmilzt das unverstandene Dehnungs-h
mit dem ebenfalls unverstandenen sch (s.u.) und der Schüler
schreibt z.B. suchle für Schule. Häufig wandert das Dehnungs-
h auch hinter den Konsonanten, vor dem es stehen müsste:
Lerher, bezalhen wonhen etc. für Lehrer, bezahlen, wohnen.
Auch die Schreibung ie verselbständigt sich und wird benutzt,
wo sie nichts zu suchen hat, vgl. hietse, schmutzieg. Noch
schlimmer ist, dass sie mit dem ebenfalls unverstandenen
ei durcheinandergeworfen wird, also: bien für mein, aber
auch: dei für die etc.
Ganz entsprechend geht es der Doppelschreibung für Konsonanten. Sie fehlt oft, wo sie stehen sollte: schif, falen,
renen, könen etc., für Schiff, fallen, rennen, können, aber
andererseits steht sie oft, wo sie nichts zu suchen hat, vgl.
Taffel, Vatter, wiell, bîsallın, grünn für Tafel, Vater, viel
bezahlen, grün.

In unseren Grunschulen - und nicht nur da - kostet es viel
Mühe, Erklärung und Übung, bis alle deutschen Kinder wenigstens das Prinzip der Schreibung von Lang- und Kurzvokalen
begriffen haben. Und doch verfügen diese Kinder als Vorlauf
wenigstens intuitiv bei jedem Wort über die korrekte Aussprache und damit im Prinzip auch über die "kurz/lang"-Opposi-
tion. Bei den ausländischen Kindern liegt weder intuitive
Kenntnis unserer Vokale, noch Kenntnis unseres Wortschatzes,
noch Kenntnis der benachbarten Rechtschreibregeln vor, und
doch gibt es Didaktiker, die den traurigen Mut haben, für
unsere Vorbereitungsklassen ein Vorgehen nach der "direkten
Methode" zu empfehlen - mit möglichst wenig Lesen und
Schreiben und mit möglichst wenig theoretischer Information
über die Deutsche Sprache. Die Meinung, so effektiv Deutsch
unterrichten zu können, grenzt an Wunderglauben, und die
Schüler haben das Ergebnis dieses Unterrichts später in der
Regelklasse, in der Berufsschule oder im Beruf auszubaden.

x Eine besondere Schwierigkeit entsteht für türkische Schüler
im Bereich h/ch. Diese Schwierigkeit ist im Kern lautlich

begründet. Hinzu kommt jedoch, dass wir in vielen Fällen
und aus historisch unterschiedlichen Gründen nachvokalische
h's schreiben, die allesamt nicht gesprochen werden. Sie
werden gleichwohl von den türkischen Kindern so aufgefasst,
als ob sie gesprochen würden, und zwar so lange, bis man
ihnen unsere Schreibweise gründlich erklärt hat. Ein guter
Vorlauf in mündlichem Deutsch beseitigt nämlich diese
Schwierigkeit keineswegs: sobald die Kinder auf Geschriebenes stossen, halten sie sich daran fest und "korrigieren"
ihre mündliche Erfahrung. Dies ist angesichts der Notwendigkeit, die Zweitsprache als Objekt festhalten und betrachten
zu können - was eben nur in schriftlicher Form geht - nur
zu verständlich.

Worin besteht nun die lautliche Schwierigkeit im Bereich
h/ch˅? Zunächst einmal muss hierzu bemerkt werden, dass
es dabei nicht einfach um die Hervorbringung der Einzellaute geht. Im Türkischen wie im Deutschen sind in diesem
Bereich drei Einzellaute vorhanden, die rein lautlich ganz
bzw. weitgehend übereinstimmen. Im Deutschen gibt es
das h, wie es vor Vokalen gesprochen wird: Hotel, Haus
etc, ausserdem die beiden Varianten von ch, nämlich das
in Bücher und das in Buch. Im Türkischen gibt es ebenfalls
den Laut h, der genau wie im Deutschen gesprochen wird,
sowie zwei Laute, die sich anhören wie die Mischung von
je einer Variante unseres ch mit dem h (d.h. die palatale
bzw. velare Reibung ist schwächer, als bei uns). Man
sollte also meinen, dass es für türkische Kinder keine besonderen Schwierigkeiten im Bereich h/ch gibt.
Das Problem besteht tatsächlich nicht in den Einzellauten,
sondern in ihrer unterschiedlichen Beziehung aufeinander und
den unterschiedlichen Bedingungen für ihr Vorkommen, ausserdem in ihrer unterschiedlichen Bezeichnung durch die
Schrift. Zunächst einmal verteilen sich die drei fraglichen
Einzellaute in unserem Bewusstsein auf zwei Phoneme, die
wir durch h und ch wiedergeben. Und während wir h und
ch klar und deutlich unterscheiden, ist uns die Existenz
zweier stark unterschiedlicher Varianten von ch meist kaum
bewusst. Für die Türken sieht die Sache aber anders aus:
für sie bilden alle drei Einzellaute zusammen ein Phonem.
Dies Phonem wird durch den Buchstaben h bezeichnet und
die drei Varianten sind so eindeutig nach dem Gesichtspunkt
ihrer lautlichen Umgebung verteilt, dass sich ein Sprecher
des Türkischen über die Existenz dreier Varianten ebensowenig Rechnung ablegt, wie wir über die Existenz zweier Varianten des ch.
Hinzu kommen die typischen Unterschiede in der Verteilung.
Türkisches h wird wie unser h gesprochen im Anlaut: hasta
"krank", zwischen Vokalen: şehir "Stadt", nach einem an-

deren Konsonanten: merhaba "hallo", şüphe "Zweifel",
müthiş "furchtbar". Unsere ch-Laute kommen im Türkischen
in diesen Positionen nicht infrage. Demgegenüber haben wir
am Wortanfang wenigstens einen von beiden: chemisch, China
Chirurg (allerdings selten und nur in Fremdwörtern), zwischen
Vokalen haben wir beide ch -Laute: machen, lachen, Sache,
Woche, und brechen, sicher, Bücher, nach Konsonant haben
wir wiederum nur die palatale Variante von ch in: Lämpchen,
Mäuschen, Häschen, Brötchen, Würstchen, Mädchen etc.,
und zwar neben h: Krankheit, Plattheit, Weisheit etc. Für
einen türkischen Schüler sind unsere ch's in diesen Positionen nicht erklärlich. Im Falle des ch zwischen Vokalen weicht
er auf h aus, und sagt z.B. mahen, Büher. Dieser Fehler
scheint sich allerdings schneller zu korrigieren. Bei anlau-
tendem und nach-konsonantischem ch (palatale Variante) geht
er stattdessen zu sch (= türkisch ş) über und sagt also:
schemisch, Lämpschen etc. Soweit der vorhergehende Konsonant ein Dental ist (also d/t), verschmilzt er mit diesem
fälschlichen sch zu der Affrikate tsch (= türkisch ç). Daher
kommen Schreibungen wie mecin, buroçin für Mädchen, Brötchen. Andererseits führt das Bewusstsein, dass es im Deutschen auch ch nach Konsonant geben kann, auch zu Fehlschreibungen wie falch, knirchen für falsch, knirschen.
Dies ist aber nur die eine Seite der Verteilung. Die andere
besteht darin, dass jedes h vor Konsonant im Türkischen automatisch ähnlich wie unser ch gesprochen wird, und zwar
ebenfalls in beiden Varianten, je nachdem, ob rund herum
Vorder- oder Hinterzungenvokale stehen. Man sagt also: şehre
"in die Stadt", dehşet "Schrecken", ihtiyar "alt", ihtiyaç
"Bedürfnis" mit einem ähnlichen Laut wie in unserem Licht.
Und andererseits klingt h in bedbaht "unglücklich", tahta
"Tafel", muhtaç "bedürftig" annähernd ähnlich wie unser ch
in macht. Dies hat zur Folge, dass die türkischen Schüler
dazu tendieren, unser ch in dieser Position als h zu schreiben: maht, liht, suht etc. für macht, Licht, sucht. Hieran
knüpft umgekehrt auch die Fehlinterpretation unseres stummen
h's an, wie etwa in gecht, sicht, bezachlen etc. für geht
sieht, bezahlen. (Zusatzbemerkung: Nicht vor allen Konsonanten wird h im Türkischen wie unser ch gesprochen, vor
l z.B. bleibt es h, vgl. sabahleyin "morgens".)
Am Wortende nach Vokal spricht man im Standardtürkischen
nur h, was zunächst auch auf unser ch durchschlägt: Buh,
weih, wah sind nicht nur Fehlschreibungen für Buch, weich
und wach, sondern u.U. auch falsche Aussprache für diese
Wörter. Andererseits spricht man aber in den östlichen Dialekten statt silbenschliessendem k bei Hinterzungenvokalen
velares ch, also statt çok "viel" und bakmak "schauen"
sagt man: çoh, bahmah (mit ch zu sprechen). Es ist nahe-

liegend, dass sich dies mit auf die Interpretation des sil-
benschliessenden ch im Deutschen auswirkt, soweit dies nach
Hinterzungenvokal steht und also velar gesprochen wird.

Soweit die Ausspracheschwierigkeiten, die aus Verbindungen und
Beziehungen zwischen mehreren Lauten des Deutschen für türkische
Schüler entstehen können. Wie man sieht, sind sie erheblich umfangreicher und schwerwiegender, als die Schwierigkeiten bei der
Produktion und Erkennung isolierter Einzellaute. Dennoch können
die türkischen Schüler auch diese Schwierigkeiten beim freien Sprechen weitgehend überspielen - bzw. wir sind in einer einigermassen
normalen Kommunikationssituation bereit, die ihnen unterlaufenden
Aussprachefehler soweit zu überhören -, dass sie ein lautlich ziemlich einwandfreies Deutsch zu sprechen scheinen. Um so grösser
ist dann oft das Erstaunen und manchmal auch die Erbitterung darüber, in welchem Masse bei den gleichen Schülern Rechtschreibschwierigkeiten auftreten.

2.4. Unterschiedliche Rechtschreibprinzipien als Fehlerquelle.

Bisher ist nur auf die Schwierigkeiten eingegangen worden, die
sich aus tatsächlichen lautlichen Unterschieden zwischen beiden
Sprachen ergeben, bzw. deren Hauptursache solche lautlichen Unterschiede sind. Nun spielen zwar tatsächlich unerkannte lautliche Probleme eine grosse Rolle bei den Rechtschreibschwierigkeiten, noch grösser scheint aber der Anteil der unterschiedlichen
Prinzipien und Regeln zu sein, die die Rechtschreibung beider
Sprachen steuern. Diese Unterschiede kumulieren sich z.T. mit
den lautlichen Problemen, sie werden aber auch da zur Fehlerquelle, wo einigermassen ähnliche lautliche Erscheinungen aufgrund unterschiedlicher Rechtschreibregeln verschieden geschrieben werden. Im folgenden soll daher der Anteil der Rechtschreib-
unterschiede selbst herausgearbeitet werden. Dabei unterscheiden
wir nach übergreifenden Prinzipien einerseits und Einzelregeln
andererseits, obwohl diese Unterscheidung bis zu einem gewissen
Grade willkürlich ist. Bei der Darstellung der deutschen Rechtschreibung orientieren wir uns im wesentlichen an RIEHME,
Probleme und Methoden des Rechtschreibunterrichts. (Bln.74).

2.4.1. Prinzipielle Unterschiede

Der zentrale Unterschied zwischen der türkischen und der deutschen
Rechtschreibung ist der, dass im Türkischen durch die Rechtschreibung von 1928 sehr weitgehend das Prinzip durchgesetzt ist:"Schreib,
wie du sprichst", während dies "phonematische Prinzip" im Deutschen zwar die Grundlage der Rechtschreibung bildet, aber durch
allerlei andere Prinzipien und Regeln durchbrochen wird. Die Folge ist, dass das Türkische nahezu mit einer "Lautschrift" geschrie-

ben wird, so dass man türkische Wörter sehr viel leichter nach
dem blossen Klang hinschreiben kann, während man im Deutschen
eine Menge grammatischer, lexikalischer und historischer Gesichtspunkte berücksichtigen muss, um auch nur ein paar Wörter hintereinander korrekt aufs Papier zu bringen.

Die Darstellung der prinzipiellen Unterschiede zwischen beiden
Rechtschreibungen läuft daher auf eine Zusammenfassung der Prinzipien hinaus, die im Deutschen das "phonematische Prinzip" systematisch durchbrechen. Hierher gehören folgende Punkte:

(a) Der gleiche Wortstamm wird - wenn er aus grammatischen oder
lexikalischen Gründen unterschiedliche lautliche Formen hat - trotzdem möglichst einheitlich geschrieben. Das gleiche Prinzip gilt
auch für Affixe, d.h. es gilt nicht einfach für Wörter, sondern bereits auf der Morphemebene. Man nennt es daher das "morphematische Prinzip".
Eine typische Auswirkung dieses Prinzips sind unsere Umlautzeichen, die es möglich machen, den durch Umlaut veränderten Vokal in der Schrift dem Ausgangsvokal anzupassen. (Vgl. zur Erscheinung des "Umlauts" oben S. 49ff.). Besonders auffällig -
und für türkische Schüler besonders problematisch - ist dabei das
Vokalpaar a/ä , weil es hier eigentlich ebensogut möglich gewesen
wäre, den Umlaut mit dem bereits vorhandenen Buchstaben e zu
schreiben. Tatsächlich geschieht dies auch in einzelnen Wörtern,
vgl.: behende (zu Hand), Stengel (zu Stange) etc. Im Mittelhochdeutschen wurde auch ganz allgemein noch e geschrieben, das
ä ist eine Hinzuentwicklung des Neuhochdeutschen. Wenn wir also
heute Gäste, Häute, läuten schreiben, so hat das nichts mit dem
Lautwert des Vokals zu tun, sondern ausschliesslich damit, dass
wir auf Gast, Haut, laut hinweisen wollen. Ansonsten könnten wir
ebensogut: Geste, Heute, leuten schreiben.
Dies muss den türkischen Schülern zunächst einmal im Prinzip
erklärt werden (was aufgrund der gängigen Deutschkurse heute
nicht unbedingt geschieht). Man darf aber nicht erwarten, dass
wenn das Prinzip verstanden ist, sofort alles richtig geschrieben
wird, denn die Schüler haben selbstverständlich nicht zu jedem
Wort bzw. zu jeder Wortform sofort die Etymologie zur Hand. Das
Umlauten sollte also geübt werden, und zwar immer wieder und
unter Hinweis auf die jeweilige Ursache des Umlauts.
Nebenbei sei noch bemerkt, dass ganz zu Anfang den Schülern
natürlich der Buchstabe ä erklärt werden muss, und zwar sowohl
in seinem Lautwert, als auch in seinem Verhältnis zu a und e.
Dies ist unbedingt nötig, denn das ä kommt ja im türkischen Alphabet nicht vor, und man kann von den Schülern nicht erwarten,
dass sie von sich aus herauskriegen, worum es sich eigentlich
handelt.
Das gleiche morphologische Prinzip wenden wir auch dort an, wo
sich ein Konsonant im Wort- oder Silbenauslaut verändert. Die
allgemeinste Erscheinung dieser Art ist die sog. "Auslautverhärtung",

d.h. der Vorgang, dass ein ansich stimmhafter Konsonant am Wort-
oder Silbenende seine Stimmhaftigkeit verliert und stimmlos ge-
sprochen wird. So sagen wir etwa <u>gap</u>, <u>Grap</u>, <u>Bat</u>, <u>balt</u>, schreiben
aber: <u>gab</u>, <u>Grab</u>, <u>Bad</u>, <u>bald</u>. Die gleiche Erscheinung findet sich
auch am Ende solcher Morpheme, die etwas abgetrennt gesprochen
werden: <u>apgeben</u>, <u>Grapschtein</u>, <u>Entaprechnuŋ</u>, <u>Waltläufer</u> für: <u>ab-
geben</u>, <u>Grabstein</u>, <u>Endabrechnung</u>, <u>Waldläufer</u>. Auch ist nicht nur
der jeweils letzte Konsonant betroffen, wie man an folgenden Bei-
spielen ablesen kann: <u>schreipt</u>, <u>grepst</u>, <u>hapt</u> für: <u>schreibt</u>, <u>gräbst</u>,
<u>habt</u>. Wie man an diesen Beispielen sieht, ignorieren wir in unse-
rer Rechtschreibung den Übergang von stimmhaften zum stimmlosen
Konsonanten völlig. Wir tun dies in Anwendung des <u>morphematischen
Prinzips</u> - d.h. (1) wir tun es, um die gleichen Wörter bzw. Morpheme in der Schreibung möglichst einheitlich erscheinen zu lassen,
(2) wir sind dazu in der Lage, weil wir beim Schreiben nicht nur
das konkret hingeschriebene Wort im Kopf haben, sondern auch seine Etymologie.
Auch hier können wir aber die Anwendung des morphematischen
Prinzips von den türkischen Schülern nicht einfach erwarten. Denn
in der Rechtschreibung des Türkischen gibt es kein Vorbild dafür.
Im Gegenteil: auch im Türkischen gibt es soetwas wie eine Auslautverhärtung, aber hier wird sie tatsächlich auch geschrieben. Jedenfalls gilt dies für die vier stimmhaften Konsonanten <u>b</u>, <u>d</u>, <u>c</u>
(=dsch) und <u>ğ</u>, die im Auslaut und vor konsonantischen Endungen
entstimmt werden und die dann geschrieben werden als <u>p</u>, <u>t</u>, <u>ç</u>
(= tsch) und <u>k</u>. Das gleiche Wort hat also im Türkischen zwei
verschiedene Schreibweisen, vgl. <u>dolap</u> "der Schrank" und <u>dolabı</u>
"den Schrank", jedoch auch: <u>dolaplar</u> "die Schränke". Es besteht
daher a priori überhaupt kein Grund, dass der türkische Schüler
aus dem Wort <u>graben</u> ableiten muss, dass man auch <u>grepst, grept</u>,
<u>Grap</u> mit <u>b</u> schreibt.
Im übrigen gibt es an den Silben- und Wortenden im Deutschen
auch noch kompliziertere Veränderungen, als nur die blosse Ent-
stimmung. So wird aus im norddeutschen Raum regelmässig <u>ch</u>
(in beiden Varianten), im oberdeutschen Raum dagegen <u>k</u>. In der
Hochsprache hat man einen Kompromiss gewählt, der darauf hinausläuft, im velaren Fall <u>k</u> zu sprechen, im palatalen Fall dagegen
<u>ch</u> (besonders in dem Morphem <u>-ig-</u>), jedoch nicht, wenn ein
weiteres <u>ch</u> folgt, wie in der Morphemfolge <u>-ig-lich</u> . Da wir seit
Jahren starke Mobilität über das ganze Bundesgebiet haben, bekommen die ausländischen Schüler - gleich wo sie wohnen - alle
Varianten zu hören, was natürlich zusätzlich verwirrt. Sie hören
also sowohl <u>fleissich</u>, <u>genuch</u>, <u>wechgehen</u>, <u>Berch</u>, <u>sachst</u> als
auch <u>fleissik</u>, <u>genuk</u>, <u>wekgehen</u>, <u>Berk</u>, <u>sakst</u>. Das einzige, was
auf keinen Fall gesprochen wird, ist auslautendes stimmhaftes <u>g</u>.
Zu bemerken ist übrigens noch (1) dass der Übergang von <u>g</u> zu
<u>ch</u> den vorhergehenden Vokal kürzt, der zu <u>k</u> aber nicht (vgl. die
Aussprache von <u>schmutzich</u>, <u>genuch</u> mit <u>schmutzik</u>, <u>genuk</u>), (2)
dass als <u>-ich-</u> ausgesprochenes <u>-ig-</u> leicht mit <u>-lich-</u> verwech-

seit wird, besonders in Wörtern wie fällig, billig, wellig etc. Umgekehrt kann natürlich aus Verunsicherung leicht auch die Endung -lich- als -lig- geschrieben werden.
Auch deutsche Schüler haben die hier angedeuteten Schwierigkeiten. Sie haben sie aber in viel geringerem Masse, weil für sie nach einer gewissen Zeit das Prinzip der morphematischen Schreibung einsichtig wird (wenigstens intuitiv, bei geeignetem Unterricht auch bewusst). Ausserdem kann man ihnen mit dem Trick des "Verlängerns" auf die Sprünge helfen: man lässt einfach eine vokalisch beginnende Endung (den Plural bzw. -e oder -en als Verbendung) an das fragliche Wort anhängen. Dieser Trick versagt natürlich bei den ausländischen Schülern, weil sie sich über die verlängerten Formen mindestens ebenso unsicher sind, wie über die Frage, welchen Konsonanten sie denn nun schreiben sollen.

Zu vermerken ist übrigens, dass auch im Deutschen das Prinzip der morphematischen Schreibung nicht voll durchgesetzt ist. Die Unterbrechungen betreffen nicht nur so marginale Fälle wie behende, Stengel (wo man in der Vergangenheit den Umlaut nicht erkannt hat), sondern z.B. alle Ablaute. Die Ablautreihen sind so wenig einheitlich, dass sich in der Rechtschreibung eine Bezeichnungsweise für die Einheit der jeweiligen Reihe nicht hat herausbilden können. Es kann aber durchaus passieren, dass ein türkisches Kind diese Einheit ad hoc herstellt, indem es etwa schreibt: er nehmt, wir liesen , ich schreib (Imperf.). Dies ist dann allerdings keine Anwendung unseres morphematischen Rechtschreibprinzips, sondern Unwissen darüber, wie die Vokale im gleichen Stamm wechseln können.
Durchbrochen wird das morphematische Prinzip auch für die Endung -st , wo diese einem s oder z folgt, vgl.: sitzt, schwitzt, ritzt, isst, frisst, weisst etc., wo man -st formal nicht von -t unterscheiden kann. Es ist ebenfalls eine Durchbrechung des morphematischen Prinzips, wenn die Endung -keit, -heit tatsächlich unterschiedlich geschrieben wird, weil sie in unterschiedlichen Kontexten unterschiedlich beginnt, vgl. Krankheit , Klugheit , aber Einsamkeit, Redlichkeit.

(b) Das phonematische Prinzip wird im Deutschen auch erheblich durchbrochen durch die Doppelschreibung der Konsonanten nach Kurzvokal. Hier gelten knapp gesagt folgende Regeln: Vokalkürze wird dadurch angezeigt, dass dem fraglichen Vokal mehrere Konsonanten folgen: hart, alt, ist etc. Folgt nur ein einziger Konsonant einem kurz zu sprechenden Vokal, so ist der Konsonant doppelt zu schreiben: offen, fallen, Mutter. Folgen mehrere Konsonanten, und der Vokal soll trotzdem lang gesprochen werden, so wird die Länge u.U. durch Sonderzeichen angegeben: fliesst, fliegst. Sie können jedoch auch fehlen: gibst, fusst, und sie können auch vor einem einzelnen Konsonanten stehen: sieht ,Bier und sogar im Auslaut: die. Dies hängt damit zusammen, dass die meisten Längenzeichen ursprünglich eine andere Funktion hat-

ten und keineswegs zur Bezeichnung der Vokallänge dienten.

Die Philosophie der Konsonantenverdoppelung nach Kurzvokal
stammt übrigens bereits aus dem 16. Jh. und läuft darauf hinaus, dass:

> "alle Sylben mit einem ungefähr gleichen Zeitmasse ausge-
> sprochen werden, dass aber in manchen die Stimme länger auf
> dem Vocale verweilet, und alsdann schnell über den folgenden
> Consonanten hinschlüpft, hingegen in anderen schnell über den
> Vocal hineilet, sich aber dafür desto stärker bey den End=Con-
> sonanten aufhält und wenn sie deren nur Einen findet, ihn mit
> doppelter Stärke und Verweilung ausspricht, das heisst, dass
> sie bey einem gedehnten Vocale die folgenden Consonanten
> kürzer und schwächer, bei einem gescharften aber länger und
> stärker ausspricht."
> J.CH. ADELUNG, Vollständige Anweisung zur Deutschen
> Orthographie, Wien 18o3, S.216

ADELUNG behauptet weiter, dass z.B. m in Kamm vergleichs-
weise zu kam "mit doppelter Stärke" ausgesprochen wird. Dies
ist offenbar eine Mystifikation. In der Aussprache des Deutschen
gibt es keine gelängten oder "mit doppelter Stärke" ausgesprochenen Konsonanten. Ebenso falsch ist die weitere Behauptung, man
höre bei Kammes "sehr deutlich zwey m", im Gegensatz zu Kamm,
wo man nur ein "verstärktes m" höre. Dies ist alles nur zu hören,
wenn man die Wörter in Anlehnung an lateinische Metrik skandiert,
aber auf keinen Fall, wenn man sie normal ausspricht oder gar im
Satz verwendet.Die Einsicht, dass das Deutsche keine Silbenquan-
titäten im Sinne der lateinischen Metrik besitzt, hat sich aber
erst nach und nach durchgesetzt. Ausserdem brauchte man aber -
auch das macht ADELUNG deutlich - die Doppelschreibung als
Erinnerung für jene Dialektsprecher, die anstelle kurzer Vokale gerade in diesen Wörtern lange Vokale sprachen. (ADELUNG führt
u.a. schlesisch Goot für Gott, rheinpfälzisch Koopf für Kopf an).
Wir haben es also bei der Doppelschreibung mit einer auf Speku-
lation beruhenden Konstruktion der alten Grammatiker zu tun, die
zeitweise den Zweck erfüllt hat, die Dialekte lautlich zu verein-
heitlichen. Das konnte sie aber nur, solange die Theorie der Schär-
fung, die hinter dieser Schreibweise stand, noch allgemein bekannt
war. Inzwischen ist diese Theorie weitgehend vergessen, während
die darauf aufbauende Schreibweise weitertradiert wird, obwohl sie
für sich genommen unglücklich und unsinnig ist.

Die Fiktion einer "Doppelkonsonanz" nach Kurzvokal hat sich auch
auf unsere Regeln der Silbentrennung ausgewirkt, wie dies bereits
in ADELUNGs Bemerkung über Kammes impliziert ist. Wir trennen kom-men, fal-len, fas-sen, weil wir dies in der Schule so
lernen. Würden wir unbedarft und nur auf der Basis unserer Aussprache trennen, so würde die Trennung sicher so ausfallen: kommen, fa-llen, fa-ssen. Noch problematischer wird die Sache

jedoch, wenn das fragliche Wort flektiert wird und dabei anstelle
der vokalisch beginnenden Endung eine konsonantisch beginnende
antritt: kommt, fällt, stimmt, fasst, rollst etc. Hier ist die fik-
tive "Doppelkonsonanz" auch zur Bezeichnung der Kürze des vorangehenden Vokals überflüssig, weil ja ohnehin weitere Konsonanten
folgen. Sie wird hier ausschliesslich wegen des morphematischen
Prinzips aufrecht erhalten. Auf diese Weise entstehen dann Doublet-
ten, die man ihrer Schreibung nach zwar sehr gut unterscheiden
kann, die aber völlig gleich ausgesprochen werden, vgl.: fasst/
fast, ballt/bald, fällt/Feld, hallt/halt, harrt/hart, sinnt/sind,
hemmt/Hemd, wollt/Volt. Zwar spielen bei diesen Beispielpaaren
in einigen Fällen auch noch andere Rechtschreibzöpfe des Deutschen eine Rolle, worauf es hier aber ankommt, ist, dass jeweils
eine Variante "Doppelkonsonanz" hat, die andere nicht, ohne dass
sich darum an der Aussprache das Geringste ändert.
Sehr verwirrend ist im übrigen für ausländische Schüler auch, dass
so häufige Verben wie kommen/kam, nehmen, nimmt manchmal
mehr und manchmal weniger m zu haben scheinen (während es in
Wahrheit um ein besonderes Ablautverhältnis geht!).
Schwierigkeiten macht auch die Tatsache, dass manche Konsonanten und Konsonantenverbindungen nicht oder nur manchmal verdoppelt werden, obwohl vor ihnen ein Kurzvokal steht. So werden die
Verbindungen ch, sch grundsätzlich nicht verdoppelt, anstelle von
kk, zz erscheinen ck und tz, anstelle von ss erscheint unter bestimmten Bedingungen ß. Relativ selten werden die stimmhaften
Verschlusslaute b, d, g verdoppelt, eine Verdoppelung von w
kommt nicht vor.
Sehr problematisch ist schliesslich die Behandlung der Hilfswörter
und unbetonten Affixe. Hier hat man die Doppelschreibung in der
Regel unterlassen, um den Hilfswörtern und Affixen kein zu auffäl-
liges Aussehen zu geben und sie nicht wichtiger erscheinen zu
lassen, als den Inhaltswortschatz. So schreibt man: in, bin, und
heute auch König-in. Sobald jedoch Silbentrennung möglich wird,
muss man auch hier zur Doppelschreibung greifen: in-nen, Königin-
nen. Ausserdem schreibt man ausnahmsweise auch wann, dann,
denn und daß. Das Pronomen man dagegen wird - im Unterschied
zu Mann mit einem n geschrieben, damit man sieht, dass es ein
Pronomen ist.
Die sogenannte "Doppelkonsonanz" des Deutschen beruht historisch
auf einer Reihe von Irrtümern über unsere Sprache. Diese Schreibweise hat umfangreiche Inkonsequenzen in unserer Rechtschreibung
zur Folge, eben weil sie von Grund auf irrig und unsinnig ist. Leider ist sie immer weiter mit fortgeschleppt worden, anstatt dass
man irgendwann einmal zu einer konsequenten Bezeichnung der "kurz/
lang"-Opposition an den Vokalen selbst übergegangen wäre. Die
deutschen Schüler, aber noch mehr die ausländischen Kinder in unseren Schulen müssen dies Versäumnis mit ständig wiederholten
Misserfolgserlebnissen bezahlen.
Hieraus ist nun nicht zu schliessen, dass man auf eine tiefgreifende Rechtschreibreform zu warten hätte und bis dahin alles beim

derzeitigen Stand belassen müsse. Es ist vielmehr unter den derzeitigen Bedingungen um so wichtiger, den Schülern die unsinnigen
Regeln über "Doppelkonsonanz" einigermassen durchsichtig zu machen. Geschieht dies nicht, so kann man natürlich nicht erwarten,
dass sie dies Gewirr von Regeln und Sonderregeln - dazu noch auf
der Basis lautlicher und lexikalisch/etymologischer Unklarheiten -
auch nur einigermassen richtig anwenden.
Einsicht in unsere "Doppelschreibung" setzt aber beim ausländischen
Schüler wenigstens folgende Kenntnisse voraus:

x Übersicht darüber, welche Vokallaute des Deutschen als
   "lang" gelten, welche als "kurz",

x Sicherheit über den Vokal im jeweils zu schreibenden
   Wort,

x Kenntnis der Tatsache, dass die Doppelschreibung von Konsonanten im Deutschen nichts mit dem Konsonanten, aber
   viel mit dem vorausgehenden Vokal zu tun hat,

x Kenntnis der Grenzen der "Konsonantenverdoppelung" (in
   "unwichtigen" Wörtern und Silben wird nicht verdoppelt),

x Kenntnis der Sonderregeln über bestimmte Konsonanten,

x die Fähigkeit, das morphematische Prinzip anzuwenden,

x Durchschauen der Herkunft des jeweiligen Wortes, da sonst
   das morphematische Prinzip nicht angewendet werden kann,

x Kenntnis intervenierender Gesichtspunkte wie Auslautverhärtung, Ablautreihen etc.

Solange diese Kenntnisse nicht abgesichert sind, ist nicht zu erwarten, dass ein ausländischer Schüler unsere Doppelschreibung
auch nur einigermassen sinnvoll anwenden kann. Es ist dann im
Grunde nicht berechtigt, diesen Aspekt zu bewerten - bzw. wenn
man ihn bewertet, bewertet man damit nicht den Schüler, sondern
den vorgängigen Deutschunterricht.

Zum Abschluss dieses Punktes - den wir absichtlich allgemeiner
formuliert haben, weil es hier nicht um besondere "Türkenfehler"
geht, sondern um Fehler, die bei Unsicherheit im Deutschen notwendig durch die Inkonsistenz unserer Rechtschreibung hervorge-
bracht werden - möchten wir noch darauf hinweisen, dass es im
Türkischen in ganz beschränktem Masse die Doppelschreibung von
Konsonanten gibt. Die "Konsonantenverdoppelung" ist dem türkischen
Schüler also vom Erscheinungsbild her nicht völlig unbekannt, obwohl sie für ihn weit ungewohnter ist, als etwa für einen Italie-
ner. Im Türkischen sind dabei zwei Fälle zu unterscheiden:

(1) In sehr wenigen Wörtern eines arabischen Worttyps wird die
Doppelkonsonanz des Arabischen aus historischen Gründen geschrieben, obgleich man in der Aussprache nichts davon merkt. Hierher gehören: teşekkür "Dank", teneffüs "Pause". Diese Schreib-

weise wiederholt sich in den entsprechenden Adjektiven, wie etwa mütesekkir "dankbar". Der Erhalt dieser historisch begründeten Doppelschreibung steht offenbar im Gegensatz zu den sonstigen Rechtschreibregeln des Türkischen.

(2) In einigen wenigen Wörtern arabischen Ursprungs findet sich eine Doppelschreibung des Konsonanten, die auch in der Aussprache berücksichtigt wird. Hierher gehört z.B. dd in cadde "Strasse", madde "Materie, Stoff", ciddî "ernst", kk in dakka "Minute", dikkat "Aufmerksamkeit", Hakkı (Jungenname). Ausgesprochen wird auch jene Doppelkonsonanz, die durch den Antritt einer konsonantisch beginnenden Endung an einen mit dem gleichen Konsonanten endenden Stamm entsteht, vgl. gitti "er ist gegangen" (von git- "gehen"), umma "erwarte nicht" (von um- "erwarten"). Hier hört man in der Tat das, was es im Deutschen nur in der Theorie der älteren Grammatiker gibt: Verstärkung und Längung des Konsonanten bzw. sogar seine Verdoppelung.

Beide angeführten Fälle sind der Erlernung unserer Doppelschreibung nicht gerade günstig. Dem ersten kann das türkische Kind entnehmen, dass die Doppelschreibung auf die Aussprache keinen Einfluss hat - was so für das Deutsche nicht zutrifft. Dem zweiten Fall muss es entnehmen, dass es bei der Doppelschreibung um eine tatsächliche Längung des Konsonanten geht - und das ist im Deutschen wiederum nicht der Fall. Auf die Tatsache, dass die Doppelschreibung bei uns die Qualität des vorangehenden Vokals bezeichnen soll, ist das türkische Kind demgegenüber in keiner Weise vorbereitet.

(c) In der deutschen Rechtschreibung werden - aus unterschiedlichen Gründen - eine Anzahl von stummen h's geschrieben. Wir müssen dabei wenigstens folgende Fälle unterscheiden:

  x Das h steht am Wortende wie in weh, Zeh, froh , nah
     oder zwischen Vokalen, wie in: sehen, gehen, ziehen,
     leihen.

  x Das h steht zwischen Vokal und Endkonsonant des Wort-
     stamms, wie in: Zahl, Zahn, Jahr, mahlen, zählen etc.

Im ersten Fall ist das h oft historisch begründet und wechselt manchmal auch mit ch und g, vgl.: näch-ster, Sicht, zog. Ansonsten hat es hier die Funktion des "Silbentrenners": es sorgt dafür, dass die Vokale der beiden aufeinanderfolgenden Silben nicht unmittelbar hintereinander geschrieben werden, dass man also nicht wee, Zeen, froer, nae, geen etc. schreibt, sondern wehe, Zehen, froher, nahe, gehen etc. Dies ist deshalb wichtig, weil die meisten Folgen von zwei Vokalen, die hier entstehen könnten, nach unseren Rechtschreibregeln leicht misszuverstehen wären.

Im zweiten Fall dagegen hat das <u>h</u> in der Regel keine lautlich-historische Grundlage. Es handelt sich vielmehr ursprünglich um ein Mittel zur Verlängerung des Wortes, dass ohne dies <u>h</u> zu kurz und unscheinbar ausgesehen hätte. Im Mittelhochdeutschen wurde es noch nicht geschrieben - man schrieb also noch <u>zal</u>, <u>zan</u> (oder <u>zant</u>), <u>jâr</u>, <u>maln</u> (oder <u>malen</u>), <u>zeln</u> (auch: <u>zelen</u>, <u>zellen</u>) usw. Erst im Neuhochdeutschen hat sich die Gewohnheit herausgebildet, kurze Wörter, die auf <u>r</u>, <u>l</u>, <u>n</u> und <u>m</u> enden, mit einem zusätzlichen <u>h</u> zu verlängern. Man hat dies in der Regel nur dann getan, wenn vor dem Vokal nur ein einziger Buchstabe steht, wie etwa in: <u>Zahn</u>, <u>Bahn</u>, <u>Hahn</u>, <u>Kahn</u>, <u>Wahn</u>, aber: <u>Schwan</u>, <u>Plan</u>, <u>Kran</u>, <u>Span</u> - ebenso: <u>Hohn</u>, <u>Lohn</u>, <u>Mohn</u>, <u>Sohn</u>, aber: <u>Fron</u>, <u>schon</u> - auch: <u>Zahl</u>, <u>Wahl</u>, <u>Mahl</u>, <u>fahl</u>, aber: <u>schal</u>, <u>schmal</u> etc. Aufgrund des morphematischen Prinzips setzt sich diese Regel in die Ableitungen fort, also: <u>Zähnchen</u>, <u>wähnen</u>, <u>höhnen</u>, <u>zählen</u>, aber: <u>planen</u>, <u>schmaler</u>, <u>fronen</u> etc. Im übrigen ist die hier angedeutete Regel jedoch nicht durchgängig, denn wir schreiben auch <u>Drohne</u>, <u>dröhnen</u>, <u>prahlen</u>, <u>stehlen</u> trotz Doppelkonsonanz am Wortanfang, ebenso auch <u>Strahl</u>, <u>Draht</u>, <u>Prahm</u>. Andererseits schreiben wir auch: <u>Ton</u>, <u>Tal</u>, <u>tun</u>, <u>Tür</u>. Diese Wörter schrieb man früher so: <u>Thon</u>, <u>Thal</u>, <u>thun</u> und <u>Thür</u>, wobei das <u>th</u> ebenfalls als Dehnungszeichen galt. Nachdem eine Rechtschreibreform fast alle <u>th</u>'s beseitigt hat, sind diese Wörtchen nun wieder so kurz, wie sie bereits im Mittelhochdeutschen waren.

Da das Einsetzen von <u>Dehnungs-h</u> durchweg Wörter betroffen hat, die mit langem Vokal gesprochen werden, hat man die Funktion dieses <u>h</u> mit der Zeit umgedeutet: aus der Längung des Wortes - damit es ins Auge fällt - ist die Längung des Vokals geworden. Dies ist jedoch eine sehr irreführende Deutung, weil sie in vielen Wörtern ein <u>h</u> erwarten lässt, wo gar keins geschrieben wird.

Das didaktische Problem all dieser <u>h</u>'s im deutschen Muttersprachunterricht ist es, den Kindern einzuprägen, welche Wortstämme mit <u>h</u> - und welche ohne <u>h</u> geschrieben werden. Beim Zweitsprachenunterricht für türkische Schüler kommt ein weit gravierenderes Problem hinzu:

x   Man muss verhindern, dass sich die Kinder diese <u>h</u>'s als gesprochene bzw. aussprechbare <u>h</u>'s einprägen, und dann im zweiten Schritt nach und nach die deutsche Schreibweise für nachvokalisches <u>h</u> - nämlich <u>ch</u> verwenden.

Um dies Problem voll zu verstehen, muss man sich den lautlichen Unterschied zwischen beiden Sprachen im Bereich <u>h/ch</u> vergegenwärtigen (vgl. oben S. 52ff.). Für türkische Schüler gibt es keinen prinzipiellen Unterschied zwischen <u>h</u> und <u>ch</u> und gerade vor Konsonanten muss <u>h</u> als <u>ch</u> gesprochen werden. Diese Aussprache und besonders diese Schreibweise überträgt sich dann durch die Opposition <u>geht/ge-he</u>, <u>zieht/zie-he</u>, <u>steht/ste-he</u> auch auf

das h zwischen Vokalen. Die Schüler schreiben deshalb nach einiger Zeit durchweg ch, also: Zachl, Jachr, Sochn, gecht, stecht,
aber auch: gechen, sechen, leichen usw. (Im früheren Stadium
findet man eher den umgekehrten Fehler, nämlich: mahen, lahen,
Büher, Buh, maht, laht etc.).

Wenn man türkische Schüler im Deutschunterricht zu einer klaren
Trennung des h und ch veranlassen will, und wenn es darum
geht, die oben angedeuteten Fehler zu vermeiden bzw. abzubauen,
so muss der Lehrer unbedingt alles unterlassen, was den Anschein
erwecken könnte, dass nachvokalisches h im Deutschen ausgesprochen wird. Dies ist weitgehend selbstverständlich für das h zwischen Vokal und Endkonsonanten des Stammes bzw. konsonantischer Endung, und wohl auch für das h am Wortende. Wer hier
auf die Idee kommt, das h mitzusprechen, um möglichst "genau
und deutlich" zu artikulieren, der muss schon erhebliche Verren-
kungen machen. Nicht ganz so klar scheint die Sache dagegen für
das h zwischen Vokalen zu sein. Dieses kann man nämlich einigermassen bequem aussprechen, wenn man beim Sprechen leicht
die Silben trennt und das h zur Folgesilbe zieht. In diesem Fall
behandelt man: se-hen, ge-hen, lei-hen, zie-hen etc. analog
zu Frei-heit, Ro-heit, zu-halten etc. Sobald man jedoch normal
und flüssig spricht, fällt das h in sehen, gehen etc. und ebenso in Rehe, höher, Zehen etc. sofort wieder weg. Unserer Meinung nach sollte man daher auch bei diesen Wörtern die scheinbar
besser artikulierende - aber künstliche - Aussprache mit h im
Deutschunterricht für Ausländer unbedingt unterlassen, weil sie
nur Verwirrung stiften kann und weil es gerade wichtig ist, ein
klares Bewusstsein darüber zu schaffen, welche h's im Deutschen
normalerweise nicht zu hören sind. Hinzu kommt, dass die "silbentrennenden" h's wegen des morphematischen Prinzips ja auch vor
konsonantischer Endung in der Schrift erhalten bleiben, und dass
man die Schüler nicht unbedingt mit dem Problem konfrontieren
sollte, sie mal zu hören (nämlich in sehen, sehe) und mal wieder nicht (nämlich in: siehst, sieht, seht). Das Deutsche ist
auch ohne diesen Schnörkel kompliziert genug.

Neben den bereits erwähnten Fehlermöglichkeiten geben die stummen h's unserer Rechtschreibung zusätzlich noch Anlass zu folgenden Fehlschreibungen: (1) Umstellung des h hinter den folgenden Konsonanten: farhen, Lerher etc., bzw. vor den Vokal: fharen,
zhal etc. (2) Auf dieser Basis Vermischung mit dem h aus sch:
Suhle (vgl. zu beidem S. 52). (3) Ausserdem kann sich das
"silbentrennende" h auch in ein langes e: eindrängen, vgl. leher,
schweher für leer, schwer. Dies mag damit zu tun haben, dass
man ja auch für sehen, gehen, stehen etc. in normaler Aussprache meistens se:n, ge:n, ste:n etc. sagt.

Nachzutragen bleibt, dass h vor Konsonant im Deutschen in sehr
wenigen Fällen ursprünglich nicht Längungszeichen ist, so in befeh-

len, empfehlen , die nichts mit fehlen zu tun haben, sondern von bevelhen und enpfelhen kommen, ebenso Stahl von stahel . Dies sind jedoch seltene Ausnahmefälle, die sich in der Aussprache auch voll angeglichen haben.

Die grosse Masse der Schreibungen mit stummem h geschehen heute heute aus rein graphischen Gründen und sind somit als Ergebnisse der Anwendung des graphischen Prinzips anzusehen (RIEHME S. 42 erkennt dies allerdings nur für das Dehnungs-h an), wobei allerdings beim silbentrennenden h oft lautlich-historische Gründe ebenfalls eine Rolle spielen.

(d) Als hauptsächliche Auswirkung des historischen Prinzips in unserer Rechtschreibung werden Fremdwörter - soweit sie als solche erkannt worden sind - bei uns weitgehend in der Rechtschreibung der Herkunftssprache geschrieben. Es gibt jedoch eine Reihe von Veränderungen, die teils ganz, teils sehr begrenzt durchgesetzt worden sind. So wird lateinisch/romanisches c praktisch immer durch k bzw. z ersetzt (je nach dem folgenden Vokal). Andere Veränderungen sind inkonsequenter betrieben worden, so die Ersetzung von ph durch f in griechischen Wörtern. Man schreibt zwar schon: Foto, grafisch, Fantasie neben Photo, graphisch und Phantasie, aber man schreibt bisher keineswegs Fysik oder Fisik und auch nicht Filosof, Fosfat, obgleich dies nur konsequent wäre. Noch radikalere Änderungen - etwa Rüttmuss für Rhythmus - werden bisher nicht einmal ins Auge gefasst. Im grossen und ganzen ist die herkunftsgetreue Schreibung bei uns die überwiegende Regel.
Für türkische Schüler ist dies relativ unerwartet. Denn in der 1928 eingeführten türkischen Rechtschreibung werden alle Fremdwörter lautgerecht voll geschrieben. So erscheint anstelle von physique ("Physik") im Türkischen fizik , und aus douille (die Fassung) wird duy. Eine eng begrenzte Durchbrechung findet sich nur in einigen arabischen Wörtern, die aus historischen Gründen mit Doppelkonsonant geschrieben werden, ohne dass sie so gesprochen würden: teşekkür "Dank", teneffüs "Pause", tereddüt "Zögern", teşebbüs "Initiative". Auf diesen wenigen Beispielen, die noch dazu von den Kindern nicht beherrscht werden, kann man ganz sicher kein Verständnis für die Notwendigkeit einer historischen Schreibung der Fremdwörter aufbauen.
Was man erreichen müsste, um eine auch projektive Beherrschung der Fremdwortschreibung abzusichern, lässt sich in folgenden Punkten zusammenfassen:

    x   ein Vorverständnis für die Regel, bei Fremdwörtern die Herkunftsschreibung beizubehalten, sowie

    x   eine allgemeine Kenntnis dessen, wieweit diese Regel durchbrochen wird,

    x   Wissen über die Erkennungsmerkmale von Fremdwörtern aus bestimmten Sprachen,

x Wissen über die ins Deutsche übertragenen Schreibregeln der
verschiedenen Herkunftssprachen.

Wie man sieht, ist hier ein relativ breiter Wissenshintergrund erforderlich, der natürlich bei gut ausgebildeten Deutschen auch vorhanden ist - und sie sind die einzigen, die Fremdwörter problemlos schreiben können. Man sollte jedoch die Wichtigkeit der schriftlichen Beherrschung der Fremdwörter nicht unterschätzen: sie bilden die Grundlage für das gesamte terminologische Baumaterial
im Fachunterricht.

(e) Als Auswirkung des grammatischen Prinzips haben wir ziemlich komplizierte Regeln der Gross- und Kleinschreibung. Im
Rechtschreib-DUDEN nehmen sie 4 1/2 Seiten ein. Zwar ist das
Prinzip ziemlich einfach: es werden alle Substantive und Satzanfänge gross geschrieben. Die komplizierten Regeln entstehen aber
aus der Frage, was alles als Satzanfang, und besonders was als
Substantiv zu werten ist. Wie irrational diese Regeln im einzelnen sind, sieht man etwa an der Forderung, das Gute , etwas
Wichtiges , Gutes und Böses zu schreiben, aber auch der andere,
jeder beliebige, alt und jung. Man schreibt: Das Gute an der Sache ist, dass..., aber: Es ist das beste, wenn..... Die Ent-
wicklungstendenz geht im übrigen dahin, mehr Fälle klein zu schreiben.

Im Türkischen werden ebenfalls Grossbuchstaben an Wortanfängen
verwendet, sie sind aber auf Satzanfänge und Eigennamen reduziert.
Allerdings werden hier auch von Eigennamen abgeleitete Adjektive
gross geschrieben, also: Türk işçisi "der türkische Arbeiter". Hier
muss der Schüler also im Deutschen seine Grossschreibgewohnheit
umkehren, um richtig zu schreiben. Das häufigere ist aber, dass
die Schüler aus Vorbereitungsklassen noch keine gefestigten Gewohnheiten für die Grosschreibung haben. Wie bereits erwähnt (S.4o),
besteht oft überhaupt keine Klarheit über die Funktion der Grossbuchstaben und es kann sein, dass vom einen Buchstaben nur die
grosse, vom anderen nur die kleine Variante bekannt ist, so dass
z.B. Grossbuchstaben mitten im Wort auftauchen. Besonders beliebt scheint hierfür das M , vgl. etwa eMDe ("Ende").

Bei der Vermittlung der deutschen Grosschreibung treten einige Probleme auf. Die Grosschreibung am Satzanfang ist relativ leicht
abzusichern, wenn die Schüler an das Setzen von Satzzeichen gewöhnt sind. Wo dies aus dem Türkischen nicht der Fall ist, bleibt
auch der Satzanfang problematisch. Hier schlägt also die Qualität
des Muttersprachunterrichts auf den Deutschunterricht durch. Ausserdem ergibt sich aus der Grosschreibung am Anfang noch ein
Zusatzproblem, das man nicht unterschätzen sollte. Beim Notieren von Vokabeln pflegen viele Schüler am Zeilenanfang Grossbuchstaben zu verwenden. Dies scheint plausibel, da ja vorher jeweils

nichts steht, was "zum gleichen Satz gehören" würde. Man sollte
die Grosschreibung an dieser Stelle aber nicht dulden, denn sie
führt zu einer nachhaltigen Verwirrung darüber, wie die Wörter denn
nun im Satz geschrieben werden müssen.

Das Hauptproblem der Vermittlung stellt sich allerdings für die
Substantive. Ein klarer Begriff des "Substantivs" ist in der Regel
nicht vorauszusetzen, wie überhaupt die Wortarten kaum bekannt
sind. Er muss im Deutschen erst erarbeitet werden, wobei man
in der Regel auf die Ergebnisse des muttersprachlichen Unterrichts
leider nicht zurückgreifen kann. (Dies ist übrigens auch deshalb
problematisch, weil in der türkischen Terminologie die Bezeichnung
für "Substantiv" - isim - mit dem Ausdruck für "Namen" = "Eigennamen" zusammenfällt, ganz wie bei unseren "Namenwörtern").
Man geht daher in der Regel so vor, dass man auf den Artikel zurückgreift; hier kommt es aber sehr auf die Formulierung der Regel und den Inhalt der Übungen an. So ist es sicher falsch, zu
sagen, dass "jedes Wort nach dem Artikel gross geschrieben" wird.
Das Ergebnis einer solchen Regel ist mit Notwendigkeit: das Rote
auto, und ausserdem auch bücher. Es ist vielmehr wichtig, zunächst
zu klären, dass es ganz bestimmte Wörter sind, die die Artikel
hervorrufen - eben die Substantive - und dass diese Wörter gross
geschrieben werden, ganz gleich, ob sie im konkreten Fall hinter
einem Artikel stehen oder nicht. (Auch das Setzen des Artikels
muss ja geübt werden, weil es einen bestimmten Artikel im Türkischen nicht, und einen unbestimmten nur manchmal gibt. kitap
heisst also meistens das Buch, manchmal auch ein Buch oder
Bücher, bir kitap heisst ein Buch. Zu allem Überfluss steht bir
im Türkischen nach dem Adjektiv, also güzel bir kitap "ein schönes Buch".) In den Übungen sollte man von der Folge Artikel/Sub-
stantiv ausgehen, dann das Einsetzen des (kleingeschriebenen) Ad-
jektivs üben, und parallel dazu die Grosschreibung von Substantiv
ohne Artikel.

(f) Während das Türkische über eine Schreibweise verfügt, wo wirklich jeder Buchstabe ein Lautsegment bezeichnet, ist dies Prinzip
im Deutschen in einer grossen Zahl von Fällen durchbrochen. Dies
muss den Schülern sowohl prinzipiell, als auch für alle infrage
kommenden Einzelfälle klar gemacht werden, da sie sonst dazu
tendieren, wirklich jeden Buchstaben einzeln zu lesen und auszusprechen. Sie tun dies durchaus auch dann, wenn sie das fragliche Wort mündlich gut kennen und richtig aussprechen. Das Ergebnis ist, dass das Lesen streckenweise in Buchstabieren übergeht, vgl. etwa: s-tsch-ch-w-e-in für "Schwein". Wo ein solches Buchstabieren auftritt, obwohl das Kind Türkisch fliessend
lesen kann, weist dies nicht auf eine Unfähigkeit des Schüler,
sondern auf mangelhafte Durchführung des Deutschunterrichts hin.

Die Fälle, wo man Buchstabenkombinationen anstelle von Einzelbuchstaben lernen muss, um Deutsch richtig zu lesen und zu
schreiben, sind im wesentlichen folgende:

x sch, tsch, dsch, ch, pf, ph, th, dt und trivialerweise
   alle doppelt geschriebenen Konsonanten,

x aa, ee, oo, ie und alle Vokale mit Dehnungs-h, ausserdem die Diphthonge ei, eu, äu. Das au ist demgegenüber nahezu lautgerecht geschrieben, muss aber auch als
   Buchstabenfolge eingeprägt werden, weil es sonst leicht
   als av oder aǧ fehlgeschrieben wird.

x qu für kw (das nicht vorkommt, aber konsequent wäre),
   chs, cks, x für die gleiche Lautfolge wie ks, ck anstelle
   von kk, tz anstelle von zz müssen ebenfalls als feste Buchstabenfolgen eingeführt werden. Auch muss verdeutlicht
   werden, welche Schreibungen jeweils für die gleiche Lautfolge stehen (vgl. den Laut ts in Reiz, Spatz, stets),
   und warum hier unterschiedlich geschrieben wird.

Es verbietet sich natürlich von selbst, den Schülern dadurch helfen zu wollen, dass man bei den oben aufgeführten Buchstabenfolgen jeden Buchstaben einzeln auszusprechen versucht, oder dass
man einen der Buchstaben besonders hervorhebt. Es ist sicher unsinnig, die Schreibweise von Spatz so zu erklären:"Hör doch mal
genau her. Es heisst Spattttz, Spattttz - hörst du denn das t
nicht?!" Denn in Reiz hört der Schüler genau so ein t, er darf
hier aber weder Reitz noch Reits schreiben.

Natürlich sollte bei der Einführung der obigen Buchstabenfolgen
der Gesichtspunkt ihrer Häufigkeit mitberücksichtigt werden. Dies
bedeutet, dass sch, ch, ei, au, ie, Dehnungs-h und Doppelkonsonant sehr früh eingeführt werden müssen. qu, ph, th werden
demgegenüber relativ spät erscheinen, der Rest der Kombinationen dazwischen. Wo möglich, sollte man vermeiden, dass die
Schüler mit Schreibungen, die ihnen noch nicht bekannt sein
können, in Berührung kommen. Wo nicht, muss man auf ein ge-
naues Einprägen dieser "Ausnahmen" wert legen. Dies setzt voraus, dass der Lehrer die angebotenen Texte im voraus auf das
Vorkommen uneingeführter Schreibungen überprüft (insbesondere
bei Kindern in der Regelklasse wird dies nötig sein, da man ja
hier die Texte nicht einfach nach den ausländischen Schülern
und ihrem Wissensstand auswählen kann.) Wartet man dagegen,
bis die Fehlschreibungen eintreten, so erschwert man sich damit
ganz sicher die weitere Arbeit.

Bei der Einführung der obengenannten Buchstabenfolgen sollte man
den Schülern auf jeden Fall auch bewusst machen, wie diese in
der Rechtschreibung ihrer Muttersprache aussehen würden (d.h.
wie die fraglichen Lautfolgen dort aussehen würden). Unbewusst
ziehen nämlich die Schüler die Regeln ihrer Muttersprache ohne-

hin mit heran, woraus dann entsprechende Fehlschreibungen entstehen. Sie können diese Fehlerquelle unter Kontrolle bekommen, wenn man ihnen die folgenden Gleichungen einprägt:

dtsch.	türk.	dtsch.	türk.	dtsch.	türk.
sch =	ş	aa =	a	qu =	kv, kiv
tsch =	ç	ee =	e	chs =	ks
dsch =	c	oo =	o	cks =	ks
ch =		ei =	ay	x =	ks
pf =		äu =	oy	ks =	ks
ph =	f	eu =	oy	ck =	k
th =	t	au =		z =	ts
dt =	t			tz =	ts
				ts =	ts

Wo in dieser Tabelle auf der türkischen Seite nichts steht, gibt es im Türkischen keine lautliche Entsprechung. Dies gilt im Grunde auch für die Fälle, wo wir ts notiert haben, aber hier ist die Schreibung als ts für die Kinder durchaus hilfreich.

Um unterrichtlich bedingte Fehler zu vermeiden, muss man bei der Einführung der obigen Schreibweisen ausserdem immer vermerken, in welchem Zusammenhang sie im Deutschen zu anderen Schreibweisen stehen. So wird man dafür zu sorgen haben, dass nicht alle f plötzlich als ph, und alle "langen" a's als aa auftauchen. Man wird auch darauf hinweisen, dass z.B. dt, chs, ck, tz, ts - wie überhaupt alle Doppelkonsonanten - nie am Wort- und Silbenanfang auftreten können. Zur Unterscheidung von äu und eu wird man auf das Umlautverhältnis von a/ä - und damit auf die Unterscheidung ä/e zurückgreifen.

Es scheint uns durchaus sinnvoll, die Schüler ab und zu dazu anzuhalten, ein Wort auch einmal "türkisch" hinzuschreiben. Dies fördert das Bewusstsein über den Unterschied beider Schreibweisen und man kann dann leichter bei entsprechenden Fehlschreibungen sagen:"Hier hast du aber "türkisch" geschrieben." Typische türkische Schreibweisen wären z.B. kıvaç, maç, hoyzer, şıraybın für Quatsch, Matsch, Häuser, schreiben.

Die hier unter den Punkten (a - f) angeführten Fälle, wo im Deutschen die lautgerechte Schreibweise regelmässig durchbrochen wird, sind auch für deutsche Schüler einigermassen fehlerträchtig. Sie sind es jedoch für türkische Schüler um so mehr,

- x weil sie aus ihrer Muttersprache das Vorbild einer sehr weitgehend lautgerechten Schreibweise kennen,
- x weil sie den Wust von lautlichen, grammatischen, lexikalischen und historischen Implikationen unserer Rechtschreibung nicht durchschauen können.

Hinzu kommt, dass auch Schüler, die scheinbar ganz korrekt
sprechen, lautliche Unsicherheiten haben und in ihrer Aussprache leichte Abweichungen innerhalb von Toleranzgrenzen machen,
wo wir sie nicht oder kaum bemerken. Diese Unsicherheiten und
Abweichungen können sich aber - z.B. im Fall der Bezeichnung
der Vokalqualität durch die folgenden Konsonanten - erheblich
auf die Rechtschreibung auswirken.

Auch hier zeigt sich also wieder, dass die gleiche Bewertung
oberflächlich "gleicher" Fehler von deutschen und ausländischen
Schülern keine Gleichberechtigung schafft. Auch wenn der türkische Schüler keine typischen "Türkenfehler" mehr macht, sondern
die Fehler, die auch von deutschen Schülern gemacht werden, hat
dies doch noch etwas mit seiner besonderen sprachlichen Situation
zu tun. Um so weniger ist es berechtigt und erfolgversprechend,
solche Schüler, die "unerklärlich" viele - und in ihrer Art "uner-
klärliche" - Fehler machen, einfach als "Legastheniker" anzusehen oder zu behandeln, anstatt ihnen einen spezifischen, auf ihre
Schwierigkeiten zugeschnittenen Rechtschreibunterricht zukommen
zu lassen.

2.4.2. Unterschiede in der Schreibung einzelner Laute.

Neben den bereits angeführten systematischen Durchbrechungen des
phonematischen Prinzips gibt es im Deutschen auch eine Reihe
unsystematischer Abweichungen, zu denen es im Türkischen ebenfalls kein Gegenstück gibt. Auch diese Abweichungen sind geeignet, Fehlschreibungen zu provozieren, wenn man sie nicht einführt, gründlich erklärt und einübt. In die gleiche Richtung wirken
Fälle, wo ein Laut im Deutschen zwar einigermassen konsequent
bezeichnet wird, aber mit einem anderen Buchstaben, als im Türkischen. Wir führen im folgenden die problematischen Schreibweisen an, zusammen mit kurzen Hinweisen darauf, was sie jeweils
problematisch macht. Zum Teil sind sie bereits in (2.4.1.) unter
Punkt (f) angeführt worden.

ie/ei: Soweit die Schüler "lautgerecht" zu schreiben versuchen,
erscheint für ie blosses i, für ei zunächst ay, später ai. Die
Schüler schreiben also: tif, sil, fıgıgın für tief, Ziel, frieren
und ayzın, sımaysın, sıgaybın für Eisen, schmeissen, schreiben.
Nach und nach lernen sie aber ie und ei als Komplexe kennen,
wobei ihnen der Sinn dieser Komplexe oft verborgen bleibt. Daher
erscheinen nach einiger Zeit Schreibungen wie: mien, dien, drie,
scriebt für mein, dein, drei, schreibt und auch dei, veil, ge-
screiben , übrigens durchaus untermischt mit Schreibungen der
füheren Stufe. Verstärkt wird die Verwechselungstendenz dadurch,
dass die beiden Laute durch eine Ablautreihe aufeinander bezogen
sind: schreiben/schrieb, bleiben/blieb, steigen/stieg, heissen/
hiess etc. Dies wirkt sich besonders dann aus, wenn den Schülern

die Ablautreihen und ihre grammatische Funktion im Unterricht
nicht klar gemacht wird. Denn aus dem alltäglichen Sprachgebrauch
entnehmen sie allenfalls, dass die Lautfolgen <u>şrayb-</u> und <u>şri:b-</u>
Varianten des gleichen Lexems sind, sie lernen aber nicht die spezifischen Unterschiede zwischen beiden. Ein besonderes Problem
stellt die Schreibweise <u>ai</u> dar, weil man sie verhindern muss,
obwohl sie dann später für einige sehr wenige Wörter wieder eingeführt werden muss (etwa: <u>Laib</u>, <u>Saite</u>, <u>Waise</u>). Zum Glück werden diese Wörter sehr selten gebraucht.

<u>au</u>: Kommt im Türkischen nicht vor. Mögliche Fehlschreibungen
sind <u>ao</u> (völlig "lautgerechte" Schreibung), <u>av</u>, <u>aǧ</u>, <u>ag</u>, <u>auǧ</u>. Vgl.
hierzu S.47f u. S.69. Die Schreibung <u>av</u> hängt u.a. mit mangeln-
der Buchstabendifferenzierung, besonders innerhalb der Druckschrift
zusammen. Die Schüler sind grossenteils daran gewöhnt, für <u>u</u>
und <u>v</u> gleichermassen ein leicht rundliches <u>v</u> zu schreiben. Die
unterschiedliche Verbindung beider Buchstaben in der Schreibschrift
ist oft nicht genügend geklärt. Ausserdem bezeichnet <u>v</u> im türkischen einen stimmhaften Reibelaut, der nach Vokal manchmal
durchaus halbvokalisch wirken kann. Die Nähe zu <u>ǧ</u> zeigen Dou-
bletten der türkischen Rechtschreibung wie <u>koǧmak</u> = <u>kovmak</u>
"fortjagen". Insofern brauchen wir uns über die Schreibungen mit
<u>ǧ</u> hier nicht zu wundern.

<u>eu/äu</u>: In türkischer Schreibweise <u>oy</u>, aber wegen des breiten
Spielraums von türkisch <u>u</u> manchmal auch <u>uy</u>. Von hier aus er-
klären sich Schreibungen wie <u>hoytı</u>, <u>doyç</u>, <u>noyı</u>, <u>froynt</u>, aber auch
<u>nuya</u>, <u>tuya</u> (für: <u>heute</u>, <u>deutsch</u>, <u>neu(e)</u>, <u>Freund</u> - <u>neu(e)</u>, <u>teuer</u>).
Besondere Beachtung verlangt hier - neben der Einführung der im
Deutschen gültigen Buchstabenfolgen - deren Differenzierung nach
dem Gesichtspunkt des Umlauts (vgl. S.56).

Zusätzlich muss man bei allen Diphthongen beachten, dass sie
der türkischen Rechtschreibung als Folgen <u>eines Vokals</u> + <u>y</u> gelten. <u>y</u> wird dabei als Konsonant aufgefasst, der hinter sich in der
gleichen Silbe keinen weiteren Konsonanten haben kann. Daher
wird zwischen <u>y</u> und dem nachfolgenden Konsonanten nach türkischer Rechtschreibung ein Sprossvokal eingeschoben, also: <u>kayıt</u>
"Eintragung", aber <u>kaydetmek</u> "eintragen", <u>Hüseyin</u> "Hussein",
aber <u>Hüseyne</u> =dem Hussein". Die Schüler übertragen diese Regel manchmal ins Deutsche und schreiben: <u>şımayıst</u>, <u>mayın</u>,
<u>doyuç</u>, <u>froyut</u> etc. für <u>schmeisst</u>, <u>mein</u>, <u>deutsch</u>, <u>Freund</u>. Hier-
über braucht man sich aber keine Sorgen zu machen, da die
Sprossvokale zusammen mit dem <u>y</u> verschwinden.

<u>w/v</u> - <u>v/f/ph/pf</u>: Alle hier zusammengefassten Schreibungen
decken zusammengenommen den Bereich von drei eng verwandten
Lauten ab, nämlich den dreier <u>labiodentaler</u> Konsonanten. <u>w/v</u>
stehen für den <u>stimmhaften</u> Reibelaut (türkische Schreibung <u>v</u>),

v/f/ph/pf stehen für stimmlosen Reibelaut (türkisch nur f), ausserdem steht pf für die stimmlose Affrikate, die es im Türkischen nicht gibt. Als "Doppelkonsonant" taucht von diesen Buchstaben bzw. Buchstabenfolgen nur ff auf. Zu beachten ist schliesslich noch die Schreibung des stimmhaften Reibelauts in qu, wo
anstelle von w/v ein u steht.
Soweit im Falle der hier zusammengefassten Buchstaben und Laute
kein planvoller Unterricht betrieben wird, ergibt sich bei den Schülern ein weitgehendes Durcheinander. Die erste Stufe ist die, dass
sie für den stimmhaften Laut v, für den stimmlosen f und für die
Affrikate f oder ff schreiben, also etwa: vayıt, veyafın, sıveya
für weit, werfen, schwer - fon, fill, fata für von, viel, Vater -
ebenso fert, flanse für Pferd, Pflanze - und schliesslich koff,
Kuffel, Tof etc. für Kopf, Kupfer, Topf. Hinzu kommt, dass einige Schüler aufgrund von Dialektschwierigkeiten in der Muttersprache das f manchmal auch mit p verwechseln, so dass pabrik u.
ä. herauskommt.
Mit der Zeit merken die Schüler, dass es im Deutschen zusätzlich
das ihnen unbekannte w gibt, und dass im Deutschen v oft für f
benutzt wird. Wenn auf diesen Punkten nicht sehr intensiv von Seiten des Lehrers "herumgeritten" wird, ist es wahrscheinlich, dass
ein Teil der Schüler das w nicht einmal graphisch voll erfasst
(Schreibungen wie w, w, w etc. sind keine Seltenheit), und
dass die Verteilung der Buchstaben auf die Laute nicht klar wird.
Besonders gefährlich ist unser v, dass ja sowohl wie w (also
stimmhaft), als auch wie f (also stimmlos) gesprochen wird. Wie
w spricht man es in Fremdwörtern, vgl.: Vase, Verb, Venus, Vi-
trine, Vietnam, Vulkan. Wie f spricht man es in wenigen deutschen
Wörtern, wie Vater, Vetter, Vieh, Vogel, voll, Volk, viel, vier,
ausserdem in den Morphemen von, vor, ver- und ihren Zusammensetzungen und Ableitungen. Nachvokalisches v ist aber immer als
w aufzufassen, vgl. Taverne, Haverie, nur kann es natürlich durch
die Auslautverhärtung entstimmt sein: negativ, primitiv, konkav,
brav etc. Dies alles können die Schüler von sich aus nicht wissen. Wenn sie einmal gemerkt haben, dass sie Schreibweisen wie
foschteyen, fon, aber auch vaksen, vifil angestrichen erhalten, versuchen viele auf Nummer Sicher zu gehen, und schreiben gleich
Water, woschteyen, won für Vater, verstehen und von.

Die Schreibung von ver-, vor- müsste übrigens ohnehin sehr intensiv im Zusammenhang mit der Arbeit am Wortschatz behandelt werden, nämlich dort, wo die zusammengesetzten Verben eingeführt
und die Bedeutungen der Vorsilben behandelt werden. Dieser äusserst wichtige Teil der Wortschatzarbeit wird aber heute auch kaum
durchgeführt.

Besonders problematisch ist pf, weil die Affrikate (1) im Türkischen
fehlt und für die Kinder sehr schwer auszusprechen und zu erkennen
ist, und (2) weil sie auch im Deutschen nur nach und zwischen

Vokalen wirklich gesprochen wird, während wir am Wortanfang nur
einfaches f sprechen. Es gibt daher in der Aussprache keinen Unterschied zwischen Pferd/fährt, Pflug/Flug, Pfand/fand und die
Schreibung flehte für pflegte ist uns selbst bei einer Schülerin
der 5. Klasse (Gymnasium) begegnet, die seit Schulbeginn die
deutsche Regelklasse besucht hat.
Man muss im Zusammenhang der Schreibung pf am Wortanfang
klarmachen, dass es nur um sehr wenige Wörter geht, die man
sich merken muss. Geht man nicht so vor, so erhält man möglicherweise unterrichtlich bedingte Fehler wie pfon, pfehlen, etc.

s - s/ss/ß - z/tz/ts: Auch hier geht es um drei eng verwandte
Laute, die zueinander im gleichen Verhältnis stehen, wie die vorigen. Sie werden aber an einer anderen Stelle gebildet: mit der
Zungenspitze am oberen Zahnrand. Der stimmhafte Reibelaut dieser Reihe erscheint bei uns immer als s (türkisch immer z), der
stimmlose Reibelaut erscheint bei uns als ss oder ß , am Wortende wird aber auch s so gesprochen (wegen der Auslautverhärtung).
Die - ebenfalls stimmlose - Affrikate wird z, tz und aus grammatischen Gründen manchmal auch ts geschrieben. Im Türkischen ist
sie nicht vorhanden, bzw. nur bei Sprechern aus dem äussersten
Nordosten, die ç=tsch durch sie ersetzen.

Die Verteilung der Buchstaben und Buchstabenfolgen auf die Einzellaute im Deutschen ist - vom Türkischen her gesehen - offenbar einigermassen unglücklich. Hinzu kommt, dass im Deutschen
am Wortanfang nur stimmhaftes s (also türk. z) erlaubt ist und
daneben die Affrikate z. Demgegenüber besteht im Türkischen die
Opposition am Wortanfang wie auch sonst zwischen stimmhaftem
z und stimmlosem s. Mit letzterem identifizieren die Schüler
unsere stimmlose Affrikate. Daher schreiben sie zunächst ziemlich konsequent: zagın, zuhen, zeyen für sagen, suchen, sehen,
aber saygın, som, sıvay für zeigen, zum, zwei. Später kommt
dann die deutsche und die türkische Schreibweise allmählich
durcheinander.
Im Wort bzw. am Wortende ergeben sich einige Zusatzschwie-
rigkeiten. So schreibt man bei uns tz anstelle von zz. Im Falle
des stimmlosen Reibelauts schreibt man als Doppelbuchstaben
(d.h. nach kurzem Vokal) zwar ss, wenn man aber nach langem
Vokal das stimmhafte vom stimmlosen s unterscheiden will, muss
man auf ß zurückgreifen. Die gleiche Schreibung hat sich jedoch
auch dort festgesetzt, wo ss ans Wortende oder vor einen anderen
Konsonanten gerät - also an Stellen, wo man sonst weiter Doppelkonsonanz schreiben würde. Man schreibt also müssen, muß,
mußte ganz im Gegensatz zu fallen, Fall, fallt. Wenn man nun
davon ausgeht, dass den Schülern der Sinn der Doppelkonsonanz
sowieso verschlossen bleibt, kann man sich leicht ausmalen, welch
ein Durcheinander im Bereich der hier besprochenen Schreibungen
entstehen muss.

Hinzu kommt, dass den Schülern der Buchstabe ß aus dem Türkischen nicht bekannt ist. Wenn er im Unterricht nicht oder nicht
genügend bekannt gemacht wird, wird er von vielen Schülern als
B interpretiert und dann auch so geschrieben.
Die oben angedeutete Tatsache, dass der Laut ts manchmal aus
grammatischen Gründen bei uns wirklich ts geschrieben wird, lässt
sich durch folgende Beispiele verdeutlichen: stets, vorwärts, rechts,
des Blatts . Besonders deutlich wird die Willkürlichkeit an dem
Wortpaar: Rätsel/Brezel. Bei den türkischen Schülern können wir
nun sowohl Schreibungen beobachten wie Katse, Sats, als auch
solche wie: stez, stetz, Rezel, des Blaz. Wenn man solche
Schreibungen vermeiden will, müssen die Schüler schon einen guten Überblick über Aufbau und Rechtschreibung der Deutschen Sprache erhalten.

tsch, dsch, sch, ch, h - stummes h: Alle diese Schreibweisen
enthalten ein h, fast alle ein c, einige ein s. Aber nur in einem
Fall wird h wirklich gesprochen, einen durch blosses c bezeichneten Laut gibt es im Deutschen nicht, und s wird jedenfalls in
keinem der hier zusammengestellten Buchstabenfolgen gesprochen.
Hinzu kommt, dass deutsches ch zwei verschiedene Laute bezeichnet (die allerdings für uns ein Phonem bilden), und dass die
Schüler beide mit h, und einen davon mit sch verwechseln.(Vgl.
zu h/ch/sch S.52ff, vgl. auch zum stummen h S. 62ff.). Der
Buchstabe c macht ausserdem graphische Schwierigkeiten, weil
er bei ungenauer Schreibschrift mit einem ı (= i ohne Punkt) verwechselt werden kann, also einem der türkischen Engvokale.

Das Grundproblem besteht bei allen angegebenen Buchstabenver-
bindungen darin, dass die Schüler sie möglicherweise in Einzelbuchstaben auflösen bzw. ihren Lautwert einem der beteiligten
Buchstaben zuschreiben. So erhält s (in sch, aber auch tsch, dsch)
leicht die Interpretation, dass es für ş (also unser sch) steht.
Das c von tsch, dsch, ch kann als türkisches c oder ç (also
dsch, tsch) aufgefasst werden. Das h kann in jedem Fall als
h oder ch interpretiert werden. Wird so interpretiert, dann fragt
sich, was der Schüler mit den restlichen beteiligten Buchstaben
anfängt. Ähnliches geschieht auch bei der Verschreibung von c
zu ı. So kann man sıvesda durchaus manchmal auch scvesda
lesen und es ist unklar, ob hier ein Sprossvokal gemeint ist, und
wenn ja, ob nicht einfach das c als solcher aufgefasst wurde.

Man wird die hier enthaltene Problematik so angehen müssen,
dass man zunächst von Einzelgruppen ausgeht, nämlich den Gruppen (1) sch, tsch, dsch, (2) h, ch, (3) stummes h (Dehnungs-
und Silbentrennungs-h). Erst wenn diese Gruppen einzeln geklärt
sind, kann man sie zusammenfassen und dann auch klarmachen,
wo h gesprochen wird, und wo überall es nur als Bestandteil eines Buchstabenkomplexes vorkommt.

Innerhalb der Gruppe sch, tsch, dsch wird man von sch ausgehen
und dies zunächst gegenüber s abgrenzen. Insbesondere muss man
dabei klarmachen, dass es im Deutschen nicht genügt, einfach
das Häkchen von türkischem ş wegzulassen. Hier spielt übrigens
auch die Problematik von st, sp mit hinein (vgl. unten). Der nächste Schritt ist der zu tsch (in: Matsch, Quatsch, rutschen etc.),
und - wenn man will - auch zu dsch (in: Hodscha, Dschungel).
Die Abgrenzung von sch zu ch wird man demgegenüber nicht hier
vornehmen, sondern im Zusammenhang der Gruppe h/ch und erst,
wenn man die beiden Laute von ch geklärt und genügend von h
abgegrenzt hat.

Zu bemerken ist übrigens an dieser Stelle noch, dass sich ch doppelt mit k berührt, nämlich (1) in sechs, Fuchs, wachsen etc.,
aber (2) auch am Wortanfang vor hinterem Vokal: Chor, Chrom,
Chlor, Chaos, Charakter. Glücklicherweise ist dieser Gebrauch auf
wenige Fremdwörter beschränkt. Daneben stehen leider auch noch
solche, wo ch wirklich als sch ausgesprochen wird: Chef, Chaus-
see, Chance.

st, sp : Einige Schwierigkeiten machen den Schülern auch die historischen Schreibungen st, sp am Wortanfang - d.h. dort, wo
wir heute im Hochdeutschen scht und schp aussprechen. Sobald
die türkischen Schüler unsere Schreibweise sch für türkisch ş begriffen haben, erscheint fasst automatisch schp, scht - d.h. also
schrehin, Schprache, Schtrasse, Schtayn etc. Es ist zu vermuten,
dass dieser Schreibfehler im norddeutschen Raum (wo oft noch st,
sp gesagt wird), weniger auftritt, als sonst, und dass man umgekehrt im alemannischen Gebiet auch scht im Inlaut und Auslaut
findet.
Es ist offensichtlich, dass sich bei mangelnder Erklärung die
Schreibung st, sp verzögernd auf die Entwicklung zum sch hin
auswirken kann.
Angemerkt werden soll in diesem Zusammenhang, dass unsere
Rechtschreibung in diesem Punkt inkonsequent ist. Während nämlich mhd. sl, sm, sn, sr, sw heute schl, schm, schn, schr,
schw geschrieben wird, halten wir uns im Fall von st und sp entgegen der gültigen Aussprache weiter an die historisch begründete
Schreibweise. Es ist möglicherweise notwendig, alle diese Fälle
irgendwann in einen Zusammenhang zu stellen, da sonst die sehr
häufigen sp, st möglicherweise das sch in den übrigen Verbindungen beeinflussen.

j: Was wir mit dem Buchstaben j ausdrücken, wird auf Türkisch
mit y geschrieben. Schreibungen wie Yar, yug, yets für Jahr,
jung, jetzt dürfen uns daher nicht erstaunen. Wir haben hier einen Fall, wo die Schreibung im Deutschen einigermassen einheitlich ist, aber trotzdem zwischen beiden Sprachen Probleme auftreten.

x: Den Buchstaben x gibt es im Türkischen nicht, die Lautfolge
ks gibt es nur in wenigen Fremdwörtern, wo sie dann wirklich ks
geschrieben wird: ksilofon "Xylophon"; allerdings kann die Folge
ks an Silbengrenzen relativ leicht entstehen, vgl. köksüz "ohne
Wurzel", aksak "lahm", aksi "widrig". Von daher liegt die Schreibung ks ziemlich nahe.
Das deutsche x ist ebenfalls nicht allzu häufig. Es kann daher
im Prinzip spät eingeführt werden, und sollte dann im Zusammenhang mit ks, cks, chs stehen. Man braucht es aber, sobald man
die Reihenfolge des deutschen Alphabets im Unterschied zu der
des türkischen einprägen will, etwa um ein Wörterbuch benutzen
zu können. In diesem Zusammenhang wird x wohl schon vor ks,
cks, chs auftauchen müssen.

Zu erwähnen bleibt schliesslich das sog. "semantische Prinzip".
Es geht bei diesem "Prinzip" darum, dass ab und zu Wörter, die
gleich gesprochen werden, dennoch verschieden geschrieben werden,
damit man sie wenigstens in der Schrift unterscheiden kann. Hierher gehören einige Wortpaare wie: wieder/wider - Saite/Seite -
Laib/Leib - Miene/Mine - Stiel/Stil - nahmen/Namen. Es sind
jedoch nicht sehr viele Fälle und hier von einem "Prinzip" zu sprechen (wie RIEHME dies tut, vgl. dort S.4of.), ist sicher etwas
übertrieben. Besonders wichtig ist übrigens aus diesem Bereich
die zweifache Schreibung das/dass, weil diese Hilfswörter häufig
vorkommen. Hier müssen die Schüler - auch die deutschen übrigens - begreifen, dass Artikel und Pronomen mit s, die Konjunktion dagegen mit ss geschrieben wird. Jeder Versuch, sich an
diesen grammatischen Kategorien vorbeizuschummeln - etwa mit
dem Hinweis: "das schreibt man mit s, wenn ein Substantiv
folgt - sonst mit ß " - bringt mehr Rechtschreibfehler mit sich,
als er klärt. Denn als Relativpronomen, bei getilgtem Substantiv
etc. wird das ja ebenfalls mit s geschrieben. Wer also Schreibungen wie:"dass, was..." und "das Haus, dass..." vermeiden
will, wird um die grammatischen Kategorien nicht herumkommen.

Abschliessend zum Abschnitt (2.4.) möchten wir ein eindrucksvolles Beispiel für die Inkonsequenz unserer deutschen Rechtschreibung anführen, welches wir der Arbeit von RIEHME entnehmen
(dort S. 35), wobei wir es allerdings erweitern. Es geht um die
Schreibung des Wortes Fuchs, die nach den Regeln der deutschen
Rechtschreibung auf folgende 2o Weisen möglich ist, ohne dass
der Lautwert davon berührt wird:

Fuchs	Vuchs	Pfuchs	Phuchs
Fucks	Vucks	Pfucks	Phucks
Fuks	Vuks	Pfuks	Phuks
Fugs	Vugs	Pfugs	Phugs
Fux	Vux	Pfux	Phux

Eine richtige Auswahl zwischen diesen Varianten kann nur treffen,
wer das Wort genau kennt. Ausserdem kommt natürlich noch die
Möglichkeit hinzu, mit einem kleinen Buchstaben anzufangen, so
dass insgesamt 4o Schreibweisen infrage kommen. Und dies bereits bei einem einsilbigen Wort.

2.5. Einige abschliessende Bemerkungen zur Rechtschreibung.

Angesichts der umfangreichen Schwierigkeiten, vor die bereits ein
rein formales Problem wie unsere Rechtschreibung die türkischen
Schüler stellt, möchten wir noch kurz auf die folgenden Fragen
eingehen:

  x   Soll man sich überhaupt die Mühe machen, ausländischen
      Schülern unsere Rechtschreibung beizubringen?
  x   Wäre nicht eine Rechtschreibreform erforderlich?
  x   Kann man aus der Rechtschreibung auf die Intelligenz
      schliessen?

Die erste dieser Fragen kann man natürlich auch so stellen:"Soll
man ausländische Schüler mit unserer Rechtschreibung belasten?"
Diese Formulierung klingt freundlicher, das Ergebnis der in beiden
Fragen impliziten Tendenz ist aber für Lehrer und Schüler in jedem Fall das gleiche: scheinbare Arbeitsentlastung mit dem Ergebnis mangelnder Effektivität auch in anderen Bereichen. Wenn
man nämlich darauf verzichtet, die gültige Rechtschreibung des
Deutschen durchzusetzen, wird dies in der Regel heissen, dass
man überhaupt auf eine geregelte Schreibweise verzichtet. Dies
bedeutet aber, dass der Schüler sich für die gelernten Wörter kein
eindeutiges Schriftbild einprägt, so dass die Tendenz zur Wörter-
mischung und Verwechslung von der Schriftform her nicht abgebaut
werden kann. Hinzu kommt, dass der Schüler etwas schreibt, was
der Lehrer kaum lesen kann und etwas Geschriebenes (in Büchern,
Zeitungen etc.) vorfindet, was er kaum lesen kann. Auch Wörter-
buchbenutzung auf dieser Basis kann kaum effektiv sein. Und
schliesslich kommt der Schüler - spätestens nach der Schulzeit -
mit Sicherheit irgendwann in eine Lage, wo er u.a. nach seinen
orthographischen Fähigkeiten bewertet wird. Deshalb ist der - besonders bei Studenten - beliebte Gedanke, den Schülern die
Rechtschreibung einfach zu "erlassen", ganz sicher nicht im
Interesse der Betroffenen. Ebensowenig ist es allerdings im Interesse der Betroffenen, einen Rechtschreibunterricht über sich
ergehen zu lassen, der bloss aus ungezielten Diktaten, Fehler-
anstreichen und Fehlerkorrektur besteht.

Eine Rechtschreibreform wäre tatsächlich eine gute Lösung für
sehr viele Schwierigkeiten, aber nur dann, wenn es wirklich eine
sehr gründliche und tiefgreifende Reform wäre, die mit allem
hergebrachten Rechtschreibplunder aufräumt. Es ist aber klar,

dass eine solche Reform in absehbarer Zeit nicht durchgesetzt werden kann, zumal sie alle, die unsere heutige Rechschreibung gewohnt sind, vor einen sehr weitgehenden Bruch mit ihrer Gewohnheit stellen und alle Bücher und Dokumente der Vergangenheit für die nächste Generation praktisch unlesbar machen würde. Deshalb sind im Bereich der Rechtschreibung allenfalls Reförmchen durchsetzbar, bei denen dann die Gefahr besteht, dass sie unsere Rechtschreibung noch weiter verwirren, anstatt sie zu vereinfachen. Immerhin wäre der Übergang zur Kleinschreibung der Substantive - wie in den übrigen Sprachen, die überhaupt über Grossbuchstaben verfügen - sicher ein Fortschritt.

Das eigentlich Fatale an der Tendenz, die Lösung der schulischen Rechtschreibprobleme in einer Reform zu suchen, liegt in ihrem Vertröstungscharakter. Anstatt zu überlegen, was man für die jetzt betroffenen Schüler tun kann, wartet man auf eine Reform. Dabei kann nur der immer wieder erneute Kampf mit den Schwierigkeiten der derzeitigen Rechtschreibung einigermassen klare Kriterien für die notwendige Veränderung aufdecken.

Die dritte Frage - die, ob die Rechtschreibung eines Schülers ein Kriterium für seine Intelligenz ist - hat sich trotz der offiziellen Abwertung der Rechtschreibung etwa für die Benotung in der Praxis keineswegs erledigt. Noch immer dient die Rechtschreibung - bewusst oder unbewusst - vielen Kollegen als wesentliches Kriterium für die Beurteilung des Schülers. Diese Haltung wird auch auf ausländische Schüler übertragen. So gelten mangelnde Rechtschreibfähigkeiten auch als Grund, warum man einen Schüler nicht in die Regelklasse übernehmen könne, obgleich andererseits auch die Meinung vertreten wird, in der Vorbereitungsklasse komme es im Deutschunterricht hauptsächlich auf mündliches Arbeiten an. Man kann auch beobachten, dass Kollegen, die ausländischen Kindern die deutsche Rechtschreibung weitgehend "erlassen" möchten, gleichzeitig die mangelhafte Rechtschreibung als Kriterium dafür werten, dass diese Schüler nicht für Realschule oder Gymnasium infrage kommen.

Man muss sich angesichts der Resistenz des "Intelligenz-Kriteriums" Rechtschreibung in der pädagogischen Praxis die Frage vorlegen, welche Voraussetzungen und Fähigkeiten in das Rechtschreiben-Können eigentlich eingehen. Zweifellos gehören hierher Punkte wie die folgenden:

- x entwickelte Schreibmotorik, Kenntnis aller Buchstaben, flüssiges Schreiben,
- x Fähigkeit zum Erkennen, Identifizieren und Differenzieren optischer Gestalten,
- x Ordentlichkeit, Achten auf die Form,
- x ständiger Umgang mit Geschriebenem, entwickelte Lesefähigkeit und Zugang zu Büchern,
- x Sprachwissen und auf dieser Basis auch: Bereitschaft und Fähigkeit, über Rechtschreibprobleme logisch nachzudenken.

Diese Voraussetzungen sind unter den gegebenen Verhältnissen zweifellos sozial unterschiedlich verteilt, und der Glaube, dass Schüler mit schlechter Rechtschreibung generell schlechter bildbar seien, als solche mit guter Rechtschreibung, ist daher nur eine Verkleidung der bevorzugten Behandlung von Kindern aus "besseren" Elternhäusern. Die Tendenz, den ausländischen Schülern ihre schlechte deutsche Rechtschreibung anzurechnen, läuft ebenfalls darauf hinaus, sie an die soziale Position zu binden, die ihre Eltern heute haben. Die unter der Hand immer noch hohe Bewertung der Rechtschreibung wird um so mehr zum Instrument sozialer Auslese, wenn die Schule keinen geeigneten Rechtschreibunterricht bietet und wenn die Lehrerbildung an unseren Hochschulen dem Vorschub leistet, indem sie die Rechtschreibproblematik vernachlässigt oder auf die Frage der Reform reduziert.

3. Zur Problematik des Wortschatzes.

Die weitaus grösste Klippe, die ausländische Schüler beim Übergang in die Regelklasse zu überwinden haben, ist die ihrer mangelnden Wortschatzbeherrschung. Oberflächlich gesehen sprechen und verstehen diese Schüler einigermassen fliessend Deutsch. Schaut man jedoch genauer hin, so kennen sie nur einen Bruchteil des im Unterricht benutzten Wortschatzes. Noch schlimmer wird es, wenn man sich die Schulbücher anschaut: diese enthalten meist ein Vokabular, das auch den deutschen Schülern der entsprechenden Klassen nicht voll verständlich ist. Die Schulbücher können daher nur begrenzt als Informationsquelle zum Vor- und Nacharbeiten des Unterrichtsstoffs eingesetzt werden. Die Problematik wird dadurch abgerundet, dass die Schüler oft keine oder nur unzureichende Wörterbücher haben, dass sie die Wörterbücher nicht oder nur mit grossem Zeitaufwand benutzen können, dass sie neu auftauchende Wörter nicht festhalten und nach Erklärungen suchen, und dass sie kaum in der Lage sind, abgeleitete und zusammengesetzte Wörter aus ihren Grundwörtern zu erklären. Im Fachunterricht kommt hinzu, dass ihnen oft auch der hinter den fraglichen Vokabeln stehende Begriff und der entsprechende muttersprachliche Ausdruck fehlt. Jedoch haben auch Kinder, die sich in der Muttersprache gut über das jeweilige Thema ausdrücken können, im Deutschen erhebliche Schwierigkeiten. Solange dieser Zustand fortdauert, sind die meisten türkischen Schüler in den deutschen Regelklassen praktisch zum Scheitern verurteilt, und vielen anderen ausländischen Schülern dürfte es nicht besser gehen. Das weitgehende Nichtverstehen des Unterrichts hat nach einer mehr oder weniger kurzen Zeitspanne einen erheblichen Motivationsabfall zur Folge. Auch Schüler, die in der Vorbereitungsklasse gut mitgearbeitet haben, verlieren ihre Arbeitshaltung und entwickeln sich nach und nach zum "Klassenkasper". Damit wird die Stellung der ausländischen Arbeiter in unserer Gesellschaft in unseren Schulklassen reproduziert, was möglicherweise auch ein Grund dafür ist, dass manche Kollegen sich mit diesem Zustand noch relativ leicht abfinden. Man darf sich aber mit diesem Zustand nicht abfinden, und es ist auch überhaupt nicht nötig. Um dies zu zeigen, im folgenden einige Bemerkungen zum Wortschatz.

3.1. Zur Frage der Wortschatzminima.

Genauso, wie es bisher auf keinem Gebiet Kriterien dafür gibt, was bis zum Übergang in die Regelklasse erreicht sein muss - d.h. also: was in zwei Jahren von der Vorbereitungsklasse als Minimum geschafft werden muss - so gibt es auch bisher keine

festgelegten Wortschatzminima, die vor dem Übergang in bestimmte Klassenstufen vermittelt werden müssen. Das im Unterricht vermittelte Vokabular reduziert sich daher oft auf das, was im jeweils benutzten Deutschlehrbuch an Wortschatz vorkommt. Und die Auswahl in den Deutschlehrbüchern scheint weitgehend davon bestimmt zu sein, was den Autoren zum Thema der jeweiligen Lektion an Text eingefallen ist. Lehrbücher mit einer sinnvollen lexikalischen Progression und Anleitung zur systematischen Wortschatzarbeit sind zur Zeit noch nicht vorhanden. Generell kann man sagen, dass der gesamte Wortschatz aller gängigen Deutschlehrbücher beim Übergang in die Regelklasse gebraucht wird, dass dieser Wortschatz aber erheblich zu wenig ist.

Betrachten wir zunächst die quantitative Seite. Wieviel verschiedene Wörter muss ein Schüler beim Übergang in die Regelklasse kennen, bzw. wieviele Wörter braucht er dort, um dem Unterricht folgen zu können? Wie gross müssen die Minimalwortschätze für die verschiedenen Klassen sein?
Eine zuverlässige Antwort auf diese Frage gibt es nicht. Es lassen sich jedoch eine Reihe von Beobachtungen zusammenstellen. Zunächst einmal ist interessant, über wieviel Wörter ein Schulanfänger in seiner Muttersprache verfügt. Die hierüber verfügbaren Angaben liegen zwischen 2ooo und 3ooo Wörtern[1]. Es handelt sich dabei aber um Durchschnittswerte, die weit überschritten werden können. Ausserdem gehen diese Angaben von blossen Wortkörpern aus und berücksichtigen nicht deren Mehrdeutigkeit. Dies fällt besonders ins Gewicht, wenn für die weitere Entwicklung bis zum 14. Lebensjahr eine Steigerung auf ca. 98oo, und für den Erwachsenen ein passiver Wortschatz von ca. 11 ooo bis 18 ooo Wörtern angenommen wird.[2] Hier sind weder komplexe Ausdrücke wie "das Geld auf den Kopf hauen", "Schwein haben" etc. eingerechnet, noch die Unterbedeutungen von Wörtern, wie sie etwa in folgendem Beispiel zu sehen sind:
aufziehen: das Klo/ den Wecker / jemanden mit etwas / eine Schublade/ eine Fahne / ein Kind / ein Fest / ein Photo auf Pappe / das Gewitter zieht auf.
Es ist offensichtlich, dass man durch das blosse Beherrschen eines Wortkörpers und einiger seiner Bedeutungen nicht automatisch die übrigen Bedeutungen beherrscht, und erst recht nicht die phraseologischen Wendungen. Deshalb ist es im Grunde falsch, die Zählung blosser Wortkörper zur Grundlage von Wortschatzuntersuchungen zu machen. Auf jeden Fall liegt die Zahl der in der Muttersprache beherrschten Kombinationen von Wortkörpern und Wortbedeutungen weit höher, als die oben angegebenen Zahlen. Es ist weiterhin zu berücksichtigen, dass es sich um Schätzungen auf der Basis allgemeinsprachlicher Wörterbücher handelt, in die der beherrschte Fachwortschatz wohl nur begrenzt eingeht. Auch dies bedeutet, das wir von einem erheblich höheren Wortschatz bereits im Schulalter auszugehen haben.

Die nächste Frage ist die, wieviel Vokabular ein Ausländer haben
muss, um uns einigermassen zu verstehen. Die bisher gängige
Auffassung zu dieser Frage scheint uns übertrieben optimistisch.
Sie schlägt sich etwa nieder in folgender Einschätzung:

"Aufgrund der Sprachfrequenzforschung wissen wir: mit den
ersten 1ooo Wörtern unserer Sprache können wir mehr als 8o%
des Wortschatzes aller Normaltexte erfassen; mit den zweiten
1ooo weitere 8 bis 1o%, mit den dritten nochmals etwa 4 %,
mit den vierten noch 2 % und mit den fünften ebenfalls 2 %.
Die ersten 4ooo Wörter machen somit durchschnittlich 95 %
des Wortschatzes aller Normaltexte und Alltagsgespräche aus,
die zweiten 4ooo Wörter etwa 2 bis 3%, alle übrigen nicht mehr
als 1 bis 2%."
OEHLER/KHOURI: Grundwortschatz Deutsch
Deutsch/Englisch/Arabisch - Stuttgart 197o S.3

Dies hört sich beruhigend an, in Wahrheit ist es aber illusionär.
Der Grundwortschatz, aus dem diese Angaben stammen, hat mehr
als 2ooo Wörter und 3ooo idiomatische Wendungen des Deutschen.
Er müsste also wenigstens 88 % des Wortschatzes aller Normaltexte erfassen. Es ist dann aber die Frage, was ein "Normaltext" ist.
Kriminalromane scheinen bereits nicht mehr dazu zu gehören, jedenfalls kann man sie mit dem "Grundwortschatz" nicht annähernd
verstehen. Nimmt man z.B. die 3o9 Wörter auf S.7 des rororo-
thriller 2334, so sind:

nicht enthaltene Wörter	52	=	16,83 %
nicht enthaltene Namen	8	=	2,6o %
Strukturwörter	153	=	49,51 %
enthaltene Inhaltswörter	96	=	31,o6 %
	3o9		1oo,oo %

D.h. nicht einmal oberflächlich hält der Grundwortschatz, was er
verspricht - enthalten sind 249 Wörter oder 8o,57 %. Was aber viel
einschneidender ist: das Versprechen selbst enthält eine Täuschung,
denn 49,51 % des vorkommenden Wortschatzes sind Strukturwörter
- also: Artikel, Pronomina, Präpositionen, Zahlwörter, Hilfsverben,
Konjunktionen und die Negation. Diese Wörter kennt aber der Ausländer ohnehin schon, oder kann sie notfalls der Grammatik entnehmen. Interessant ist allein das Verhältnis bei den Inhaltswörtern
- und hier stehen 96 im Grundwortschatz enthaltenen immerhin 52
nicht enthaltene gegenüber. Gerade dies sind aber die Wörter, die
im wesentlichen den Inhalt tragen, nämlich:

Substantive: Abitur/Alleebäume/Ballast/Ecktisch/Eisbecher/Föhn/
Gasofen/Germanistik/Kneipe/Messerstich/Oktober/
Philosophie/Rentenbescheid/Semester/Strick/Terras-
sencafé/Zeugnis/Notendurchschnitt,
Adjektive: blass/leblos/schmächtig/unfähig/violett/weltlich,
Verben: beeindrucken/(sich) dazuquetschen/einbringen/ergat-
tern/erträumen/existieren/hereindrängeln/vertiefen

vögeln/(mir so) vorkommen/treiben (in der im Text
gemeinten Bedeutung),

Partizipien: abstossend/aufgedunsen/bewusst/durchgeistigt/ent-
stellt/lärmend/tangverklebt/verblutet/verfärbt/ver-
quollen/zerfetzt/zerschmettert/zischend,

Adverben: am liebsten/irgendwann/pausenlos/sonstwie.

Dies Ergebnis wäre noch nicht einmal so beunruhigend, wenn für
die Ableitungen und Zusammensetzungen wenigstens die Grundwörter im "Grundwortschatz" enthalten wären. Aber auch das ist in
der Regel nicht der Fall. So finden sich zu den Partizipien auch
nicht die zugrunde liegenden Verben und auch zu den zusammengesetzten Substantiven fehlen viele der Grundwörter, so etwa
Stich zu Messerstich, Note zu Notendurchschnitt, beide Bestandteile von Rentenbescheid etc.

Unsere Kritik richtet sich nun nicht etwa darauf, dass wir die hier
angeführten oder ähnliche Wörter in einem Grundwortschatz von 2ooo
Wörtern erwarten würden und dass wir dafür andere Wörter weglassen würden. Unserer Meinung nach ist es vielmehr eine völlig un-
haltbare Annahme, dass man mit 2ooo Wörtern bereits einigermassen Deutsch verstehen kann. Dies ist nicht einmal für Kriminalromane der Fall, geschweige denn für Unterricht, noch dazu gar für
Fachunterricht im S 1 - Bereich. Dies ist eine wichtige Feststellung, denn die gängigen Deutschkurse für ausländische Kinder gehen in ihrem Vokabelangebot nicht weit über 2ooo Wörter hinaus.

Dass man mit einem so geringen Vokabular nicht auskommen kann,
ist leicht zu zeigen. Für den Gebrauch türkischer Schüler kommen
zur Zeit hauptsächlich zwei Lexika infrage: das (kleinere) Universalwörterbuch und das (grössere) Taschenwörterbuch - beide vom
Verlag Langenscheidt. Das Universalwörterbuch enthält in jeder
Richtung ca. 15 ooo Eintragungen, das Taschenwörterbuch ca.
35 ooo. Für den Gebrauch der Grundschule reicht das Universalwörterbuch weitgehend aus, jedoch nicht mehr voll für den Sachunterricht der 3. und 4. Klasse. Im Fachunterricht der Hauptschule versagt es völlig, weil nur ein Bruchteil des relevanten Vokabulars
enthalten ist. Auch das Taschenwörterbuch reicht hier nicht mehr
aus, obwohl es deutlich günstiger ist. Hierzu ein Beispiel aus der
Biologie:

Zusammensetzungen mit "Zahn" als zweites Glied:

deutsch	türkisch	Universalwtb.	Taschenwtb.
Zahn	diş	+	+
Backenzahn	azıdişi	+	+
Eckzahn	köpek dişi	–	+
Milchzahn	süt dişi	–	+
Schneidezahn	kesici diş	–	+
Weisheitszahn	akıl dişi	–	+

Zusammensetzungen mit "Zahn" als erstes Glied, die den Aufbau des Zahns betreffen:

deutsch	türkisch	Universalwtb.	Taschenwtb.
Zahnbein	fildişi	-	-
Zahnfach	diş çukuru	-	-
Zahnfleisch	dişetleri	+	+
Zahnhöhle	diş yuvası	-	+
Zahnkanal	diş kanalı	-	-
Zahnkrone	diştacı	-	-
Zahnmark	dişözü	-	-
Zahnnerv	diş siniri	-	+
Zahnschmelz	diş minesi	-	+
Zahnwurzel	dişkökü	-	+
Zahnzement	diş semanı	-	-

Über diesen Wortschatzbedarf brauchen wir uns nicht zu wundern. In der UdSSR, wo man mit der Erstellung spezifischer Schülerwörterbücher bereits seit einiger Zeit Erfahrungen gesammelt hat, beträgt der Wortschatz z.B.:

(a) für den Fremdsprachenunterricht:

Englisch-Armenisches Schulwörterbuch[3]
7 ooo Wörter
Französisch-Armenisches Schulwörterbuch[4]
8 ooo Wörter

(b) Für den Zweitsprachenunterricht:

Armenisch-Russisches Wörterbuch[5]
12 ooo Wörter
Russisch-Karakalpakisches Wörterbuch[6]
14 ooo Wörter
Armenisch-Kurdisches Wörterbuch[7]
23 ooo Wörter

Alle diese Wörterbücher sind für den Schulgebrauch bestimmt, das armenisch-kurdische Wörterbuch allerdings auch darüber hinaus. Hier erklärt sich der höhere Anteil von Eintragungen ausserdem daraus, dass eine Reihe neuer kurdischer Wörter bekannt gemacht werden sollen - es dient also auch zu Entwicklung der Muttersprache. Es ist deutlich, dass für den Zweitsprachenunterricht ein grösserer Wortschatzbedarf besteht, als für den Fremdsprachenunterricht. Dies darf uns aber nicht darüber hinwegtäuschen, dass die Lexika in Schulen eingesetzt werden, wo der grösste Teil des Fachunterrichts weiter in der Muttersprache erfolgt. Unsere ausländischen Schüler hier in der Bundesrepublik haben daher notwendig in ihrem Schulalltag einen weit höheren Wortschatzbedarf, sobald sie in die Regelklasse kommen.

Die Frage nach den Minimalwortschätzen hat jedoch nicht nur diese quantitative Seite, sondern darüber hinaus auch noch eine qualitative. Hierher gehören die folgenden Gesichtspunkte:

x Es reicht nicht aus, dass die Schüler die deutschen Wörter "irgendwie" kennen. Vielmehr muss abgesichert werden,

dass die Schüler die Stammwörter in ihren verschiedenen
grammatischen Formen kennen lernen, und dass sie Ableitungen und Zusammensetzungen auf ihre Grundwörter zu-
rückverfolgen können.

x Die Schüler müssen auf jeden Fall die folgenden Affixe als
   Wortbaumaterial kennen lernen:
   Präfixe: ab-, an-, auf-, aus-, be-, bei-, durch-, ein-, ent-,
            er-, ge-, nach-, über-, um-, un-, unter-, ver-,
            vor-, vorbei-, zer-, zu-.
   Suffixe: -er, -en, -ung, -ig, -lich, -bar, -haft, -sam, -los,
            -heit, -keit, -schaft, -tum.
   Natürlich wird man mit je einer kleinen Auswahl zu arbeiten
   anfangen. Die Schüler sollten daran gewöhnt werden, aus
   Stämmen und diesen Affixen neue Wörter zu basteln und Annahmen über deren Bedeutung zu machen, die dann am Wörterbuch überprüft werden. Sie sollten die Wortklasse der
   so gebastelten Wörter voraussehen lernen, ebenso deren einzelne grammatische Eigenschaften.

x Die Schüler müssen frühzeitig die Mehrdeutigkeit von Wörtern erkennen und notieren lernen. Sie müssen daran gewöhnt
   werden, zu untersuchen, ob Bedeutungsübertragung oder aber
   klare Trennung der Einzelbedeutungen vorliegt.

x Die Schüler müssen lernen, idiomatische Wendungen zu erkennen, zu isolieren und nach einem muttersprachlichen Äqui-
   valent zu suchen. Es nützt ihnen nichts, bei einer Wendung
   wie Fratzen schneiden einzig die Bedeutungen der beteiligten Wörter zu kennen.

x Die Wortschatzvermittlung darf sich in ihren Zielen nicht
   auf den Bereich "Deutsch" beschränken, sondern muss den
   gesamten zu erwartenden Wortschatzbedarf auch aus den übrigen Fächern mit einbeziehen. Sinnvollerweise sollten der
   Deutschlehrer, der Muttersprachlehrer und die deutschen Fach-
   lehrer kooperieren, um diese Aufgabe zu lösen. Auf diese
   Weise können auch nach und nach zweisprachige Kleinwort-
   schätze für die zu erwartenden Unterrichtseinheiten in den
   einzelnen Fächern erstellt werden.

Die hier angeführten Punkte zielen einmal auf die Aktivierung und
vergrösserte Genauigkeit des Wortschatzerwerbs ab, zum anderen
darauf, dass auch Unterrichtsfächer wie Biologie, Geschichte, Physik und Wirtschaft bzw. in der Grundschule der ihnen voraufgehen-
de Sachunterricht einigermassen lexikalisch vorbereitet werden.
Uns ist klar, dass die Durchsetzung eines solchen Unterrichts z.T.
erhebliche Veränderungen erfordert - so kann man dann ganz sicher
nicht mehr Fortgeschrittene und Anfänger im gleichen Raum unterrichten und man wird auch einen deutschsprachigen, bzw. tendentiell zweisprachigen Fachunterricht bereits in der Vorbereitungsklas-

se beginnen lassen müssen. Geht man von dem Prinzip aus, dass die ausländischen Kinder in unseren Schulen die gleichen Rechte und Pflichten haben, wie deutsche Schüler, so haben sie einen Anspruch darauf, dass der Deutschunterricht, der sie auf die Regelklasse vorbereiten soll, die oben skizzierten Gesichtspunkte mit einbezieht. Geschieht dies nämlich nicht, so erhalten die ausländischen Schüler - im Gegensatz zu den deutschen - keine Möglichkeit, dem Unterricht in den Regelklassen zu folgen.

3.2. Zur Wortschatzarbeit in der Regelklasse.

Selbst unter günstigsten Bedingungen kann der Wortschatzbedarf, der für die türkischen Schüler im Unterricht unserer Regelklassen besteht, auch nicht annähernd durch den Unterricht der Vorbereitungsklassen abgedeckt werden. Dies ist auch gar nicht zu erwarten, da ja auch für die deutschen Schüler ständig neuer Wortschatz hinzukommt - oder doch hinzukommen sollte. Was die Vorbereitungsklasse schaffen muss, sind lediglich die Voraussetzungen, um am Wortschatzerwerb in der Regelklasse erfolgreich teilzunehmen. Unter den gegebenen Umständen kann jedoch nicht davon ausgegangen werden, dass türkische Schüler, die in unsere Regelklassen kommen, in diesem Sinne vorbereitet sind. Um so wichtiger ist es, dass auch in der Regelklasse helfend und organisierend in ihren Wortschatzerwerb eingegriffen wird. Hierauf sollte auch gerade im Fachunterricht geachtet werden.

Auf die folgenden Punkte sollte besonders geachtet werden:

x Die Schule sollte den Schülern ein zweisprachiges Wörterbuch zur Verfügung stellen - in der Grundschule das Universalwörterbuch, in der Hauptschule bzw. anderen Schultypen der Sekundarstufe das Taschenwörterbuch. Die Benutzung dieser Wörterbücher durch die Schüler muss - soweit sie nicht bereits aus der Vorbereitungsklasse bekannt ist - intensiv geübt werden. Dies sollte im Rahmen eines Förderunterrichts geschehen, der sich auch sonst mit den allgemeinen Aspekten des Wortschatzerwerbs beschäftigen muss.

x Die Schüler sollten dazu aufgefordert werden, unverstandene Wörter des Deutschen, für sie auf Deutsch noch nicht ausdrückbare Wörter der Muttersprache und neugelernte Wörter im jeweiligen Fachheft (oder in besonderen Fach-Vokabelheften) je Unterrichtsstunde zusammengefasst auszuweisen. Solange es den Schülern unmöglich ist, solche Wörter dem Unterrichtsgespräch zu entnehmen, sollten sie in der häuslichen Vorbereitung aus dem Lehrbuch herausgearbeitet werden. Die Schüler sollten daran gewöhnt werden, pro Unterrichtsstunde ein Minimum von 1o bis 2o solcher Wörter herauszuarbeiten. Je nach den Möglichkeiten der Schule

(z.B. Anwesenheit oder Erreichbarkeit einer türkischen Lehr-
kraft, älterer - bereits besser sprechender - türkischer Schüler, Vorhandensein eines Lehrerexemplars der bei Harrasso-
witz erschienenen grossen Wörterbücher von K.STEUERWALD
etc.) muss abgesichert werden, dass der jeweils von den
Schülern im Heft dokumentierte Wortschatzbedarf gedeckt
wird. Die Schüler müssen lernen, sich wöchentlich über ihren gesamten Wortschatzfortschritt Rechenschaft abzulegen.
Dies kann nur eingeübt werden, wenn sie zunächst die Aufgabe erhalten, einem ihrer Lehrer darüber Rechenschaft abzulegen.

x Der jeweils neue Fachwortschatz muss im Fachunterricht
hervorgehoben und auch an die Tafel geschrieben werden.
Dies ist auch im Sinne der deutschen Schüler, da eine genaue Ausdrucksweise ein entscheidender Faktor für die Herausbildung einer klaren Begrifflichkeit ist.
Es bietet sich auch an, Hausarbeitsgruppen aus deutschen
und ausländischen Schülern zu bilden, wo die deutschen
Schüler die Aufgabe erhalten, anhand des Fachlehrbuches
die jeweils neue Terminologie herauszuarbeiten und den
ausländischen Schülern zu erklären. Die Arbeitsergebnisse
sollten dann sowohl von den deutschen, als auch von den
ausländischen Schülern in ihren Fachheften festgehalten
werden. Die Bewertung sollte in diesen Fällen eine Bewertung des gesamten Gruppenergebnisses sein.

x Die ausländischen Schüler sollten sich bei zusammengesetzten und abgeleiteten Wörtern immer auch Rechenschaft
über die Bestandteile und deren Bedeutung ablegen. Dies
erhöht auf die Dauer ihre Fähigkeit, neuen Wortschatz
schnell zu durchschauen.

x Soweit möglich, sollten die Schüler zusätzlich zu den
deutschen Lehrbüchern auch die den gleichen Stoff enthalten-
den türkischen Lehrbücher erhalten. Diese sind beschaffbar
und nicht sehr teuer. Die Schüler sollten dann zur Vorbereitung des jeweiligen Unterrichts auf die entsprechende Un-
terrichtseinheit im muttersprachlichen Lehrbuch hingewiesen
werden. Zur Erleichterung dieser Massnahme drucken wir
das Programm einiger türkischer Schulbücher im Anhang
zweisprachig ab. Gerade der Rückgriff auf die Darstellung
in der Muttersprache erleichtert natürlich das Aufarbeiten
des deutschsprachigen Vokabulars erheblich.

Eine zentrale Voraussetzung dafür, dass der Wortschatzerwerb der
ausländischen Schüler in der Regelklasse organisiert und gefördert
werden kann, ist die Einsicht des Lehrers in das Ausmass der
Wortschatzproblematik. Normalerweise sprechen wir ja relativ problemlos Deutsch und geben uns keine Rechenschaft über den Um-

fang des von uns verwendeten Wortschatzes ab. Soweit wir nicht
das von uns Gesprochene auf Band festhalten, ist es auch kaum
möglich, hierüber einen Überblick zu bekommen. Es genügt jedoch auch, sich die Problematik an den im Unterricht verwendeten
Lehrbüchern klar zu machen. Hierzu einige Beispiele.

(1) Anlässlich des Übergangs eines türkischen Schülers in die 2.
deutsche Regelklasse sollte festgestellt werden, mit welchen
Sprachschwierigkeiten er dort konfrontiert sein würde. Der Schüler hat gute häusliche Bedingungen: beide Eltern sind Facharbei-
ter mit türkischem Abitur, beide sprechen ziemlich viel Deutsch,
es gibt Bücher, auf die Ausbildung des Kindes wird Wert gelegt,
seine Hausarbeiten werden kontrolliert und unterstützt. Der Schüler befindet sich seit wenig mehr als einem Jahr in der Bundesrepublik.
Eine Untersuchung des in der Regelklasse verwendeten Lesebuches
"Texte für die Primarstufe" (TP 2) ergab bereits für die Seiten
3 - 5 einen erheblichen lexikalischen Fehlbestand auf seiten des
Schülers. Im folgenden die Ergebnisse für Substantive und Verben:

Dem Schüler waren bekannt:

Substantive:	Verben:
Bruder	gehe
Bücher	spielen
Ende	sagt
Fabrik	schneidet
Haus, Häuser	macht
Judo	liest
Kaninchen (stall)	arbeitet
Löwen	denkt
Luft	
Mädchen	
Mama	
Papa	
Vater	
Züge	

Unbekannt waren ihm allerdings die grammatischen Formen, insbesondere der Plural der Substantive. Ausserdem wurden nicht
alle bekannten Wörter richtig aufgefasst bzw. übersetzt. So er-
schien für Bruder türkisch abla "ältere Schwester" (der Junge
hat eine ältere Schwester). Vom Kaninchenstall war dem Schüler nur das Kaninchen bekannt. Auf Judo reagierte er mit dem
(deutschen) Wort Karate - ein Hinweis aufs Fernsehen.
Unter den Verben fällt das Wort schneidet heraus: der Schüler
versteht dies Verb zwar in seiner Grundbedeutung, aber davon hat
er nicht viel, denn im Text steht es in der Wendung: schneidet
eine Fratze.

Dem Schüler waren unbekannt:

Substantive:	Verben:
Bart	gibt....auf
Bogen	ausdenken
Erde	basteln
Fratze	bauen
Klavier	kämpfst
Mühlen	meint
Pfeifen	raufst
Spass	schleuderst
Ställe	schnitzen
	seufzt
Brüderchen	wachsen
Hündchen	zimmern
etwas Besonderes	zusammenstossen
etwas Gewaltiges	

Wie man sieht, überwiegt die Zahl der unbekannten Wörter leicht
die der bekannten. Es ist also nicht zu erwarten, dass der Schüler den Lesebuchtext von sich aus versteht oder bearbeiten kann.
Dies wird dem Lehrer jedoch nicht ohne weiteres sichtbar, da der
Schüler sich scheinbar ohne grosse Mühe auf Deutsch unterhalten
kann.

Es würde naheliegen, diesen Schüler nach Erkennung seiner lexikalischen und grammatischen Defizite wieder in die Vorbereitungsklasse zurückzuschicken, zumal er formal noch ein "Recht" auf
ein weiteres Jahr Vorbereitungsklasse hat. Dies wäre jedoch eine
verfehlte Massnahme. Man muss nämlich sehen, dass der Schüler
schneller gelernt hat, als viele seiner Mitschüler, und dabei grossenteils Wörter, die er auch ausserhalb der Schule gelernt haben
kann. Fast alle ihm bekannten Wörter kommen auch im Grundwortschatz vor. Die vier Ausnahmen: Judo, Löwe, Papa, Kaninchen
sind mit Sicherheit ausserschulisch gelernt: die ersten drei aus
dem Fernsehen, und Kaninchen , weil es in der Wohngegend davon
so viele gibt.
Andererseits gehören von den noch fehlenden Wörtern nur knapp die
Hälfte zum Grundwortschatz, nämlich: Erde, Mühle, Pfeife, Spass,
Stall, Besonderes, gewaltig, basteln, bauen, kämpfen, meinen,
wachsen. Und auch diese Wörter entsprechen nicht in einem solchen
Masse den Interessenschwerpunkten eines Zweitklässlers, dass
sie ohne weiteres ausserschulisch aufgeschnappt und behalten werden. Aber auch in der Vorbereitungsklasse werden sie grossenteils
nicht vermittelt werden. Vergleicht man die Liste der dem Schüler
unbekannten Wörter zum Beispiel mit dem relativ umfangreichen
Glossar von G.MELLINGHAUS: Deutsch in Deutschland, so findet
man dort nur: Erde, Pfeife, Spass, Stall, meint, wachsen, basteln
(sowie aufgeben, aber in anderer Bedeutung, als in TP 2). Das

aber sind nur 7 der 26 noch fehlenden Wörter.
Da nun die Wortschatzanforderungen in der 2. Regelklasse rapide
ansteigen, ist abzusehen, dass die Schere zwischen gelerntem
und benötigtem Wortschatz nach einem weiteren Jahr in der Vorbereitungsklasse erheblich grösser sein wird.
Angesichts dieser Situation ist es für den Schüler günstiger, am
Unterricht der 2. Regelklasse teilzunehmen, jedenfalls, wenn gezielte Fördermassnahmen für seine lexikalischen und grammatischen
Defizite bereitgestellt werden können.

(2) Als zweites Beispiel benutzen wir den Text von "Im Wohnvier-
tel der Stadt" aus dem Bagel-Sachbuch 3, S.3-5. Dieser Text enthält 623 Wörter, wovon aber 392 (=62,92 %) Strukturwörter sind
(Zweifelsfälle noch nicht einmal eingerechnet). Es verbleiben mit-
hin 231 Wörter, die lexikalische Probleme aufwerfen können. Wir
haben diejenigen herausgesucht, die uns nach unserer Kenntnis türkischer Grundschüler in Vorbereitungsklassen problematisch erscheinen, haben sie in Sachgruppen geordnet und sie daraufhin überprüft,
ob sie (a) im Glossar von MELLINGHAUS, und (b) im Universalwörterbuch auftauchen. Hier das Ergebnis:

Wörter aus Arbeitsanweisungen

	a	b		a	b
suche	+	+	plane	–	+
nenne	+	+	erkläre	+	+
begründe	–	+	bedenke	–	+
vergleiche	+	+	denken	+	+
überlege	+	+	aufgefallen	–	+
sieh...an	–	+	Überlegungen	–	–
achte...auf...	–	+	Vorteile	+	+
berichte	+	+	Nachteile	–	+
erfrage	–	–	Unterschiede	+	+

Umgebung der Wohnung

Grosstadt	–	–	Siedlungen	–	+
Kleinstadt	–	–	Hauptstrasse	–	+
Wohnort	+	+	Nebenstrasse	–	+
Wohngegend	–	–	Spielplatz	+	–
Wohnviertel	–	–	Fussgängerbrücke	–	–
Innenstadt	–	–	Strassenbaues	–	–
Stadtrand	+	–			

Vergleicht man diese beiden Wortgruppen, so fällt auf, dass die
erste viel problematischer ist, als die zweite, obgleich sie viel
besser in Glossar und Wörterbuch berücksichtigt ist. Der Unterschied besteht einmal in dem stärker abstrakten Charakter der
Wörter der ersten Gruppe, zum anderen sind fast alle Grundwörter

der Zusammensetzungen in der zweiten Gruppe bekannt, so dass es hier in erster Linie darauf ankommt, ob die Schüler die Wortbildungsregeln beherrschen. Fremd dürften ihnen allerdings sein: Gegend, Viertel, innen und ausserdem siedeln .

Häuser und Wohnungen:

	a	b		a	b
Einfamilienhaus	-	+	Wohnung	+	+
Mehrfamilienhaus	-	-	Mietwohnung	-	-
Reihenhaus	-	-	Eigentumswohnung	-	-
Hochhaus	-	-			

Räume und Orte im und beim Haus

	a	b		a	b
Küche	+	+	Treppenhaus	-	+
Wohnzimmer	-	+	Schornstein	-	+
Esszimmer	-	+	Hausdächer	-	-
Kinderzimmer	-	-	Autoeinstellplatz	-	-
Keller	+	+	Parkplatz	+	+
Dachboden	-	-	Tiefgarage	-	-
Trockenraum	-	-	Reihengarage	-	-
Balkon	-	+			

Einrichtung und Versorgung

	a	b		a	b
Ausstattung	-	+	Zentralheizung	-	+
Einrichtung	+	+	Ofenheizung	-	-
Teppichboden	-	-	Heizwerk(e)	-	-
Fussbodenbelag	-	-	Abwasserrohre	-	-
Gasversorgung	-	-	Gemeinschafts-		
Stromversorgung	-	-	antenne	-	-
Wasserversorgung	-	-	Kabel	-	+

Hausbau

	a	b		a	b
Hausbaues	-	-	Bauplan	-	-
Grundstück(s)	-	+	Grundrisszeichnung	-	-
Bauplatzes	-	.			

Wirtschaftliches

	a	b		a	b
Kosten	-	+	gehören/gehört	+	+
Baukosten	-	-	besitzen/besitzt	-	+
Gesamtkosten	-	-	zahlen	+	+
Teileigentum	-	-	bezahlen	+	+
Gesamteigentum	-	-	verdienen/verdient	+	+
Miete	-	+	mieten	+	+
Mieter	-	+	verzichten	-	+
Eigentümer(n)	-	+	sich beteiligen	-	+

	a	b		a	b
Bewohnern	-	+	Arbeitsplatz	+	-
Instandhaltung	-	-	Hausarbeit	-	-
Pflege	-	+			

Raumlage und Beziehungen

	a	b		a	b
Entfernung	+	+	liegen	-	+
Rande	+	+	Grösse	+	+
Anschluss	-	+	Höhe	+	+
Lage	+	+			

Weitere möglicherweise problematische Wörter

	a	b		a	b
fehlt	+	+	ausreichen	-	+
benutzt	+	+			
wechseln	+	+	besseren	-	+
(sich um...) küm-			besondere	-	+
mern	+	+	passende	-	+
(sich auf...) aus-			jetzigen	-	+
wirken	-	-	höchsten	+	+
(sich nach...)					
richten	-	+			

Ausserdem sind natürlich die drei vorkommenden deutschen Familiennamen den Schüler fremd: Kaiser, Hinrichs, Neuser.

Mit anderen Worten: wir haben 114 verschiedene Wörter (types) im fraglichen Abschnitt in Verdacht, für einen Teil der türkischen Schüler neu zu sein, besonders für solche, die aus der Vorbereitungsklasse neu hinzugekommen sind. Tatsächlich können es natürlich sehr viel weniger sein, wenn etwa der Bereich "Wohnen" im Deutschunterricht der Vorbereitungsklasse bearbeitet worden ist. Ein Teil der hier angeführten Wörter wird aber auch dann fehlen. Nur 53 der angeführten Wörter haben ja unmittelbar mit dem Sachbereich "Haus/Wohnen" zu tun, weitere 21 mit dessen wirtschaftlicher Seite. Die übrigen haben allgemeineren Charakter und dadurch allerdings wohl auch eine grössere Übertragbarkeit auf andere Sachgebiete.

Geht man bei der Zählung der eventuell schwierigen Wörter nicht von der Zahl verschiedener Wörter (types), sondern von ihrem mengenmässigen Anteil am Text (tokens) aus, so stellt man fest, dass sie sogar 188 Wörter des Textes ausmachen, also ca. 3o % aller 623 Wörter des Textes, oder 81 % der 231 Inhaltswörter, die im Text vorkommen. Der Text ist deshalb durchaus als schwierig einzustufen.

Im übrigen scheint uns gerade dies Beispiel zu verdeutlichen,

dass man die Frage nach dem Fachwortschatz im Rahmen der
Vermittlung einer Zweitsprache nicht abstrakt, d.h. nicht losgelöst vom jeweiligen Bewusstseinsstand des Lerners sehen darf.
Es ist zwar richtig, dass wir Wörter wie Reihenhaus, Eigentums-
wohnung, Stromversorgung etc. seit langem in unseren Alltags-
wortschatz integriert haben, so dass wir sie ohne besondere Über-
legung verwenden können. Für Schüler der 3. Klasse sieht die
Sache aber noch ganz anders aus: für sie haben diese Wörter
durchaus terminologischen Charakter, dienen sie doch dazu, neue
Wissensbereiche aufzuschliessen. Dies gilt natürlich insbesondere
für ausländische Schüler, die ja sprachlich wie auch sozial einen
anderen Erfahrungshintergrund haben, als gleichaltrige deutsche
Kinder.

(3) Für die Situation im Bereich der höheren Klassen bringen wir
hier als Beispiel nur einen Kurzausschnitt, um nicht allzu viel
Raum zu verbrauchen. Dieser mehr oder weniger zufällig heraus-
gegriffene Ausschnitt steht jedoch in seiner lexikalischen Kom-
plexität für das ganze Buch, und dieses wiederum für die meisten
Fachbücher der Sekundarstufe 1, wobei die problematischsten Fächer Biologie und Geschichte zu sein scheinen. Das von uns hier
zitierte Lehrbuch ist in einer Art "enzyklopädischem Stil" geschrieben - d.h. jedes Einzelthema wird kurz und sehr komprimiert behandelt, ohne dass Bezüge zum schon Gelernten deutlich werden.
Dies stellt die ausländischen Schüler vor die Situation, mit einem
stetigen Strom neuer, meist nur für wenige Seiten verwendbarer
Vokabeln konfrontiert zu sein, ohne deren Verständnis das Buch
allenfalls von seinen Abbildungen her zu benutzen ist. Im übrigen
ist für den Schüler nicht erkennbar, welche Wörter allgemeineren
Charakter haben, so dass es sich lohnt, sie langfristig einzuprägen.

Hier nun der zu analysierende Ausschnitt:

"Die Regenbogenhaut dient der Eng- und Weitstellung der Pupille. Da sie dabei grosse Flächenverschiebungen bewältigen
muss, sind ihr Bindegewebe und die sie bewegende Muskulatur
(innerer ringförmiger Verenger und äusserer Erweiterer) scherengitterartig, ähnlich wie die Irisblende eines Fotoapparates, angeordnet."
(zit. aus:"Biologie für das 7. bis 9. Schuljahr"
Diesterweg, 7.Aufl. 1975, S. 4o)

Die lexikalischen Schwierigkeiten, vor die die türkischen Schüler
durch einen solchen Text gestellt werden, beginnen bereits auf
der grammatischen Ebene, und zwar deshalb, weil die Komplexi-
tät und Anordnung der Konstruktionen das Herauslösen der relevanten lexikalischen Einheiten behindert. So wird es für die Schüler schwer sein, den zweiten Satz zunächst auf folgende Kurzfor-
mel zu bringen:"Bindegewebe und Muskulatur sind scherengitterartig angeordnet", um dann als einen relevanten Ausdruck die

Formel SUBST-artig angeordnet herauszuschälen und den Sinn
dieser Formel zu erfragen. Manche Schüler werden aber auch bereits bei der Konstruktion "Eng- und Weitstellung" Schwierigkeiten haben, sie auf im Wörterbuch nachschlagbare Vokabeln zu
bringen. Hierzu ist es zunächst erforderlich, die Tilgung zu erkennen und aufzulösen, so dass man neben Weitstellung auch das
Wort Engstellung erhält. Beide Wörter finden sich aber in dieser
Form nicht im Wörterbuch, weshalb sie weiter analysiert werden
müssen. Im vorliegenden Fall dürfen die Schüler nun nicht einfach in eng, weit und Stellung auflösen, weil keine der für Stellung (im Taschenwörterbuch) angegebenen Unterbedeutungen einen
brauchbaren Sinn ergibt. Sie müssen die Substantive vielmehr
auf die Ausdrücke "eng stellen", "weit stellen" zurückführen,
um dann als zweite der 15 Unterbedeutungen von stellen einigermassen passende türkische Ausdrücke zu finden. Um dies effektiv bewältigen zu können, müssen die Schüler (a) sprachlich
über den Zusammenhang verbaler Wendungen mit abgeleiteten Substantiven bescheid wissen, (b) sachlich die implizite Analogie
der nervlichen Steuerungsvorgänge mit dem Einstellen von Geräten
nachvollziehen können, da sie sonst nicht die richtige Unterbedeu-
tung von stellen finden werden. Wie man sieht, sind auf der Sprachebene des zitierten Textstücks sehr komplexe Fähigkeiten bereits
für die Ermittlung des relevanten Vokabulars erforderlich. Diese
Fähigkeiten können selbst bei günstigen Bedingungen in der zeitlich
begrenzten Vorbereitungsklasse nicht voll vermittelt werden, was
die Notwendigkeit gezielter Fördermassnahmen für ausländische
Schüler der Regelklasse unterstreicht.

Wie sich in den obigen Beispielen bereits andeutet, hat man auf
dieser Sprachebene zu unterscheiden zwischen dem manifesten, unmittelbar im Text vorhandenen Vokabular und denjenigen Wörtern
und Wendungen, die zum Verständnis des manifesten Vokabulars
vorausgesetzt werden müssen. Dies latente Vokabular ist zwar in
der Regel in seiner semantischen und grammatischen Struktur einfacher (weniger komprimiert), als der manifest auftretende Wortschatz, dafür kann es aber ein Mehrfaches der manifesten Vokabeln des fraglichen Textstücks betragen. Wir wollen versuchen,
dies an dem oben zitierten Textstück zu zeigen.

Der gesamte Textausschnitt besteht hier aus 38 Wörtern, von denen
17 eindeutig zum Strukturwortschatz gehören. Von den 21 Inhaltswörtern, die in diesem kurzen Ausschnitt nur je einmal vorkommen,
dürften alle bis auf grosse je einem Teil der Schüler Schwierigkeiten bereiten. Hinzu kommt, dass nicht alle Schüler die Strukturwörter da (Konjunktion, = weil) und dabei (Pronominaladverb,
vgl. bei diesem Vorgang) automatisch richtig auffassen werden.
Das manifeste Vokabular des Textausschnitts besteht daher aus
22 Wörtern bzw. Ausdrücken, deren sinngemäss richtige Herausarbeitung durch die Schüler wir hier einmal unterstellen wollen.

Manifester Wortschatz des zitierten Textstücks:

	b	c		b	c
Substantive			**Verben**		
das Bindegewebe	-	+	A dient B	+	+
die Muskulatur	-	+	A bewältigt B	+	+
die Regenbogenhaut	-	+			
die Pupille	+	+	**Partizipien**		
die Irisblende	-	-	sie bewegend	-	-
der Fotoapparat	-	+	...artig angeordnet	-	-
der Verenger	-	-			
der Erweiterer	-	-	**Adjektive**		
die Engstellung	-	-	ringförmig	-	+
die Weitstellung	-	-	scherengitterartig	-	-
die Flächenverschiebung	-	-	ähnlich wie	+	+
Pronominaladverb			**Konjunktion**		
dabei	-	-	da	+	+

In der obigen Tabelle bezeichnet b das (kleinere) Universalwörterbuch, c das (grössere) Taschenwörterbuch von Langenscheidt. Wie man sieht, sind die beteiligten Verben sowie der grössere Teil der Gegenstandsbezeichnungen und Adjektive im Taschenwörterbuch vorhanden. Dies bedeutet eine gewisse Hilfe, jedoch muss zweierlei zusätzlich bedacht werden: (a) zum einen dürften die meisten türkischen Schüler die Bezeichnungen etwa für Teile des Auges - mit Ausnahme der gut sichtbaren Pupille - auch in der Muttersprache nicht kennen, (b) zum anderen muss bei komplexeren Wörtern zur blossen Bedeutungsangabe ein Verständnis des Wortaufbaus und seiner Bestandteile hinzutreten, um dessen schnelle und sichere Einprägung zu gewährleisten. Selbst wenn also sämtliche Wörter des manifesten Vokabulars über ein Wörterbuch zu ermitteln wären, würde dies die Notwendigkeit einer ansatzweisen Klärung des latenten Wortschatzes - und natürlich auch der bezeichneten Sache - nicht aufheben.

Eine besondere Bemerkung erfordert übrigens noch das Pronominaladverb dabei . Dies Wort ist als Wortkörper in beiden Lexika verzeichnet, jedoch enthält keines von beiden eine für den hier vorliegenden Gebrauch auch nur einigermassen zutreffende Bedeutungsangabe. In einem solchen Fall kann das Wörterbuch sogar die Verwirrung verstärken (indem es etwa Vorurteile über die Bedeutung von dabei bestätigt). Gerade bei multifunktionalen Ausdrücken dieser Art ist es wichtig, dass die Schüler sie nicht einfach als Wort hinnehmen, sondern sie sofort grammatisch analysieren (worauf bezieht sich das Pronomen da-? wie verhält sich die Präposition bei zum umgebenden Satz?). Erreicht man diese Fähigkeit nicht, dann sind die Schüler einem undurchschaubaren Haufen völlig di-

vergierender Bedeutungsansätze praktisch hilflos ausgeliefert.

Latenter Wortschatz des zitierten Textstücks:

Substantive	a	b	c	Verben	a	b	c
das Gewebe	-	+	+	binden	+	+	+
der Muskel	+	+	+	weben	-	+	+
die Haut	+	+	+	blenden	-	+	+
der Regen	+	+	+	verengen	-	+	+
der Bogen	-	+	+	erweitern	-	+	+
der Regenbogen	-	+	+	stellen	+	+	+
die Iris	-	-	-	schieben	+	+	+
die Blende	-	+	+	verschieben	-	+	+
das Foto	+	+	+	bewegen	+	+	+
der Apparat	+	+	+	ordnen	+	+	+
die Fläche	-	+	+	anordnen	-	+	+
die Ordnung	+	+	+				
der Ring	+	+	+	Adjektive			
die Form	+	+	+	eng	+	+	+
das Gitter	-	+	+	weit	+	+	+
die Schere	+	+	+	flach	+	+	+
das Scherengitter	-	-	-	ordentlich	+	+	+
die Art	+	+	+	X-artig	-	-	-
die Gewalt	+	+	+	X-förmig	-	-	-

Die Buchstaben bezeichnen hier: (a) den Grundwortschatz (s.o.S.
83),(b) das Universalwörterbuch, (c) das Taschenwörterbuch von
Langenscheidt.
Wie man sieht, besteht hinsichtlich dieses latenten Wortschatzes
im vorliegenden Falle kein Unterschied mehr zwischen der Leistungsfähigkeit beider Wörterbücher: beide enthalten ihn fast vollständig, mit Ausnahme solcher Spezialwörter wie Iris, Scherengitter und natürlich mit Ausnahme solcher Abstraktionen wie X-
artig, X-förmig. Anders dagegen der "Grundwortschatz", der nur
2o der 36 Eintragungen enthält. Selbst die zum Aufbau des manifesten Wortschatzes eines Fachbuchs erforderlichen Bestandteile
sind also nur zum Teil in diesem Wortschatz enthalten, und das
ist bei einer Zahl von nur 2ooo Stichwörtern auch gar nicht anders
zu erwarten.

Worin besteht nun die Bedeutung des latenten Wortschatzes? Eine
Antwort auf diese Frage ist die, dass ein ausländischer Schüler
ein Wort wie scherengitterartig sicher kaum erfassen wird - selbst
wenn er eine genaue Übersetzung erhält - solange er nicht auch
den Ausdruck: in der Art eines Scherengitters verstehen kann.
Um sich aber das Wort Scherengitter mit nicht allzu grossem Auf-

wand einprägen zu können, muss er als Voraussetzung wiederum die Wörter <u>Schere</u>, <u>Gitter</u> kennen, und nach Möglichkeit auch die Regeln über die Zusammensetzung von Substantiven, damit nicht etwas Falsches eingeprägt wird, wie etwa: <u>Gitterschere</u>, <u>Schere-gitter</u>, <u>die Scherengitter</u> oder dergleichen. Ebenso ist auch ein Wort wie <u>Flächenverschiebung</u> nur behaltbar, wenn der Schüler <u>Fläche</u>, <u>verschieben</u> und für diese Wörter wiederum <u>flach</u>, <u>schie-ben</u> und möglichst auch <u>ver-</u> kennt. Um möglichen Missverständ-nissen vorzubeugen, soll an dieser Stelle allerdings ausdrücklich betont werden, dass die Kenntnis solcher Wortbestandteile nur eine der Bedingungen für die Einprägung komplexeren Wortschat-zes ist. Eben so wichtig ist es natürlich, dass die bezeichnete Sache - also das <u>Scherengitter</u> bzw. die <u>Flächenverschiebung</u> - als solche begriffen wird und zwar gründlich und nicht nur für den Augenblick. Die Schwierigkeit der ausländischen Schüler besteht hier darin, dass der Wechsel der Unterrichtssprache sie trifft, be-vor sie eine breite und tiefgehende Sachkenntnis erwerben können, so dass ihnen in vielen Fällen bei der Konfrontation mit neuem Wortschatz einerseits die zum Erfassen notwendige Sachkenntnis fehlt, andererseits aber gerade dadurch der Erwerb neuer Sach-kenntnisse abgeschnitten wird. Dies Hindernis müsste der deut-sche Lehrer unbedingt berücksichtigen und nach Möglichkeit aus-zugleichen versuchen.

Es muss weiter einschränkend bemerkt werden, dass die Kennt-nis des latenten Wortschatzes nicht in allen Fällen gleich wich-tig ist. So kann man das Wort <u>angeordnet</u> bereits sehr gut ler-nen, wenn man weiss, dass es das Partizip zu <u>anordnen</u> ist, wenn man zusätzlich dies Verb und vielleicht noch <u>ordnen</u> kennt. Die Wörter <u>Ordnung</u>, <u>ordentlich</u> dagegen müssen nicht unbedingt schon bekannt sein. Aber wenn sie es sind, stützen sie das neue Wort natürlich mit ab. Noch stärker als in diesem Fall kann man be-zweifeln, ob für <u>bewältigen</u> tatsächlich das Wort <u>Gewalt</u> bekannt sein muss. Um den Zusammenhang zwischen beiden Wörtern her-zustellen, muss man dann nämlich zusätzlich auf Wendungen zu-rückgreifen können wie: <u>in seiner Gewalt haben</u>, <u>in seine Gewalt bekommen</u> oder dergleichen. Der Zusammenhang zwischen <u>Ge-walt</u> und <u>bewältigen</u> ist auch deutschen Schüler wohl nicht be-wusst. Nützlich ist er allerdings zum Einprägen der Rechtschrei-bung. Dieser letztere Fall scheint uns aber durchaus die Ausnahme zu sein. Im grossen und ganzen ist die Notwendigkeit einer Kennt-nis des latenten Wortschatzes zur besseren Einprägung der mani-festen Vokabeln meist ziemlich offensichtlich.

Dieser Zusammenhang wird in der Regel wohl auch nicht bestritten. Die Gefahr liegt vielmehr darin, dass der latente Wortschatz hin-ter dem manifesten verschwindet: dort, wo die Schüler so komplexe Wörter zu lernen haben, wie die auf S. 96 aufgeführten, ist man geneigt anzunehmen, dass sie wenigstens die darin enthaltenen ein-facheren Wörter schon kennen werden. Dies ist jedoch bei der Art,

wie der Deutschunterricht in den Vorbereitungsklassen zur Zeit
durchgeführt wird, sicher ein Fehlschluss.

Die Frage nach der Bedeutung des latenten Wortschatzes erlaubt
jedoch noch eine zweite Antwort. Wie wir oben gesehen haben,
finden sich die Wörter des latenten Wortschatzes zum guten Teil
bereits in Wörterbüchern begrenzten Umfangs (also etwa bei ca.
15 ooo Eintragungen). Der kompliziertere Wortschatz ist demgegenüber auch in grösseren Wörterbüchern (z.B. bei 35 ooo Eintragungen) keineswegs vollständig vorhanden. Die Schüler müssen daher die Fähigkeit entwickeln, kompliziertere Wörter in ihre Bestandteile aufzulösen und diese aufzusuchen, um so wenigstens ansatzweise die Gesamtbedeutung ahnen zu können. Dies ist z.B. bei
dem oben zusammengestellten Wortschatz sicher günstig für Wörter wie: Fotoapparat, Verenger, Erweiterer, Engstellung, Weitstellung, Flächenverschiebung, ringförmig, scherengitterartig. Für
Verenger, Erweiterer muss der Schüler allerdings zusätzlich dem
Text entnehmen, dass hier bestimmte Muskeln so benannt sind,
aber dies Problem steht in gleicher Weise auch für die deutschen
Schüler.

Vielleicht wird man gegen das Beispiel (3) insgesamt einwenden,
der von uns gewählte Textausschnitt sei untypisch für das, was
die ausländischen Schüler an Wortschatz zu bewältigen hätten. Niemand erwarte von ihnen die Fähigkeit, Lehrbücher zu lesen. Die
Fachbücher in der Hauptschule seien ohnehin nicht zum Durchlesen
da, sondern nur als "Steinbruch" für den Unterricht.
Meinungen dieser Art haben wir öfter gehört, und in der Tat werden
die Fachbücher im Unterricht der Hauptschule in vielen Fällen nur
sehr begrenzt ausgenutzt. Ein Grund hierfür ist sicher die mangelhafte didaktische Konzeption und die zu komplizierte sprachliche
Gestaltung vieler dieser Bücher. Ein anderer Grund scheint jedoch
die offensichtlich verbreitete Auffassung zu sein, man müsse einen rein "induktiven" Unterricht machen, die Schüler nur anschau-
en und erzählen lassen etc. In einer solchen behavioristischen Konzeption des Fachunterrichts hat das Lehrbuch natürlich keinen Platz.
Dass die Lehrbücher häufig kaum benutzt werden, bedeutet aber
nicht, dass der darin enthaltene Wortschatz nicht zum Tragen
kommt. Wenigstens in der Sprechweise des Lehrers setzt er sich
genauso durch, wie im Lehrbuch, wenn auch vielleicht in einer
etwas geringeren Dichte. Solange aber die ausländischen Schüler
mit diesem Wortschatz nur mündlich konfrontiert werden, haben
sie überhaupt keine Kontrolle darüber, was sie eigentlich nicht verstehen, und nicht einmal darüber, wieviel es ist. Gerade für die
ausländischen Schüler wirkt sich deshalb die Nichtausnutzung der
Lehrbücher - so schlecht sie im einzelnen gemacht sein mögen -
ausgesprochen negativ aus. (Wer dies bezweifelt, sollte bedenken,
dass den ausländischen Schülern sehr viel mehr Wörter bekannt
erscheinen, als sie real verstehen. Es ist oft zu beobachten, dass

türkische Schüler Wörter wie <u>Vorgang</u>, <u>feststellen</u> für problemlos bekannt halten, sie aber durch <u>giriş</u> "Eingang", <u>durdurmak</u> "anhalten" übersetzen. Ein Schüler, der in dieser Lage ist, wird am Lehrervortrag möglicherweise keine sprachlichen Schwierigkeiten bemerken, obgleich er in Wahrheit sehr wenig versteht. Wenn ein solcher Schüler die Frage:"Hast du verstanden?" mit "Ja" beantwortet, so ist das weder ein Ausweichen noch blosse Höflichkeit – obgleich natürlich auch das aus der "Türkenklasse" mitgebrachte Höflichkeitsverhalten gegenüber dem Lehrer dabei eine Rolle spielen kann. Normalerweise steckt aber in dieser Antwort ein gutes Stück subjektiver Überzeugtheit, denn um mitzukriegen, dass er den Lehrer nicht verstanden hat, müsste der Schüler ja erst einmal wissen, worüber der Lehrer wirklich geredet hat.)

Die vorstehenden Beispiele stellen natürlich nur einen sehr kleinen Ausschnitt aus der Wortschatzproblematik dar. Wir hoffen jedoch, die Breite des im Unterricht ständig benutzten und benötigten Wortschatzes wenigstens soweit demonstriert zu haben, dass daraus die Notwendigkeit sehr intensiver Bemühungen um die Erweiterung des Vokabulars der ausländischen Schüler in unseren Schulen deutlich wird.

3.3. Nachbemerkung zur Wortschatzproblematik.

Die vorangegangenen Aussagen zur Wortschatzproblematik haben notwendig vorläufigen Charakter, da intensivere Untersuchungen zu diesem Fragenkreis bei uns erst seit relativ kurzer Zeit laufen (vgl. unseren Neuantrag, der im Anhang abgedruckt ist). Ausserdem zwingen uns Raumgründe im Rahmen der vorliegenden Arbeit zur Kürze. Wir beschränken uns daher in diesem Rahmen auf das bisher Gesagte und verweisen zur <u>Wortschatzarbeit</u> und zur <u>Wörterbuchbenutzung</u> hier nochmals auf die S.85f bzw. S.12 in Kurzform zusammengestellten Gesichtspunkte.

Erst nach Fertigstellung des Manuskripts stiessen wir auf die Neubearbeitung 1976 des Langenscheidt - Universalwörterbuchs von H.-J. KORNRUMPF, die wiederum bedeutende Verbesserungen dieses ohnehin für seinen Umfang schon sehr leistungsfähigen Wörterbuchs enthält. Natürlich zieht dies keine grundsätzliche Veränderung der von uns gegebenen Einschätzungen nach sich, aber immerhin sind vier der von uns als fehlend verzeichneten Wörter in der Neubearbeitung zusätzlich vorhanden, nämlich: <u>Innenstadt</u> (vgl. oben S. 91), <u>Hochhaus</u>, <u>Teppichboden</u> (vgl. S.92), <u>Arbeitsplatz</u> (vgl.S.93).

II. ZWISCHENBERICHT JANUAR 1976

Das folgende ist ein ausführlicher Zwischenbericht über die Arbeit unseres DFG-Forschungsprojekts "Das bilinguale Sprachverhalten türkischer Schüler an Essener Schulen" mit dem Stand vom Januar 1976. Da in diesem Bericht eine Reihe von Fragen angeschnitten werden, die uns für den Unterricht für türkische Schüler an unseren Schulen als wichtig erscheinen, drucken wir ihn hier ab.

1. Weiterentwicklung der Zielstellung unseres Projekts.

1.1. Allgemeine Charakterisierung

Entsprechend dem Erstantrag zielte unser Projekt zunächst nur auf eine ist-Beschreibung des derzeitigen bilingualen Sprachverhaltens türkischer Schüler ab. Insbesondere sollte dabei der Stand des deutsch-türkischen Intra-Gruppen-Bilinguismus untersucht und auf seine Bedingungsfaktoren bezogen werden. Geplant war dafür im wesentlichen die quantitative Erfassung der von den Probanden benutzten Varietäten des Deutschen und des Türkischen sowie die Feststellung gesellschaftlicher und situativer Faktoren der Sprachenwahl. Übergeordnete Zielstellung sollte dabei die Verbesserung und wissenschaftliche Grundlegung des bilingualen Sprachunterrichts für Kinder türkischer Gastarbeiter sein.

Intensive Auseinandersetzung mit der derzeitigen Schulsituation, ihren Möglichkeiten und Entwicklungstendenzen, mit den theoretischen Vorgaben des Projekts sowie mit den Ergebnissen des - parallel konzipierten, aber früher angelaufenen - Jugoslawen-Projekts[1] haben uns jedoch zu einer umfassenden Überprüfung und Modifizierung unserer Projekt-Konzeption veranlasst. Gerade weil es uns um die wissenschaftliche Orientierung des auf bilinguale Sprachbeherrschung abzielenden Unterrichts geht, meinen wir den Aspekt der Entwicklung der Zweisprachigkeit, der Steuerbarkeit dieser Entwicklung durch bestimmte Unterrichts- und Übungsformen, sowie den Aspekt der Zielvarietäten des Deutschen und Türkischen im Vergleich zu den benutzten Varietäten in die Untersuchung mit einbeziehen zu müssen. Um die Entwicklung und Steuerung jedoch in ihren didaktisch wichtigen Aspekten erfassen und beschreiben zu können, mussten wir über die quantitative Feststellung der Sprachenwahl hinaus zu einer differenzierten qualitativen Untersuchung der durchlaufenen Stufen des Mutter- und Zweitsprachenerwerbs - im Verhältnis zu den angestrebten Zielvarietäten - übergehen. Der Akzent lag dabei - aus weiter unten zu erläuternden

Gründen - auf dem Erwerb des Deutschen als Zweitsprache, jedoch haben wir auch die Muttersprache nicht aus dem Auge gelassen.

Trotz dieser weitergehenden Zielsetzung haben wir jedoch die Ausgangsfragestellung nicht aufgegeben. Dies schon deshalb nicht, weil der Vergleich mit den Ergebnissen des Jugoslawenprojekts erhebliche Unterschiede zwischen beiden Nationalitäten erkennen lässt. Wir meinen allerdings, dass eine Deutung dieser Unterschiede erst im Rahmen unserer weitergehenden Fragestellungen zu sinnvollen Ergebnissen führen kann. Beschränkt man sich etwa auf die blosse Feststellung eines niedrigeren Bilingualismus-Grades bei türkischen Schülern, wie sie sich anzudeuten scheint, so ist dies sicher wenig aussagekräftig, solange man nicht die Tatsache mit einbezieht, dass die gleichen Unterrichts- und Übungsformen bei verschieden gelagertem Sprachkontrast erheblich unterschiedliche Auswirkungen haben können.

Ein Aspekt, den wir wenigstens am Rande mit einbeziehen zu müssen glaubten, ist der des Sach- und Fachwissens der von uns untersuchten Schüler. Es scheint nämlich so zu sein, dass relativ grosses Sach- und Fachwissen mit einer relativ schnelleren Erlernung der Zweitsprache bis zu einem gewissen Grade gekoppelt ist. Lässt man einmal vereinfachende Intelligenz-Hypothesen beiseite, so bleiben für die beobachtete Koppelung drei unterschiedliche Erklärungsansätze, die sich gegenseitig nicht ausschliessen, deren jeweiliger Anteil aber ermittelt werden müsste: (a) Schüler mit grösserem Sach- und Fachwissen haben es leichter beim Wortschatzerwerb, weil sie im wesentlichen nur neue Wörter (Lautgestalten) für bereits bekannte Begriffe (Inhalte) lernen müssen; (b) sie sind sensibler für die in der jeweiligen Situation liegenden Bedeutungsvorgaben - dies aufgrund richtigeren und komplexeren Vorwissens - und können daher alltägliche Kommunikationssituationen in der fremdsprachlichen Umwelt besser ausnutzen - sie sind also den übrigen Schülern im ungesteuerten Spracherwerb überlegen; (c) sie verfügen über ein besseres Verhältnis zum Unterrichtsprozess, zu Arbeitstechniken und Arbeitsanweisungen, als die übrigen Schüler und können daher den unterrichtlich gesteuerten Spracherwerb effektiver vollziehen. Je nach dem Gewicht dieser drei Faktoren wird man gegenüber den benachteiligten Schülern unterschiedliche Kompensations-Strategien entwickeln müssen. Der hier angedeutete Zusammenhang ist in der Praxis insbesondere bei älteren Schülern augenfällig, bei jüngeren dagegen Insofern durchbrochen, als es Schüler gibt, die vor- und ausserschulisch sehr viel Deutsch gelernt haben, aber dennoch in der Schule versagen. Auch diese Beobachtung hat uns mit dazu veranlasst, die Frage von Sach- und Fachwissen wenigstens ansatzweise mit aufzunehmen.

Die Verschiebungen in der Zielstellung gegenüber dem Ausgangs-

punkt lassen sich daher in folgenden drei Punkten zusammenfassen:

    x Einbeziehung der Sprachentwicklung und ihrer unterrichtlichen
       Steuerung - insbesondere im Falle der Zweitsprache,

    x qualitative Beschreibung des beobachteten Sprachgebrauchs,
       und zwar im Sinne von Durchgangsstufen auf dem Wege zum
       jeweiligen Unterrichtsziel,

    x Einbeziehung von Sach- und Fachwissen als möglichen Bedin-
       gungsfaktor beim Zweitspracherwerb.

Durch diese Veränderungen ist es uns gelungen, unser Projekt erheblich stärker auf den tatsächlichen Sprachlernprozess zu beziehen und unmittelbar für die Steuerung dieses Prozesses verwendba-
re Ergebnisse zu erreichen, als dies nach der ursprünglichen Planung möglich gewesen wäre. Dies machte allerdings auch die Auseinandersetzung mit Fragen der Fremdsprachdidaktik, der Sprachpsychologie und Psycholinguistik über den ursprünglich geplanten
Rahmen hinaus erforderlich. Wir werden auf einige dieser Fragen
im 2. Abschnitt kurz eingehen, möchten jedoch zunächst noch in
einigen Punkten die Motivation unserer Neuorientierung verdeutlichen.

1.2. Der Bezug zum Beschulungsmodell.

Die Frage, wie Gastarbeiterkinder zu beschulen seien, ist offensichtlich alles andere als gelöst. Zwar haben wir seit der Empfehlung der KMK von 1971 eine Erlasslage, die für die meisten Bundesländer nationale Vorbereitungsklassen von höchstens zweijähriger
Dauer und eine möglichst frühzeitige Eingliederung in die deutschen
Regelklassen vorschreibt [2], und die den muttersprachlichen Unterricht auf wöchentlich 2 Nachmittage (= 5 Stunden) verschiebt [3],
es ist aber unverkennbar, dass diese Erlasslage in wesentlichen
Punkten auf dem Papier geblieben ist. Faktisch haben sich die
Vorbereitungsklassen zu nationalen Zwergschulen entwickelt, die
materiell im Durchschnitt erheblich schlechter ausgestattet sind,
als vergleichbare Grund- und Hauptschulen, und deren Unterrichts-
inhalte verkürzt den Lehrplan des jeweiligen Heimatlandes enthalten. Der grösste Teil der ausländischen Schüler wird überlange in
diesen Klassen gehalten, ein erheblich kleinerer Teil erhält die Ge-
legenheit, normale Regelklassen zu besuchen, nimmt aber dann
oft am muttersprachlichen Unterricht nicht teil. Die Tendenz scheint
zur Zeit weniger dahin zu gehen, die gültigen Erlasse zu verwirklichen, sondern vielmehr dahin, für die Kinder der verschiedenen
Gastarbeiter-Nationen segregierte Schulen zu schaffen, die wenigstens bis zur 6. Klasse dauern sollen. Allgemein kann man sagen,
dass es weder eine wissenschaftlich begründete Didaktik für diesen

Bereich, noch klare Vorgaben für die Beschulungsmodelle gibt.

In dieser ungeklärten Situation ist es für ein Forschungsvorhaben zur Sprachentwicklung von Gastarbeiterkindern unbedingt notwendig, seine Forschungsfragestellungen auch unter dem Gesichtspunkt zu reflektieren, auf welches angenommene Beschulungsmodell sie möglicherweise ausgerichtet sind. Denn es spielt für die Frage, in welchem Masse die Forschungsergebnisse später verwertbar sind, eine entscheidende Rolle, wie sich die Ausgangsfragestellungen zu den tatsächlichen Bedingungen verhalten, unter denen die Adressaten der Forschungsergebnisse zu arbeiten haben. So wird die Frage, wie man den Zweitsprachenerwerb möglichst effektiv zeitlich raffen kann, und welche Teile davon auf jeden Fall innerhalb eines Vorkurses - etwa einer Vorbereitungsklasse - stattfinden müssen, für das Modell der frühzeitigen Eingliederung in die deutsche Regelklasse sehr viel relevanter sein, als für das Modell der segregierten Nationalschule.

Es schien uns daher erforderlich, relativ frühzeitig zu klären, welches Beschulungsmodell eigentlich durch unsere Forschungsfragestellung präsupponiert wird - und umgekehrt: welches Beschulungsmodell wir für die Zukunft erwarten und auch für vertretbar halten. Dabei haben wir natürlich auch die Möglichkeit einbezogen, dass mehrere Beschulungsmodelle gleichzeitig nebeneinander existieren können.

1.2.1. Mögliche Beschulungsmodelle.

Bei den Gastarbeiter-Gruppen handelt es sich um nationale und sprachliche Minderheiten, die der einheimischen, deutschsprachigen Bevölkerung weder rechtlich noch sozial gleichgestellt sind und die auch nicht voll in die einheimische Bevölkerung integriert sind. Abstrahieren wir für einen Augenblick von den konkreten Bedingungen, und fassen nur das Verhältnis sprachliche Minderheit/sprachliche Mehrheit ins Auge, so kämen schematisch folgende Konstellationen in Betracht (A = Sprache der Mehrheit, B = Sprache der Minderheit):

	gemischte Schulen	segregierte Schulen
Unterrichtssprache A und B	Typ 1	Typ 4
Unterrichssprache nur A	Typ 2	Typ 5
Unterrichtssprache nur B	Typ 3	Typ 6

Die Schultypen (2) und (3) lassen sich ausserdem noch in je
zwei Untertypen zerlegen, je nachdem, ob für diejenigen Schüler,
deren Muttersprache vom Unterricht ausgeschlossen ist, noch ein
Zusatzunterricht in der Muttersprache stattfindet (Untertyp a) oder
nicht (Untertyp b). Weitere Differenzierungen liessen sich in dies
Schema einführen für die Typen (1) und (4) danach, in welchem
Ausmass die Sprachen A und B benutzt werden; für die Typen (2),
(3), (5) und (6) danach, ob die jeweils unberücksichtigte Sprache wenigstens als Gegenstand eines Unterrichtsfaches auftaucht
oder nicht.

Die Aufstellung dieser möglichen Schultypen ist nun keineswegs
nur hypothetisch. Unter jeweils bestimmten gesellschaftlichen Voraussetzungen haben je bestimmte unter ihnen grössere Chancen
auf Verwirklichung. So setzen etwa (1) und (3) voraus, dass die
Eltern der sprachlichen Mehrheitsgruppe ein Interesse daran haben,
dass ihre Kinder die Minderheitssprache erlernen - (3) setzt darüber hinaus eine relativ niedrige Bewertung der Sprache der Mehrheit voraus. Dementsprechend werden diese Schultypen verwirklicht
durch solche Schulen wie (1) die binationale John F. Kennedy-
Schule in Berlin[4] und (3a) das deutsche Gymnasium in Istanbul[5]
Typ (2) setzt demgegenüber eine relativ niedrige Bewertung der
Sprache der Minderheit voraus, und ist dementsprechend verwirklicht inform der Beschulung der Gastarbeiterkinder in deutschen
Klassen.

Doppelt interpretierbar sind segregierte Schulen. Hier kann es sich
einmal um Eliteschulen für eine sozial erheblich höher bewertete
Minderheit handeln - dies jedoch nur im Fall der Typen (4) und
(6) - zum anderen jedoch auch um Schulen, in die die Kinder einer sozial niedriger bewerteten Minderheit abgeschoben werden, damit sie das übrige Schulsystem nicht blockieren. Insbesondere
der Schultyp (5) eignet sich zur zwangsweisen Assimilierung bei
gleichzeitig andauernder Diskriminierung.

Im Rahmen der Beschulung durch Vorbereitungsklassen sollte eigentlich nur der Typ (4) vorkommen, wobei sich das Mengenverhältnis
zwischen den Unterrichtssprachen A und B zugunsten von A ver-
schieben sollte, bis der Schüler in eine Klasse vom Typ (2a) eingegliedert werden kann. Faktisch konnten wir allerdings im Falle
von Vorbereitungsklassen alle drei Typen segregierter Beschulung
beobachten.

Fragen wir uns, welcher dieser Beschulungstypen im Sinne einer
wirksamen zweisprachigen Erziehung der Kinder am wünschbarsten
wäre, so muss die Antwort eindeutig lauten: Typ (1). Diese Schule wird von Kindern der Minderheit wie der Mehrheit gleichberechtigt besucht, was starke Inter-Gruppen-Kontakte absichert. Beide

Sprachen sind sowohl Unterrichtsgegenstand eines Schulfaches, als auch Unterrichtssprache. Durch ihre Rolle als Unterrichtssprache und als Verständigungsmittel mit den Kindern der jeweils anderen Nationalität haben die jeweiligen Zweitsprachen ein hohes Prestige, so dass im zweitsprachlichen Unterricht mit relativ hoher Motivation zu rechnen ist. Die Vermittlung beider Sprachen - und ebenso auch die Vermittlung von Fachwortschatz in den übrigen Schulfächern - kann bis zu einem gewissen Grade zweisprachig vor sich gehen. Schliesslich ist diese Art Schule auch äusserst gut geeignet, um zu Achtung und Verständnis für die kulturellen Werte und Traditionen der jeweiligen Partner-Nationalität zu erziehen.

Gehen wir allein von dieser abstrakten Wertung aus, so könnte es als wünschbar und empfehlbar erscheinen, die Kinder jeweils einer Gastarbeiter-Nation mit deutschen Kindern zusammen in einer Schule des Typs (1) zu beschulen. Eine solche Empfehlung scheint aber - gemessen an den tatsächlichen gesellschaftlichen Voraussetzungen - für absehbare Zeit und jedenfalls für den Fall türkischer Schüler[6] - irreal. Forschungsfragestellungen, die spezifisch auf den Unterricht in einer solchen Schule ausgerichtet sind, sind also zur Zeit kaum adressatengerecht - sie bringen Ergebnisse, die ansich zwar richtig sein können, so aber nicht anwendbar sind.

Schultyp (3) fällt für den Fall türkischer Schüler in der Bundesrepublik offensichtlich aus den gleichen Gründen weg, wie Typ (1). Typ (6) sollte nach Möglichkeit ausgeschlossen werden, weil es sinnlos ist, Kinder, die in einer deutschsprachigen Umwelt leben und grossenteils lange oder dauernd in ihr leben werden[7], einsprachig türkisch zu beschulen. Es verbleiben also als Möglichkeiten die Typen (2a), (2b), (4) und (5). Von diesen Typen berücksichtigen (2b) und (5) die Muttersprache der Kinder nicht - ihre Anwendung würde also auf zwangsweise Assimilierung mit allen ihren Gefahren und Nachteilen hinauslaufen. Deshalb sollten auch sie ausgeschlossen werden. Man muss sich aber darüber klar sein, dass der Ausschluss der hier genannten Beschulungstypen einen sehr verschiedenen Stellenwert hat. Der Ausschluss von (1) und (3a/b) erfolgt einfach deswegen, weil nicht zu erwarten ist, dass sie eingerichtet - bzw. von deutschen Schülern besucht werden. Der Ausschlus von (6), (2b) und (5) erfolgt, obwohl ihre Einrichtung jedenfalls faktisch und in Einzelfällen keineswegs ausgeschlossen ist - einfach deshalb, weil diese Arten der Beschulung als keinesfalls akzeptabel erscheinen.

Es verbleiben schliesslich die Beschulungstypen (2a) - frühzeitige Eingliederung in eine deutsche Klasse, die im Prinzip einsprachig unterrichtet wird - aber mit zusätzlichem muttersprachlichem Unterricht für die türkischen Schüler, und (4) - segregierte Schu-

len mit Deutsch und Türkisch als Unterrichtssprachen. Dieser letztere Typ ist modifizierbar dadurch, dass man:

x   keine segregierten Schulen bildet, sondern segregierte Klassen, die additiv einer deutschen Schule angegliedert werden,

x   die Segregation für bestimmte Fächer - etwa im Sinne eines "Integrationsunterrichts" - aufzuheben versucht,

x   die Segregation zeitlich beschränkt - etwa auf die ersten 6 Schuljahre.

Diese Modifizierungen dürften sich jedoch in der Praxis wenig auswirken, wie man leicht am Fall der derzeitigen Vorbereitungsklassen ablesen kann. So bilden sich ausschliesslich auf der Basis der additiven Angliederung an eine deutsche Schule kaum Kontakte zwischen deutschen und türkischen Schülern heraus. Andererseits scheint gerade eine solche Angliederung innerschulische Prozesse der Benachteiligung der türkischen Schüler zu fördern - etwa in Fragen der Klassenstärke, der Bücherverteilung, der Zuteilung deutscher Lehrerstunden etc. - die von der Schulaufsicht her schwer kontrollierbar sind und auch nur selten kontrolliert werden. Der "Integrationsunterricht" stellt die Schulen vor so grosse organisatorische Probleme, dass er sicher nicht zum Regelfall werden wird. Und die Segregation während der ersten Schuljahre bestimmt die Sozialisation (etwa in Bezug auf Kontaktaufnahme mit Deutschen) und das weitere schulische Schicksal ziemlich nachhaltig, so dass die Wirksamkeit einer späteren Integration durchaus zweifelhaft ist. Die hier angedeuteten Modifizierungen ändern also nichts Grundsätzliches an der Segregationsschule.

Auch zu dem Beschulungstyp (2a) sind mögliche Modifikationen zu erwähnen. Möglichst frühzeitige Eingliederung in die deutsche Regelklasse bedeutet ja, dass ein Teil der Kinder nicht von vorn herein dem Unterricht der Regelklasse folgen kann. Hier ist es im Prinzip möglich,

x   nationale Vorbereitungsklassen vorzuschalten mit dem Gedanken, während des Deutscherwerbs den Sach- bzw. Fachunterricht nicht fallen zu lassen,

x   internationale Vorbereitungsklassen vorzuschalten mit dem Gedanken, den Deutscherwerb so schnell wie möglich bis zur Eingliederungsfähigkeit der Kinder voranzutreiben,

x   sofort einzugliedern, aber einen relativ intensiven Liftkurs in Deutsch nebenher laufen zu lassen.

Die Konzeption der Vorbereitungsklassen hat ihren Nachteil darin, dass sich diese Klassen in hohem Masse verselbständigen können, so dass sie zu einer Art unbestimmt befristeter Segregationsschulen werden. Für diesen Fall ist die internationale Vorbereitungsklasse

deutlich ungünstiger, weil sie für die Schüler keinerlei Vorteile
mit sich bringt, andererseits aber deutlich den Eindruck erweckt,
als habe man als Ausländer eben in der deutschen Schule nichts
zu suchen. Über die Möglichkeit der sofortigen Eingliederung mit
begleitendem Liftkurs können wir uns aufgrund der beobachteten
Verhältnisse kaum ein Urteil bilden. Gefährlich ist hierbei jedoch,
dass die unter diesen Bedingungen in die Regelklasse eingeglie-
derten ausländischen Schüler über eine längere Zeit völlig "aus-
ser Konkurrenz" laufen, was sowohl ihre Arbeitshaltung als auch
die der aufnehmenden Klasse gefährden kann. Am leichtesten ist
dies Modell wohl im Falle von Schulanfängern zu verwirklichen.

Die hier behandelten Modifikationen von Typ (2a) werden jedoch
mit der Zeit in dem Masse weniger relevant, als der Prozentsatz
der türkischen Kinder zunimmt, die in der Bundesrepublik geboren
sind oder jedenfalls lange vor dem Schuleintritt hierher gebracht
wurden. Dies ist aufgrund des Anwerbestopps von 1973 und der relativ hohen Geburtenrate bei türkischen Familien in der Bundesrepublik der Fall, obgleich die neue Kindergeldregelung kurzzeitig
eine gegenläufige Tendenz (Überwiegen der Nachwanderung bisher
in der Türkei verbliebener Kinder) stärkte. In Zukunft ist mehr
und mehr mit der Einschulung solcher türkischer Kinder zu rechnen, die bereits - aufgrund von vorschulischem Zweitspracherwerb
- bis zu einem gewissen Ausmass dazu fähig sind, sich auf
Deutsch zu verständigen. Dementsprechend nimmt der Sachzwang
ab, für diese Kinder Vorbereitungsklassen einzurichten. Wenn sie
zur Zeit dennoch - und zwar entgegen der Erlasslage[8] - häufig
in Vorbereitungsklassen eingeschult werden, so demonstriert dies
die verbreitete Umfunktionierung der Vorbereitungsklassen in Segregationsschulen.

1.2.2. Einschätzung und Auswahl zwischen den möglichen Modellen.

Bei der Entscheidung darüber, auf welches der beiden zur Zeit möglichen Beschulungsmodelle wir unsere Forschungsfragestellungen
ausrichten sollten, hatten wir zwei Aspekte zu berücksichtigen:

(1) Beide Modelle - (2a) mit Vorbereitung in der Zweitsprache,
und die Segregationsschule (4) - sind in der derzeitigen Situation
möglich, aber es bleibt die Frage, welches der beiden Modelle
sich durchsetzen wird.

(2) Von untergeordneter Bedeutung, aber keineswegs bedeutungslos,
war für uns die Frage, welches der beiden Modelle wir befürworten
würden.

Die Antwort auf die erste Frage ist zur Zeit nicht voll absehbar.
Es ist jedoch vermutlich so, dass für eine längere Zeit beide Beschulungstypen nebeneinander existieren werden, ohne dass klar

wäre, welcher sich endgültig durchsetzt. Unsere Vermutung geht
allerdings dahin, dass für den Fall eines dauernden Aufenthalts
der Masse der heute in der Bundesrepublik lebenden türkischen
Familien der Gedanke der Segregationsschule nach und nach wieder aufgegeben werden wird.

Da sich die erste Frage nicht eindeutig beantworten liess, mussten
wir uns notwendig um so mehr an der zweiten orientieren. Wir
mussten also klären, welches der beiden Beschulungsmodelle wir
unter den konkreten heutigen Bedingungen im Falle türkischer Schüler für das günstigere halten und in welchem wir deshalb hauptsächlich die Adressaten für die Ergebnisse unserer Forschungsar-
beit zu suchen haben.

Die Entscheidung dieser Frage fiel eindeutig so aus, dass wir das
Beschulungsmodell (2a) - Früheingliederung in die deutsche Regelklasse, soweit notwendig mit vorhergehender Vorbereitungsklasse
und auf jeden Fall mit parallel laufendem Unterricht in der Muttersprache jeder Form von Segregationsschule vorziehen würden. Die
Gründe für diese Entscheidung liegen in den unserer Meinung nach
schwerwiegenden und unaufhebbaren Nachteilen der Segregation.
Zu diesen Nachteilen gehören die folgenden:

(1)   Die Segregationsklassen beschränken den Kontakt zu Deut-
      schen, insbesondere auch zu gleichaltrigen Deutschen, und
      ebenso auch zu den Kindern aus den übrigen Gastarbeiter-
      Nationen. Im Freizeitbereich vielleicht schon bestehende
      Kontakte werden durch die Schulsituation als dysfunktional
      gekennzeichnet und infolgedessen reduziert. Solche Schulen
      befördern die Gefahr einer langfristigen Isolierung der in
      der Bundesrepublik ansässigen Gastarbeitergruppen. Sie wä-
      ren allenfalls unter dem Aspekt einer sehr kurzfristigen Rück-
      wanderperspektive diskutierbar, wenn es nämlich darum gin-
      ge, der Masse der Kinder den Übergang in die Schule des
      Heimatlandes zu erleichtern. Dies scheint jedoch im Fall
      der türkischen Schüler überhaupt nicht in Betracht zu kom-
      men. Vielmehr wird der weitaus grösste Teil von ihnen hier
      wenigstens seine Berufsausbildung bzw. die erste Arbeit an-
      treten. Sehr viele von ihnen werden dauernd hierbleiben[9].
      Unter diesem Aspekt erscheint die Festschreibung der ge-
      sellschaftlichen Isolierung durch segregierte Beschulung
      kaum verantwortbar.

(2)   Bekommt der ausländische Schüler den Eindruck, dass die
      deutsche Sprache für ihn in absehbarer Zeit nicht zum haupt-
      sächlichen schulischen Verständigungsmittel werden wird, so
      sinkt die Motivation im Deutschunterricht rapide ab. Dies ist
      schon in denjenigen Vorbereitungsklassen zu beobachten, die

für die Masse der Schüler nur dem Anspruch nach vorbereitenden Charakter haben, faktisch aber Segregationsklassen mit unbestimmter Dauer sind. Dies gilt vermutlich für türkische Schüler in verstärktem Masse, denn die starke Konzentration in bestimmten Strassen und Vierteln[1o) macht das Deutsche als Verständigungsmittel für ausserschulische Situationen weitgehend umgehbar. Wird den türkischen Schülern daher mittelfristig keine Teilnahme am Unterricht der deutschen Regelklasse in Aussicht gestellt, so ist ein rapider, nicht mehr steuerbarer Motivationsabfall für den Deutschunterricht zu befürchten.

(3) Schliesslich bedeutet jede Segregationsschule unter den gegebenen Bedingungen erhebliche schulische Benachteiligung.

   (a) Da nicht zu erwarten ist, dass ein komplettes türkisches Schul- und Hochschulsystem in der Bundesrepublik eingerichtet wird, bedeutet Teilnahme am Unterricht in der Segregationsschule in der Regel, dass der Weg auf weiterführende Schulen abgeschnitten ist. Ähnliches gilt für die Frage der Berufsschulen. Dies bedeutet nicht nur objektiv eine massive Diskriminierung, sondern wird auch subjektiv - jedenfalls von älteren Schülern - so empfunden werden. Diese Einstellung lässt sich bereits heute in verlängerten Vorbereitungsklassen beobachten. Hierdurch wird aber die Leistungsfähigkeit der Schule erheblich herabgesetzt.

   (b) Ausserdem ist zu befürchten, dass segregierte Schulen in der Praxis in die Gefahr geraten werden, in ähnlicher Weise vernachlässigt zu werden, wie heute viele Vorbereitungsklassen. Dies hat einmal mit der geringeren Durchsetzungskraft ausländischer Eltern zu tun (bisher sind z. B. türkische Eltern in der Essener Stadtschulpflegschaft nicht vertreten, ebenso auch nicht in den Pflegschaften der meisten Schulen mit türkischen Vorbereitungsklassen). Zum anderen sind die Abläufe in segregierten Klassen und Schulen für die Schulaufsicht kaum durchschaubar, was sich ebenfalls nicht zugunsten der Schüler auszuwirken scheint.

Man darf - gerade zu diesem Punkt - nicht vergessen, warum denn segregierte Schulen anstelle von binationalen zweisprachigen Schulen (im Sinne der John. F. Kennedy-Schule) eingerichtet werden: eben weil das Türkische hier in der Bundesrepublik funktional dem Deutschen nicht gleichwertig gegenüber steht, so dass keine deutschen Eltern dafür gewonnen werden/ können, ihre Kinder in eine entsprechende binationale Schule zu schicken. Dies ist ein objektiver Tatbestand, der durch

gute Absichten bei der Einrichtung segregierter Schulen in keiner Weise abgebaut werden kann. Allein dieser objektive Tatbestand verbürgt schon massive schulische Benachteiligung im Rahmen einer Segregationsschule, die auf Kinder türkischer Gastarbeiter ausgerichtet ist.

Bei all diesen Gefahren verkennen wir nicht die positiven Intentionen, die bei der Forderung nach Segregationschulen bzw. ihrer Einrichtung eine Rolle spielen können. So kann diese Massnahme befürwortet werden:

(1) aufgrund von schlechten Erfahrungen mit dem derzeitigen Zustand, der die negativen Seiten der Segregationsschule in Form der verlängerten Vorbereitungsklassen mit den Nachteilen der Zwangsassimilierung vereinigt (beim Ausfall des heimatsprachlichen Unterrichts für Kinder in der Regelklasse), ein Zustand, bei dem ausserdem die ausländischen Schüler oft aufgrund mangelnder Förderung an den Rand der Regelklasse gedrängt werden,

(2) aufgrund der Vorstellung, die Kinder in erster Linie für den Übergang in Schulen des Heimatlandes bereithalten zu müssen,

(3) aufgrund der Besorgnis darüber, dass der zusätzliche muttersprachliche Unterricht möglicherweise von den Kindern als funktionslos und störend empfunden und daher nicht voll ausgenutzt wird.

Wir meinen jedoch, dass diese Argumente kurzschlüssig sind. Für (1) ist dies unmittelbar einleuchtend: hier kann es doch nicht um eine Zementierung der Schlechterstellung durch segregierte Schulen gehen, sondern nur darum, ein verbessertes Funktionieren unserer Schulen in Vorbereitung, Förderung und muttersprachlichem Unterricht zu erreichen. (2) entspricht nach unseren Beobachtungen nicht den bei türkischen Familien beobachtbaren Tendenzen. (3) ist schliesslich kurzschlüssig insofern, als dies Argument völlig von der ausserschulischen Situation abstrahiert. Der Muttersprachunterricht kann tatsächlich als funktionslos empfunden werden, nämlich dann, wenn die Muttersprache ausserhalb der Schule nicht mehr benutzt und anerkannt wird. Dieser Zustand kann allerdings leicht eintreten, wenn das Türkische aus dem offiziellen und beruflichen Leben ausgeschaltet bleibt, wenn sich keine nennenswerte kulturelle Betätigung mit dem Medium des Türkischen herausbildet, wenn etwa in einer Stadt wie Essen nicht einmal die Stadtbibliothek in der Lage ist, einige türkische Jugendbücher anzuschaffen[11] etc. etc. Dies alles dadurch auszugleichen zu versuchen, dass man zweisprachige Segregationsschulen schafft, hiesse unserer Meinung nach: Wasser mit dem Sieb schöpfen.

- 112 -

Angesichts dieser Tatsachen orientieren wir uns an einem Schulmo-
dell, das weitgehend den Empfehlungen der KMK von 1971 entspricht, allerdings keineswegs der unvollkommenen und widerspruchs-
vollen Art und Weise, wie diese Empfehlungen bisher verwirklicht
worden sind. Wir meinen jedoch auch, dass dies Modell für einige
Modifikationen offen bleiben sollte. Als derzeit günstigste durchsetz-
bare Lösung sehen wir ein Modell etwa folgenden Zuschnitts:

x Die türkischen Schüler nehmen prinzipiell am normalen deutschen Unterricht der Regelklasse teil. Alle Schulstufen und
   Schultypen stehen ihnen offen (dies jedoch nicht nur formal,
   sondern aufgrund geeigneter Fördermassnahmen auch tatsächlich).

x Soweit erforderlich, werden der Eingliederung in normale deutsche Klassen Vorbereitungsklassen vorangestellt. In diesen
   Klassen wird ein intensiver, auf die Bedürfnisse der türkischen Schüler zugeschnittener und an die Regelklasse heran-
   führender Deutschunterricht von hierfür ausgebildeten Lehrern
   erteilt. Dieser Deutschunterricht bezieht die ausserschulisch
   erworbenen Deutschkenntnisse ein und befähigt andererseits
   die Schüler dazu, ihren ausserschulischen Zweitspracherwerb
   zu effektivieren. Hierzu dienen neben dem Sensibilisieren für
   zweitsprachliche Kommunikationssituationen auch die Vermittlung geeigneter Arbeitstechniken und die Information über die
   besonderen Lernschwierigkeiten, die sich aus dem ausgesprochen starken Kontrast des Türkischen mit dem Deutschen ergeben (vgl. hierzu unten 2.6.).

x Der muttersprachliche Fachunterricht, wie er zur Zeit in den
   Vorbereitungsklassen abgehalten wird, ist real auf die für die
   Regelklassen gültigen Lehrpläne und Richtlinien auszurichten.
   Er ist ausserdem wenigstens insoweit zweisprachig durchzu-
   führen, dass die benutzte Fachterminologie in beiden Sprachen
   gleichzeitig vermittelt wird. Nach und nach sollte Deutsch in
   diesem Unterricht als Medium zunehmen.

x Der muttersprachliche Unterricht für die türkischen Schüler
   deutscher Regelklassen muss inhaltlich und methodisch neu
   durchdacht werden. Es ist ein Unding, wenn zur Zeit versucht
   wird, einfach eine Kurzfassung des türkischen Lehrplans in
   Sozialkunde, Sprache und Literatur durchzuziehen. Ein solcher
   Unterricht ist für die beteiligten Schüler verständlicherweise
   weder motivierend, noch ist er geeignet, bei ihnen den Gebrauch der Muttersprache zu festigen und auszubauen.

x Es ist schliesslich zu überlegen, welche stützenden Massnahmen für die türkischen Schüler nach ihrer Übernahme in
   die deutsche Regelklasse notwendig sind. Es wäre z.B. zu
   prüfen, ob nicht an die Stelle der Teilnahme am normalen

Deutschunterricht für bestimmte Klassenstufen und einen bestimmten Zeitraum ein spezifischer Förderkurs in Deutsch treten sollte, der die Arbeit des Deutschunterrichts aus der Vorbereitungsklasse - nun aber unter neuen Umfeldbedingungen - fortsetzt. Gerade die erste Zeit in der deutschen Klasse sensibilisiert die Schüler offensichtlich in besonders hohem Masse für den Zweitsprachenerwerb, so dass gezielte Hilfsmassnahmen in diesem Zeitraum besonders erfolgversprechend sein könnten. [12)]

1.2.3. Folgerungen für unsere Fragestellungen.

Die hier angedeutete Entscheidung in Bezug auf das von uns befürwortete Beschulungsmodell half uns, den möglichen Adressatenkreis für unsere Forschungsergebnisse zu präzisieren: es sind in erster Linie alle jene Kollegen, die türkische Schüler in Vorbereitungsklassen, in deutschen Regelklassen und auch im heimatsprachlichen Zusatzunterricht betreuen, weiterhin auch alle die, die mit dazu beitragen können, dass die derzeitige schlechte Situation in Richtung auf die oben angedeuteten Verbesserungsvorschläge hin verändert wird. Diese Präzisierung reichte jedoch nicht aus, da sie einen sehr umfangreichen Komplex von Forschungsfragestellungen zulässt.

Wir hatten daher zusätzlich zu klären, welches zur Zeit im konkreten Falle der Beschulung türkischer Schüler die wichtigsten und zugleich ungeklärtesten Probleme sind. Wir kamen zu der Überzeugung, dass sie eindeutig im Bereich des Zweitsprachenerwerbs in der Vorbereitungsklasse und unmittelbar nach der Eingliederung in die deutsche Klasse liegen. Wir meinen dabei den Zweitsprachenerwerb im vollen Sinne des Wortes - also einschliesslich etwa der Fähigkeiten des sinnentnehmenden Lesens, des schriftlichen Ausdrucks, der Rechtschreibung sowie des Erwerbs der für den Fachunterricht notwendigen Fachwortschätze. Welche Probleme hier liegen, leuchtet unmittelbar ein, wenn man einerseits bedenkt, wie relativ wenig Englisch einem deutschen Hauptschüler innerhalb von fünf Jahren Englischunterricht zugemutet wird, und wenn man sich andererseits klar vor Augen hält, was es bedeutet, wenn ein türkischer Schüler nach spätestens zwei Jahren vor die Aufgabe gestellt wird, sich im deutschsprachigen Unterricht genau wie ein deutscher Schüler zu bewähren. Ausserdem handelt es sich ja hier nicht nur um rein quantitative Probleme, vielmehr muss man sich klarmachen, dass das Deutsche für einen Türken ganz andere Lernschwierigkeiten bereithält, als das Englische für einen Deutschen, und dass die Lernsituation des Zweitsprachenerwerbs in einer zweisprachigen Umwelt zwar wohl motivierender und anregender ist, als die des Fremdsprachenlernens in einer einsprachigen Umwelt - zugleich

aber auch erheblich verwirrender,

Wir haben deshalb als eine zentrale Fragestellung die folgende ausgewählt:

   x Wie kann der Deutschunterricht, der an die gleichberechtig-
      te Teilnahme am Unterricht der Regelklasse heranführen soll,
      effektiviert werden, und zwar im Fall von türkischen Schülern
      mit jeweils spezifischen Hintergrundbedingungen und einem
      jeweils spezifischen mitgebrachten Kenntnisstand.

Von hier aus motivierte sich unsere Frage nach der beobachtbaren
Veränderung der Deutschkenntnisse der Schüler und nach dem Einfluss bestimmter unterrichtlicher Massnahmen auf diese Veränderung.

Da die Schüler in den Unterricht neben ihrer Muttersprache eine
Art Pidgin-Deutsch mitbringen, das sich teilweise aus der Differenz
zwischen ihren Deutschkenntnissen und ihrem Kommunikationsbe-
dürfnis, und teilweise aus der Übernahme von Sprachformen ihrer
Väter erklärt, besteht der Deutschunterricht nicht nur in der Vermittlung richtiger Ausdrucksweisen, sondern sehr breit auch im Abbau
von Fehlern. Dabei resultiert ein einziger richtig vollzogener Lernschritt noch nicht unbedingt in einer richtigen Ausdrucksweise, wohl
aber in dem Übergang von einem schwereren Fehler zu einem leich-
teren. Es wird daher erforderlich, fehlerhafte Ausdrucksweisen unter diesem Gesichtspunkt einzuschätzen. Ebenso wichtig ist es,
festzustellen, welchen Einfluss auf den Lernprozess die Muttersprache hat. All dies ist aber nicht möglich, wenn man eine rein quantitative Untersuchung anstellt. (Für eine sinnvolle Quantifizierung,
die eine begründete Gewichtung von Fehlern einschliesst, fehlt in
der augenblicklichen Situation überhaupt die Grundlage - sie muss
erst durch qualitativ orientierte Untersuchungen geschaffen werden.)
Dies - wie auch die Frage nach dem Zusammenhang von Übungs-
form und Übungsinhalt - führte uns dazu, die sprachliche Seite
unserer Fragestellung stark qualitativ zu akzentuieren:

   x Welche Eigenschaften des Deutschen sind - in welcher
      Reihenfolge und mithilfe welcher Übungsformen - gün-
      stig vermittelbar? Welche Eigenschaften des Türkischen
      wirken auf diesen Lernprozess ein? Welche Vorgaben aus
      dem ausserschulischen Lernprozess sind jeweils wirksam?

Diese Fragestellung impliziert als Teilfragen der Sachanalyse:

   x Genaue Analyse der zu vermittelnden Eigenschaften des
      Deutschen und der Beziehungen zwischen ihnen,

   x Konfrontierung dieser Eigenschaften mit ihren Entspre-
      chungen im Türkischen - Feststellen von Übereinstimmun-
      gen und Kontrasten,

x Feststellen des von den Schülern jeweils schon erreichten
   Standes. Unterscheiden zwischen Richtigem und Falschem,
   bei den Fehlern zwischen Interferenz, Reduktion, falscher
   Systematisierung innerhalb der Zielsprache u.a.m.

Nur im ständigen Zusammenspiel der Bearbeitung dieser Sachfra-
gen einerseits, und der Auswahl, Anordnung und unterrichtlichen
Umsetzung der fraglichen Eigenschaften der Zweitsprache andererseits ist es möglich, die beim unterrichtlich gesteuerten Lernprozess auftretenden Probleme einigermassen realistisch zu analysieren.

Praktisch sind wir so vorgegangen, dass wir eine Lernergruppe (ca.
3o Hauptschüler) über ein halbes Jahr mit regelmässig 4 Wochenstunden unterrichtet haben. Gleichzeitig haben wir Daten zur Deutsch-
produktion einer weit grösseren - und auch inhomogenen - Anzahl
türkischer Schüler erhoben, um so die im Unterricht beobachteten
Phänomene richtig einordnen zu können. Unser Projekt wird daher
über die Analyse des Materials aus unserem Unterricht hinaus eine Reihe von Ergebnissen bringen, an denen sich Gemeinsamkeiten
und Unterschiede des Deutscherwerbs türkischer Schüler in der Bundesrepublik ablesen lassen. Dabei versuchen wir, die Unterschiede auf folgendem Hintergrund zu reflektieren:

x Alter und Geschlecht
x Aufenthaltsgeschichte
x Sozialdaten der Familie
x Erziehungsverhalten der Eltern
x ev. Schulbesuch in der Türkei
x Schulgeschichte in der Bundesrepublik

Selbstverständlich konnten wir im Rahmen unseres Projekts nicht
den gesamten Bereich des Deutscherwerbs auf diese Weise abdecken.
Deshalb haben wir unsere Aufmerksamkeit auf bestimmte Teilbereiche konzentriert. Die Auswahl dieser Teilbereiche hing einmal mit
unserer generellen Einschätzung der Situation, dann aber auch mit
der speziellen Situation der von uns unterrichteten Lernergruppe zusammen. Wir wählten:

a) aus dem Bereich der Grammatik:

   den Aufbau des einfachen Satzes (einschliesslich derjenigen
   morphologischen Fragen, die zum Verstehen und Sich-Verständ-
   lich-Machen in einfachen Sätzen unumgehbar wichtig sind),

b) aus dem Bereich der Realisierungsformen:

   die Rechtschreibung des Deutschen (auf Fragen der Lautung insoweit bezogen, als diese in die Rechtschreibprobleme der Schü-

ler offensichtlich eingehen; im gleichen Masse wurde auch die
türkische Rechtschreibung der Schüler mit berücksichtigt, die
auf ihre deutsche Othographie keineswegs ohne Auswirkung zu
sein scheint.)

Zu diesen beiden Bereichen haben wir mit unserer Lernergruppe systematisch gearbeitet. Weniger umfassend konnten wir uns im Rahmen
des laufenden Projektes mit den erheblich umfangreicheren und sehr
zentralen Fragen der Wortschatzvermittlung und der Erforschung des
für die Eingliederung in die deutsche Klasse unbedingt erforderlichen
Wortschatzminimums (Integrationswortschatz) beschäftigen. Wir
konnten jedoch zu diesem Bereich eine Reihe von Beobachtungen
und Überlegungen anstellen, und hoffen, ihn in einem Folgeprojekt
intensiv untersuchen zu können.

Die Auswahl gerade der deutschen Rechtschreibung bedarf an dieser Stelle vermutlich einer Rechtfertigung. Im Rahmen der Fremdsprachendidaktik sieht man durchweg die Rolle der geschriebenen
Sprache als sekundär gegenüber der gesprochenen Sprache. Wieso
dann in unserem Falle die besondere Aufmerksamkeit gerade für
Fragen der Orthographie des Deutschen? Zur Antwort hierauf kurz
folgende Bemerkungen:

x Einmal ist das Schriftbild der zu erlernenden Fremdsprache
nicht unwichtig. Erst indem der Schüler Lautgestalt und Schriftbild eines erlernten Wortes aufeinander beziehen lernt, bekommt
er wirklich volle Verfügung über dieses Wort. So erleichtert
ihm die feste Koppelung von Lautgestalt und Schriftbild das Wiedererkennen des Wortes im Redefluss, weil es ihm durch das
Schriftbild greifbarer, festhaltbarer, objektivierbarer geworden
ist.

x Diese Eigenschaft der schriftlichen Seite der Sprache, die Ob-
jektivierbarkeit und Verfügungsmöglichkeit über diese Sprache
zu erhöhen, wird nun besonders wichtig im Falle von Lernern,
die sich ständig einem - sie in ihren Fähigkeiten weit überfor-
dernden - Redefluss in der zu erlernenden Sprache gegenüber-
sehen. Einem Redefluss noch dazu, den sie in vielen Fällen
einfach deshalb nicht ignorieren können, weil er unmittelbar
auf sie gerichtet ist.

x Bekanntschaft mit den wesentlichsten Regelmässigkeiten der
Rechtschreibung der Zweitsprache kann ausserdem zur Aktivierung des ausserschulischen Lernprozesses beitragen, da die
Schüler so besser auf den Umgang mit Schriftlichem in ihrer
Umwelt (Aufschriften, Beschriftungen von Waren etc.) vorbereitet sind. Sie verstärkt auch die Möglichkeit der Lektüre einfacher Texte.

x Die Aussprache des Deutschen macht den türkischen Schülern
relativ geringe Schwierigkeiten - im Vergleich etwa mit griechischen Schülern (ganz im Gegensatz zu einer verbreiteten Auffassung, wie sie sich etwa bei J.G.HANSEN (1974) S. 53 findet [13]).

Schwierig sind für türkische Schüler unter dem Aspekt der Laut-
bildung und Unterscheidung lediglich ein Teil unserer Vokale,
die Affrikaten pf und z (=ts), unser r sowie einer der beiden
deutschen ch-Laute, nämlich der palatale (ç in der Lautschrift).
Erstaunlich schnell werden in der Aussprache die deutschen Konsonantenverbindungen gelernt, die im Türkischen keine Entsprechung haben. Zwar wird zunächst oft ein Sprossvokal eingeschoben, dieser verschwindet - jedenfalls in der Aussprache - aber
bald.

Eine Reihe von hierüber hinausgehenden Schwierigkeiten ergeben
sich daraus, dass die systematischen Bezüge zwischen den
deutschen Lauten z.t. erheblich anders gelagert sind, als im
Türkischen. Diese Schwierigkeiten müssen jedoch ohnehin im
Zusammenhang mit der Morphologie gesehen werden.

x Problematisch ist demgegenüber die Tatsache, dass türkische
Schüler zur Zeit deutsche Wörter schreiben lernen, ohne einen
aufklärenden Rechtschreibunterricht zu erhalten. Weder werden
die Besonderheiten der deutschen Rechtschreibung systematisch
erklärt, noch die typischen Unterschiede zur türkischen Schreibweise.

Dies wirkt sich insbesondere deswegen verheerend aus, weil die
Schüler intuitiv von der Annahme einer eins-zu-eins-Beziehung
zwischen Laut und Buchstabe ausgehen. Hierzu verleitet einmal
das Grundprinzip der Buchstabenschrift - im Buchstaben wird
das Lautsegment ja überhaupt erst fassbar. Hinzu kommt, dass
die türkische Rechtschreibung sehr viel mehr vom phonematischen
Prinzip ausgeht, als die deutsche - so wird die Auslautverhärtung
z.B. im Türkischen von der Rechtschreibung mitvollzogen, unbeschadet dessen, dass die Wörter auf diese Weise zwei unterschiedliche Formen annehmen (z.B. kitap "das Buch", kitabım
"mein Buch".)
Hinzu kommt ausserdem, dass der Muttersprachunterricht auf
Fragen der Rechtschreibung nur marginal eingeht - jedenfalls
in den von uns beobachteten Fällen. Auch hierdurch wird das
Vorverständnis der Schüler bestärkt, als brauchten sie das Deutsche einfach nur so hinzuschreiben, wie sie es hören - und als
müssten sie es beim Lesen so aussprechen, wie sie meinen,
dass die jeweiligen Buchstaben auszusprechen sind.

x Die Folge für den Deutschunterricht ist eine umfassende Verwirrung. Einmal werden die Kinder effektiv daran gehindert, die
schriftliche Form des Deutschen mit der ihnen bekannten Laut-

form richtig zu identifizieren.

Zum anderen erscheinen die simpelsten deutschen Wörter bei den türkischen Schülern in einer Rechtschreibung, die die deutschen Lehrer ziemlich abenteuerlich anmuten muss, da sie sich ihre Ursachen nicht erklären können. So erscheint etwa der Satz: "Mein Freund ist leider krank" als:

> Baine koleygen kırankın layde
> nayne Foroyun βt layda kırang

Auf die Dauer entstehen hieraus für einen Teil der Schüler eingefleischte Rechtschreibfehler mit ziemlich verwickelten Voraussetzungen. So schreiben manche Schüler gechen, gecht, obwohl sie keinen ch-Laut sprechen. Der Grund hierfür ist, dass sie beim Lesen die Form geht bemerkt haben, dass im Türkischen h im Kontext V__C (im Gegensatz zu anderen Positionen) als /x/ bzw. /ç/ gesprochen wird, und dass die Schüler an anderer Stelle bemerkt haben, dass der /x, ç/-Laut im Deutschen als ch__ geschrieben wird. Hieraus haben sie selbständig den Schluss gezogen, man müsse gecht schreiben. Dies übertragen sie dann auf gehen, wo ein entsprechender Grund nicht vorliegt, und schreiben ebenfalls auch gechen.

Auch morphologische Probleme werden durch unvollkommene Rechtschreibkenntnisse zum Teil sehr stark beeinflusst. So führt die Verwechslung der beiden - vom türkischen Standpunkt aus uneinsehbaren - Schreibungen ie und ei zu einem heillosen Durcheinander in Fällen wie:

schreiben	bleiben	heissen
schreibt	bleibt	heisst
schrieb	blieb	hiess
geschrieben	geblieben	gehiessen
schreib!	bleib!	

x Bedenkt man ausserdem noch, welche zentrale Rolle schriftliche Leistungen im Deutschen von dem Augenblick des Übergangs in die deutsche Klasse an haben - denn hier wird Deutsch dann als "Muttersprache" der türkischen Schüler gewertet, was übrigens auch der Situation in Lehre und Berufsschule entspricht - so ist einsichtig, dass man die Bedeutung der Rechtschreibung für diese Schüler auf keinen Fall niedrig ansetzen darf.

Tatsächlich ist auch immer wieder zu beobachten, wie die Nichtübernahme türkischer Schüler in die deutschen Regelklassen - im Falle von Schülern, die seit Jahren die Vorbereitungsklasse besuchen und fliessend Deutsch sprechen - unter anderem mit ihrer Rechtschreibung begründet wird. (Dies ist natürlich makaber, wenn man auf der anderen Seite keinen systematischen Rechtschreibunterricht in der Vorbereitungsklasse beobachten kann.)

Wir meinen, mit diesen Bemerkungen die Auswahl der deutschen
Rechtschreibung türkischer Schüler als Untersuchungsbereich genügend begründet zu haben, möchten aber abschliessend bemerken,
dass die bevorzugte Behandlung von Grammatik und Rechtschreibung
in unserem derzeitigen Projekt keineswegs bedeutet, dass Fragen
des Wortschatzes eine geringere Bedeutung zukäme. Ganz im Gegenteil: will man die gleichberechtigte Eingliederung der türkischen
Schüler in das deutsche Schulsystem tatsächlich auch nur ansatzweise leisten, so ist dies ganz sicher in erster Linie eine Frage
der gezielten und effektiven Wortschatzvermittlung. Jedoch erfordert
die Hypothesenbildung zu diesem Bereich umfangreiche Vorarbeiten,
so dass wir uns zunächst auf grammatische und orthographische
Fragen konzentriert haben. Wir meinen allerdings auch, dass diese
Fragen z.T. mit in den Problemkreis der Wortschatzvermittlung hin-
einwirken.

1.2.4. Weitere Fragestellungen.

Neben den im vorigen Abschnitt angedeuteten Untersuchungsbereichen
blieben für unser Projekt zwei weitere Fragenkomplexe.

Einmal versuchten wir weiterhin, die im Erstantrag skizzierten Fragestellungen zu bearbeiten. Hierbei arbeiten wir mit einer Probandengruppe, die erheblich inhomogener ist, als die Lernergruppe, die von
uns unterrichtet wurde. Sie ist jedoch sicher nicht repräsentativ im
statistischen Sinne - und sie kann es auch gar nicht sein. Denn einmal fehlen uns Angaben über die Zahl der Kinder, die der Schulpflicht entzogen werden. Zum anderen sind die Schulstatistiken aufgrund der starken Fluktuation stets veraltet, und schliesslich ist die
Frage der Repräsentativität ja auch eine Frage der ausgewählten Kriterien - und damit der Hypothesen - mit denen man an die Zusam-
menstellung der Probandengruppe herangeht. Trotz dieser Probleme
meinen wir, eine Reihe interessanter Unterschiede aufdecken und
auch einiges über den Zusammenhang mit den Hintergrunddaten feststellen zu können.

Zum anderen halten wir es auch für sehr wichtig, die in unserem
Beobachtungsfeld impliziten Probleme und Fragestellungen herauszuarbeiten, sichtbar zu machen und Einschätzungen zu ihrer Gewichtung vorzunehmen - und zwar auch da, wo diese Probleme nicht
unmittelbar mit unseren Projektzielen zu tun haben. Dies deshalb,
weil wir uns im Bereich der Didaktik für Gastarbeiterkinder noch in
einem Stadium befinden, wo die Hypothesenbildung breit vorange-
trieben werden muss, weil sonst eine Orientierung im Problemfeld
schwer möglich ist. So besteht zur Zeit noch sehr stark die Gefahr, dass einzelne, ansich richtige Beobachtungen und Feststellungen in einer Art und Weise verallgemeinert und in Ursachenbehaup-
tungen eingepasst werden, die zu gefährlichen Irrwegen führen kann.

1.3. Zu den Voraussetzungen der ursprünglichen Fragestellung.

Wie bereits eingangs erwähnt, spielte bei der Verschiebung unserer Fragestellung neben der intensiven Auseinandersetzung mit der Schulwirklichkeit ebenfalls die Auseinandersetzung mit den theoretischen Vorgaben unseres Projekts sowie mit den Ergebnissen des parallel laufenden Jugoslawenprojekts eine Rolle. Ohne hier auf die Einzelheiten einzugehen, möchten wir zwei wesentliche Punkte kurz anschneiden.

1.3.1. Intra-Gruppen-Bilinguismus und Spracherhaltung.

Die zentrale Fragestellung des Erstantrags betrifft den Intra-Gruppen-Bilinguismus türkischer Schüler - also die Frage, welche Rolle in ihrer Kommunikation mit anderen Türken einmal das Türkische, zum anderen das Deutsche spielt, und zwar in qualitativer wie auch in quantitativer Hinsicht:

"Umfang des deutsch-türkischen Intra-Gruppen-Bilinguismus, Faktoren der Sprachenwahl, Einfluss des deutschen und des türkischen Sprachunterrichts, Auseinanderhalten und Vermischung von Deutsch und Türkisch; Inbeziehungsetzung der gewonnenen Daten zu Alter und Verweildauer der Schüler."

(Erstantrag, Punkt 2.2.)

Worauf zielt diese besondere Betonung des Intra-Gruppen-Bilinguismus ab?

Um diese Frage beantworten zu können, muss man sich zunächst einmal klarmachen, dass für die Kommunikation mit anderen als Türken kaum eine andere Sprache als Deutsch ernsthaft in Betracht kommt. Relativ freie Sprachenwahl besteht also nur im Falle der Intra-Gruppen-Kommunikation. Also ist dies der Bereich, der für die Spracherhaltung bzw. den Sprachverlust am sensitivsten ist. Je grösser und bedeutender das Bündel von Themen und Situationen ist, bei denen die Kinder im Intra-Gruppen-Kontakt noch die Muttersprache benutzen, um so grösser ist die Wahrscheinlichkeit, dass ihre Muttersprache (und damit ihre Zweisprachigkeit) noch für längere Zeit erhalten bleibt.

Nun gibt es eine ganze Reihe guter Gründe, die Erhaltung der Zweisprachigkeit der Kinder ausländischer Arbeiter zu befürworten. Diese Gründe reichen von der Frage, was bei einer plötzlichen Rückkehr in die Heimat wird, bis hin zu der Auffassung, dass die Anwesenheit von Menschen, die zwar Deutsch sprechen und verstehen, aber zugleich noch lebendigen Anteil an der Kultur ihrer Heimat haben, eine Bereicherung unseres kulturellen Lebens sein könnten. Stellt man daher bei einer grossen Zahl von Probanden weitgehenden Verlust der Muttersprache - oder weitgehenden Verzicht auf ihren Gebrauch

- fest - und dies scheint sich für einen grossen Teil der jugoslawischen Schüler abzuzeichnen und trifft nach unserer Beobachtung auch für viele griechische Schüler zu - so ist dies sicher Grund genug, um nach Abhilfe zu suchen.

Es ist jedoch eine zweite Frage, wo und wie solche Abhilfe zu suchen ist. Der Verlust der Muttersprache beruht unserer Meinung nach nicht in erster Linie auf der Schulsituation der Kinder. Er lässt sich bei einem Teil der Kinder bereits im Vorschulalter beobachten. Der eigentliche Grund liegt in der generellen, gesamtgesellschaftlichen Vernachlässigung und niedrigen Bewertung der Kultur und Sprache der Gastarbeiternationen.

Die Koppelung der Frage nach dem Erhalt des Intra-Gruppen-Bilinguismus mit der Frage nach Art und Ziel der Beschulung der Gastarbeiterkinder ist daher problematisch. Wenn man z.B. feststellt, dass diejenigen Kinder, die in Vorbereitungsklassen beschult werden (obgleich sie vielleicht seit mehr als 5 Jahren in der Bundesrepublik leben!) in Intragruppen-Kommunikation häufiger ihre Muttersprache benutzen, als solche Kinder, die in normalen deutschen Regelklassen beschult werden, so kann dies zu dem Fehlschluss verleiten, als würde die Beschulung in segregierten Schulen den Sprachverlust effektiv aufhalten können. Man muss jedoch die zusätzliche Frage stellen, wie es denn mit den gleichen Kindern aussieht, wenn sie die Schule verlassen haben und seit einigen Jahren im Berufsleben stehen.

Unserer Meinung nach kann die Schule allein den Sprachverlust nur begrenzt aufhalten. Wenn z.B. beobachtet wird, dass ein beträchtlicher Teil der Kinder, die in deutschen Regelklassen lernen, den heimatsprachlichen Nachmittagsunterricht nicht besuchen, so mag dies zum Teil daran liegen, dass er aus zeitlichen und räumlichen Gründen nicht zu erreichen ist, dass er bei der Versetzung eine zu geringe - bzw. gar keine - Rolle spielt, dass die Unterrichtsformen und Inhalte wenig anziehend sind und dass die Eltern über Stattfinden, Ort und Zeit dieses Unterrichts von den deutschen Lehrern nicht informiert werden. Zum anderen Teil liegt es aber auch sicher daran, dass die Gesamtsituation vielen Eltern und ihren Kindern den Erhalt und die Festigung der Muttersprache als wenig belangvoll erscheinen lässt. Stellt man ein rapides Abnehmen der Benutzung der Muttersprache in Intra-Gruppen-Kommunikation fest, so ist dies sicher ein Warnsignal. Aber dies Warnsignal dadurch beantworten zu wollen, dass man die ausländischen Kinder Segregationsschulen zuweist, wäre wenig sinnvoll. Weder würde man auf diese Weise das angestrebte Ziel erreichen, noch würde sich diese Massnahme in Richtung auf Chancengleichheit und grösseres Verständnis zwischen der einheimischen Mehrheit und den Minderheiten hin auswirken. Gerade der verhängnisvolle Fehlschluss, notfalls Segregationsschulen einzuführen, wird aber durch die Kop-

pelung der Frage nach dem Intra-Gruppen-Bilinguismus mit der Frage nach der Art der Beschulung nahegelegt.

Darüber hinaus bleibt zu bemerken, dass die reine Ist-Beschreibung des Intra-Gruppen-Linguismus als Steuerungsfaktor für die Unterrichtsplanung sowieso fragwürdig ist. Vergleichen wir die türkischen Schüler mit den griechischen und jugoslawischen, so stellen wir fest, dass bei den türkischen Schülern die Muttersprache im ganzen genommen eine grössere Rolle spielt. Soll dies nun dahingehend interpretiert werden, dass im Fall der türkischen Schüler im Muttersprachunterricht die grössten Erfolge erzielt werden und dass hier am wenigsten getan zu werden braucht, weil hier ja die Verhältnisse noch am besten liegen? Oder ganz allgemein: soll über Inhalte, Formen und Stellung des muttersprachlichen Unterrichts immer dann erst nachgedacht werden, wenn der Muttersprachverlust sich erst deutlich abzeichnet? Diese Frage ist wohl eindeutig negativ zu beantworten. Wir sind daher zu der Auffassung gekommen, dass die Feststellung des Intra-Gruppen-Bilinguismus zwar eine wissenschaftlich durchaus relevante Fragestellung ist - etwa im Zusammenhang der allgemeineren Frage nach der Entwicklung der Mehrsprachigkeit in der Bundesrepublik - dass es aber vom Standpunkt der Didaktik aus Fragen von erheblich grösserer unmittelbarer Bedeutung gibt.

1.3.2. Zur Frage der Lernzielbestimmung.

Eine weitere Problematik liegt in der Art, wie im Erstantrag die Untersuchungsziele auf die Gestaltung des Sprachunterrichts bezogen wurden:

"Aufgrund dieser Beschreibung lassen sich dann die jeweiligen Sprachen in den für sie typischen Situationen präsentieren, Sprachdeformationen je nach didaktischer Intention realistisch in den Sprachlernprozess integrieren oder korrigieren in Richtung auf die Normvariante, Übersetzung und Switching in typischen Situationen trainieren und schliesslich die Auswahl von Sprachmaterial und Lernergruppe koordinieren."

(Erstantrag, Punkt 2.3.)

Wir halten es für nötig, diesen Ansatz zu hinterfragen, weil er ganz bestimmte Gefahren enthält. So würde es sicher auf eine Fehlorientierung im Bereich der Lernzielplanung hinauslaufen, wenn man die beiden beteiligten Sprachen nur in den Situationen präsentieren wollte, in denen sie in der Kommunikation der Schüler ohnehin vorkommen. Es muss der Schule ja im Gegenteil darum gehen, die sprachlichen Fähigkeiten der Schüler - nach Möglichkeit in beiden Sprachen - möglichst breit zu entwickeln. Das gleiche Problem ist in der Formulierung "die Auswahl von Sprachmaterial und

und Lernergruppe koordinieren" enthalten. Auch die Formulierung
"Sprachdeformationen realistisch in den Lernprozess integrieren"
ist zu unbestimmt, um nicht gewisse didaktische Gefahren mitzu-
benennen. Kann man hierunter nicht auch verstehen, dass das jeweils beobachtete Pidgin durch den Unterricht gefestigt, oder dass
in erster Linie der jeweilige örtliche Dialekt als Zielvariante auf
der deutschen Seite des Bilinguismus eingeschliffen werden soll?

Diese Gefahren sind uns überdeutlich geworden, nachdem heute
eine verbreitete Tendenz zu beobachten ist, das Verhältnis zwischen unterrichtlich nicht gesteuerter und unterrichtlich gesteuerter
Entwicklung so zu sehen, als habe der Unterricht eigentlich nur
die Aufgabe, das auch ohne Unterricht schliesslich eintretende Ergebnis schneller und effektiver herbeizuführen. Zum Teil scheint
sich dieses Missverständnis der Lernzielproblematik zu überlagern
mit einer Auffassung, die schon im Erwerb der deutschen Schrift-
sprache und der ihr entsprechenden Sprechweise eine "Anpassung"
der ausländischen Arbeiter - bzw. ihrer Kinder - (im negativen
Sinne dieses Wortes) sieht. [14]

Trotz dieser impliziten Gefahren scheint uns jedoch die Grundinten-
tion richtig, den tatsächlichen Sprachgebrauch der Schüler in die
Unterrichtsplanung einzubeziehen. In der Praxis wird es darauf hin-
auskommen, dass man die richtige Balance zwischen den Vorerwar-
tungen und augenblicklichen Bedürfnissen der Schüler einerseits,
und den hiervon einigermassen unabhängigen Lernzielen andererseits
findet. Man darf aber natürlich auch nicht übersehen, dass ein
effektiver Deutschunterricht den Sprachgebrauch der Schüler grund-
legend ändern kann, so dass man die Ergebnisse einer Untersuchung
zum Sprachgebrauch der Kinder nicht allzu starr in die weitere Planung einarbeiten darf. Schliesslich darf man auch das Argument
nicht übersehen, dass der normale Fremdsprachenunterricht überhaupt
nicht auf einen alltäglichen Gebrauch der Fremdsprache durch die
betroffenen Schüler zurückgreifen kann, und dass er dennoch mit
einigem Erfolg stattfindet und auch durchaus sinnvoll ist. Dies Argument ist vielleicht geeignet, einer Verabsolutierung dessen, was
"ohnehin" (d.h. ohne unterrichtliche Steuerung) schon geschieht,
vorzubeugen.

2. Zu einigen Grundfragen.

Die Modifizierung der Projektfragestellung, wie sie in Abschnitt 1
beschrieben ist, machte die intensive Auseinandersetzung mit einer
Reihe von Fragen aus dem Bereich der Fremdsprachendidaktik, der
Sprachpsychologie, der Lerntheorie und auch der Linguistik erforderlich. Zum Teil ist diese Auseinandersetzung an zwei Veröffentlichungen in den "Materialien zum Projektbereich 'Ausländische Arbeiter'"
der AGG ablesbar15). Im folgenden soll nur jeweils kurz auf die
Punkte eingegangen werden, die möglicherweise kontrovers sind.

2.1. Didaktik des Fremdsprachenunterrichts vs. Didaktik des Deutschunterrichts für Gastarbeiterkinder (Zweitsprachenerwerb).

Es ist offensichtlich, dass der Deutschunterricht für Gastarbeiterkinder didaktisch nicht mit dem Deutschunterricht für deutsche
Kinder gleichgesetzt werden darf. Es liegt daher nahe, diesen Unterricht der allgemeineren Kategorie "Fremdsprachenunterricht" zuzu-
ordnen. Dies geschieht implizit z.B. dort, wo ein Rektor prinzipiell
Englischlehrer für den Deutschunterricht in Vorbereitungsklassen
einsetzt. Unserer Meinung nach ist diese Zuordnung jedoch auch
nicht unbedenklich.

Man muss hier zunächst einmal bedenken, dass innehalb der Gesamtheit etwa der türkischen Kinder alle möglichen Stufen der Beherrschung des Deutschen auftreten - bis hin zum Gymnasiasten,
der ohne besondere Probleme am "Muttersprachunterricht" des Gym-
nasiums teilnimmt. Ganz sicher wird man einen solchen Fall nicht
mehr unter "Fremdsprachenunterricht" subsumieren können. Wo ist
aber dann die Grenze zu setzen?

Sicher wäre es willkürlich und gefährlich, diese Grenze zwischen
der Vorbereitungsklasse und der deutschen Regelklasse zu ziehen.
Ob ein Kind am Unterricht der Vorbereitungsklasse oder der Regelklasse teilnimmt, ist unter den gegenwärtigen Bedingungen nicht
nur eine Frage von Leistung und Aufenthaltsdauer, sondern bis zu
einem gewissen Grade dem Zufall überlassen. Ausserdem ist es
ja gerade eine offene Frage, welcher Teil des Deutscherwerbs in
der Vorbereitungsklasse, und welcher in der Regelklasse vollzogen
werden sollte. Von der Beantwortung dieser Frage hängt es unter
anderem ab, ob für die erste Zeit in der Regelklasse der Deutschunterricht in Form eines besonderen Kurses gegeben werden sollte.
Und auch wenn der Schüler oberflächlich voll eingegliedert ist,
steht er dem Deutschunterricht nicht völlig in der gleichen Weise
gegenüber, wie ein gleichaltriges deutsches Kind.

Die Unterschiede zur Situation des Fremdsprachenunterrichts beschränken sich aber nicht darauf, dass wir hier Schüler mit den verschiedensten Graden der Beherrschung des Unterrichtsgegenstandes vor uns haben. Sie liegen vielmehr wesentlich in folgenden Punkten:

x Es handelt sich um den Erwerb einer Sprache, mit der die Kinder tagtäglich ausserhalb der Schule - in Form des Fernsehens sogar im Elternhaus - mehr oder weniger intensiv konfrontiert sind. Unabhängig von den Lernziel-Setzungen der Schule stehen die Kinder ständig unter dem Zwang, sich in dieser Sprache zu verständigen. Dieser Zwang wird durch die ghettoartige Wohnsituation zum Teil abgeschwächt, aber nicht aufgehoben. Er produziert bei den Schülern einerseits ein Vorwissen, dass sehr unterschiedlich und für den Lehrer oder Lehrbuchmacher nur in sehr groben Zügen voraussehbar ist. Er sorgt andererseits dafür, dass sich die Kinder vereinfachte Ausdrucksformen zurechtmachen und durch den Gebrauch einschleifen, wo ihnen die komplizierten Standardformen noch nicht zugänglich sind.

x Aus der Tatsache, dass die zu erlernende Sprache für den Schüler in erster Linie nicht Unterrichtsgegenstand, sondern Verständigungsmittel ist, resultiert zwar einerseits eine relativ günstige Motivationssituation, andererseits aber auch das Problem, dass die Haltungen des Schülers zu dieser Sprache erheblich schwerer unterrichtlich zu steuern sind, als im Fall der Fremdsprachenvermittlung. Um dies zu verstehen, muss man sich den ungefähren Verlauf des ausserunterrichtlichen Lernprozesses klar machen, der in einer Pidgin-Form des Deutschen resultiert. Hier gibt es ungefähr folgende Stufen:

(a) Das Kind ist einer Folge von Situationen ausgesetzt, in denen eine Sprache vorkommt - und zentral wichtig ist - die es nicht versteht. Es nimmt jedoch Personen, Gegenstände und Vorgänge wahr und interpretiert diese aufgrund seines eigenen Vorwissens. Auch ohne geringste Kenntnisse der gehörten Sprache versteht es die Situationen teilweise - oder glaubt sie jedenfalls zu verstehen.

(b) Mit der Zeit werden bestimmte Wörter unterscheidbar, und zwar insbesondere solche, die erkennbar auf sichtbare Gegenstände und Vorgänge bezogen sind. Sie werden aber noch häufig mit anderen verwechselt. Bestimmte, häufige und lautlich einfache Wörter prägen sich auch ein, ohne dass ihnen irgend eine bestimmte Bedeutung zugeordnet wäre. Aufgrund der Situationsmerkmale zusammen mit der Häufung scheinbar bekannter Wörter ("Catchwords") wird herausgefunden, was der Gesprächspartner gemeint haben kann.

(c) Das Kind beginnt zugleich im aktiven Gebrauch seine Gestik durch die Verwendung der bereits gelernten Wörter zu
unterstützen. Die Wortfolge reflektiert dabei bis zum gewissen Grade die Grammatik der Muttersprache.

(d) Das Kind entwickelt nach und nach eine selektive Wahrneh-
mungshaltung: die Aufmerksamkeit richtet sich hauptsächlich darauf, im gehörten Redefluss bekannte Wörter zu entdecken. Unbekanntes - und Bekanntes, dessen Funktion unklar ist - wird ausgeschieden. Hiervon wird besonders der
Strukturwortschatz betroffen, aber auch Präfixe und Suffixe,
die dem Stamm eine andere Bedeutung geben.

(e) Im aktiven Sprachgebrauch, wo das Kind ständig vor der
Aufgabe steht, Zusammenhänge zu verbalisieren, für die
die Gestik nicht ausreicht, und für deren Verbalisierung die
grammatischen und lexikalischen Mittel im Deutschen noch
nicht zur Verfügung stehen, entwickelt das Kind nach und
nach eine Reihe von - zum Teil recht komplizierten- Ausdrucksweisen, die man dann als "Grammatik" der jeweiligen
Pidgin-Form auffassen kann. Es bleibt aber immer ein ge-
wisses Bewusstsein der Inadäquatheit dieser Ausdrucksformen vorhanden, und sie sind auch keineswegs so gefestigt,
wie die Grammatik einer Erstsprache.

Dieser Prozess scheint insbesondere bei den Kindern so abzu-
laufen, die im frühkindlichen Alter nicht oder nur wenig einer
deutschsprachigen Umwelt ausgesetzt waren.
Gehen wir von dem hier skizzierten Bild des ausserschulischen
Zweitspracherwerbs aus, so ist es klar, dass diese Schüler eine Reihe von Haltungen zu der zu erlernenden Sprache in den
Unterricht mitbringen, die sich als ausserordentlich hinderlich
erweisen können. Die negativen Auswirkungen dieser Situation
lassen sich effektiv wahrscheinlich nur abbauen, indem die
Schüler die deutsche Sprache als Objekt, als Lerngegenstand
zu sehen lernen. Das Element des Objektivierens und Betrach-
tens scheint hier erheblich wichtiger zu sein, als im üblichen
Fremdsprachenunterricht, aus dem es die "direkte Methode" ja
sogar völlig hat verbannen wollen. Die Chance dieser Problematik liegt darin, dass der Deutschunterricht das ausländische
Kind mit Gesichtspunkten ausrüsten kann, die ihm nun wieder
helfen, seinen ausserschulischen Deutschkontakt aktiver und
besser zum Zweitsprachenerwerb zu nutzen.

x Ein weiterer entscheidender Unterschied besteht auf der Seite
der Lernziele. Während der deutsche Schüler etwa im Englischunterricht nur einen gewissen Ausschnitt aus der englischen
Sprache lernen soll, und hier wiederum die Anforderungen an
sein aktives Sprachkönnen niedriger sind, als die an sein Sprach-

verstehen, soll der ausländische Schüler vom Anspruch der
Erlasse her das Deutsche soweit (aktiv und passiv) beherrschen lernen, dass er einem deutschen Schüler gleichkommt.
Und selbst wenn wir von dieser extrem hohen Forderung abgehen
würden - was auch nicht unproblematisch ist - so bleibt doch
mindestens die Notwendigkeit, dass er das Deutsche soweit
erlernt, dass er dem in deutscher Sprache gehaltenen Unterricht
ohne grosse Anstrengung folgen und sich - mündlich wie auch
schriftlich - in leicht verständlicher Form ausdrücken kann.

Hinzu kommt, dass diese hohen Lernziele in kürzester Zeit
erreicht werden müssen, weil sonst das Konzept der Eingliederung ins deutsche Schulsystem von vorn herein zum Scheitern verurteilt wäre. Die relativ niedrigeren Lernziele, die dem
deutschen Schüler im Englischunterricht gestellt werden, können demgegenüber auf einen sehr langen Zeitraum verteilt
werden. Hieraus ergibt sich, dass der Deutschunterricht für
ausländische Schüler sehr viel intensiver sein müsste, als
der normale schulische Fremdsprachenunterricht.

x Ein faktischer, wenn auch nicht grundsätzlicher Unterschied
   besteht in der Frage des Sprachenkontrasts. Theoretisch gesehen könnten im Fremdsprachenunterricht natürlich beliebige
   Sprachen mit durchaus unterschiedlich starkem Kontrast zur
   Ausgangssprache des Lerners auftreten. Faktisch geht es aber
   bei dem Fremdsprachenunterricht, an dem die gängige Fremdsprachendidaktik orientiert ist, um Sprachenpaare wie Deutsch/
   Englisch, Deutsch/Französisch, Deutsch/Spanisch, Englisch/
   Deutsch etc. - also um Fälle von Sprachen, die ausschliesslich lautlich und orthographisch scharf kontrastiert sind, die
   aber auf der Ebene der Grammatik und Lexik den grössten
   Teil ihrer Eigenschaften gemeinsam haben. Die gleiche Situation besteht übrigens weitgehend auch für die romanischen und
   slawischen Gastarbeitersprachen, weniger schon für das Neugriechische, jedenfalls in Fragen der Lexik. Total anders ist jedoch
   die Situation für das Sprachenpaar Türkisch/Deutsch. Welcher
   Stellenwert dieser Tatsache im Rahmen diedaktischer Überlegungen zukommt, soll weiter unten in einem eigenen Punkt
   diskutiert werden (s.u. 2.6.), da die Rolle des Sprachkontras-
   tes z.Z. in der didaktischen Diskussion kontrovers ist. Zunächst müssen jedoch noch einige andere Fragen kurz bespro-
   chen werden, da die dabei auftauchenden Gesichtspunkte mit in
   die Diskussion der Kontrast-Problematik einbezogen werden
   müssen.

x Ein letzter, ebenfalls nicht grundsätzlicher, aber doch sehr wirk-
   samer Unterschied zur Situation des Fremdsprachenunterrichts
   besteht in der Frage der schulischen Situation, in der der Deutschunterricht für Gastarbeiterkinder stattfindet. Hier spielen unter

anderem folgende Gesichtspunkte eine Rolle:

- x   Grösse und Zusammensetzung der Lerngruppen
- x   Art der Lehr- und Lernmittel
- x   Vorbildung der Lehrer für diesen Unterricht
- x   Fähigkeit der Lehrer, Erklärungen und Arbeitsanweisungen in der Muttersprache zu geben
- x   Zielorientiertheit des Unterrichts
- x   Organisiertheit des Unterrichts
- x   Stattfinden des Unterrichts

Der Vergleich des Deutschunterrichts für türkische Schüler mit dem gängigen Englischunterricht für Deutsche Schüler fällt nach unserer Beobachtung in allen diesen Punkten mehr oder weniger negativ aus.

Die hier angeführten Unterschiede lassen es als ratsam erscheinen, den Deutschunterricht für Gastarbeiterkinder nicht einfach unter den "Fremdsprachenunterricht" zu subsumieren. Wir wollen ihn deshalb unter dem Terminus "Zweitsprachenunterricht" fassen und dementsprechend von einer "Zweitsprachendidaktik" reden, wenn wir uns auch darüber im klaren sind, dass dies nur eine terminologische Notlösung ist.

2.2. Sondersituation im Falle der türkischen Schüler.

Über die Problematik des besonders grossen Sprachkontrasts hinaus besteht für die türkischen Schüler eine Sondersituation. Diese hängt einmal zusammen mit der ausgesprochen starken Uneinheitlichkeit der Bildungssituation in der Türkei, zum anderen mit gewissen Mängeln, die im muttersprachlichen Unterricht der Vorbereitungsklassen zu beobachten sind, und schliesslich mit der besonders ungünstigen materiellen Situation gerade der türkischen Vorbereitungsklassen (Klassenstärken bis zu 6o Schülern, sehr starke Fluktuation, Mangel an Lehr- und Lernmitteln.)[16]

Die Bildungssituation ist in der Türkei zwischen Stadt und Land, West und Ost, Dorf mit erreichbarer Schule und Dorf ohne erreichbare Schule etc. so sehr unterschiedlich, dass infolgedessen zwischen den Schülern des gleichen Jahrgangs erheblich tiefgreifendere Unterschiede auftreten, als bei deutschen Kindern. Diese Unterschiede haben sich im übrigen auch im Bildungsstand und in den Erziehungspraktiken der Eltern niedergeschlagen, so dass auch bei längerem Aufenthalt in der Bundesrepublik noch keine Einheitlichkeit zu erwarten ist.

Mängel der Vorbereitungsklassen beginnen bereits beim Schreib-

und Erstleseunterricht, wo sie dazu führen, dass ein beträchtlicher
Teil der Schüler über Jahre hin nicht mehr lernt, als (unverstandene)
Buchstaben sauber zu kopieren. Da in den ersten Schuljahren ausserdem nur die Druckschrift gelernt wird, bleibt die Schreibmotorik
der Schüler unentwickelt, ihre Schreibhaltung bleibt verkrampft. Darüber hinaus sind vielen Schülern selbst innerhalb der Druckschrift
bei vielen Buchstaben die Buchstabenformen so wenig vertraut, dass
sie aktiv nur die kleine bzw. nur die grosse Variante verwenden
können. In der Hauptschule geht diese Schrift nach und nach durch
ziemlich willkürliche Verbindung der Druckbuchstaben, untermischt
mit einigen Schreibschriftvarianten, in eine Art Kursive über.
Die relativ niedrige Entwickeltheit der Schreibfertigkeit bedeutet
nicht, dass im Unterricht nicht schriftliche Arbeitsformen stärker
betont würden, als in deutschen Klassen. Es werden jedoch relativ wenige Klassenarbeiten vom Typ Diktat oder Aufsatz geschrieben, so dass verhältnismässig wenig Kontrolle der Rechtschreibung
und Zeichensetzung stattfindet. Das Fehlen eines Unterrichts zur
schriftlichen Textproduktion hat ausserdem zur Folge, dass die
schriftliche Ausdrucksfähigkeit der Schüler und im Zusammenhang
damit auch ihre Fähigkeit zur inhaltlichen Planung unterentwickelt
bleibt.
Grammatische Grundbegriffe (etwa: Substantiv, Verb....) sind oft
so gut wie unbekannt, und zwar auch in den Hauptschulklassen.
Das geht soweit, dass ein Teil der Kinder die muttersprachlichen
Bezeichnungen für Wort und Satz nicht auseinanderhalten können.
Dies hängt unter anderem damit zusammen, dass bis vor kurzem
Lehrbücher in der Muttersprache für die Schüler der türkischen Vorbereitungsklassen nicht angeschafft wurden. Jedoch werden die inzwischen angeschafften Sprachbücher auch heute nicht optimal ausgenutzt, was zum Teil mit unrealistischen Vorstellungen der Lehrer über die inhaltliche Planung des Muttersprachunterrichts zusammenhängt.
Ein weiterer Mangel, der sich sehr gravierend auf die mutterspra ch-
liche Entwicklung der türkischen Schüler niederschlägt, ist, dass
sie faktisch vollständig von Jugendbüchern in ihrer Sprache abgeschnitten sind. Auf diese Weise bleibt ihre Lesehaltung unterentwickelt, ebenso auch ihr Wortschatz.

Der Deutschunterricht für türkische Schüler hat diese Mängel einzukalkulieren - kompensieren kann er sie nur begrenzt. Zusätzlich
müsste die Situation der muttersprachlichen Ausbildung dieser
Schüler verbessert werden. Immerhin kann der Deutschlehrer bei
richtiger Einschätzung des jeweils erreichten Standes einiges zur
Entwicklung der Schreibfertigkeit, der inhaltlichen Planung und des
schriftlichen Ausdrucks beitragen und auch Arbeitstechniken vermitteln, die dann wiederum vom Muttersprachunterricht genutzt werden
könnten. Dies würde allerdings eine enge Zusammenarbeit von deutschen und türkischen Lehrern voraussetzen, die zur Zeit noch nicht
gegeben ist.

Ähnliche Probleme ergeben sich auch für den Bereich von Haltungen und Verhaltensweisen, die die Kinder teils aus dem Elternhaus mitbringen und die teils im muttersprachlichen Unterricht herausgebildet werden. Hierher gehört ein ungewöhnlich starkes Konkurrenzverhalten und eine überstarke Lehrerfixiertheit - beides zusammengenommen drängt oft den Unterrichtsgegenstand völlig in den Hintergrund. Dass diese Verhaltensweisen und Einstellungen durch den türkischen Unterricht immer wieder bestärkt werden, hängt allerdings auch mit den völlig unzureichenden materiellen Bedingungen (z.B. Klassenstärke) dieses Unterrichts zusammen.

2.3. Zur Relevanz von Inhalten der Linguistik.

Eine Frage, die in der derzeitigen didaktischen Diskussion als ungeklärt gelten muss, ist die Relevanz von Inhalten der Linguistik für die Fremdsprachendidaktik. Wie sehr das der Fall ist, wird etwa deutlich, wenn in ein und demselben Sammelband zu Fragen der Fremdsprachendidaktik[17] der eine Beitrag mit der Feststellung beginnt:

"Auch bei nur flüchtiger Durchsicht der Inhaltsverziechnisse der jüngsten Jahrgänge der fachdidaktischen Zeitschriften kann man feststellen, dass und in welchem Masse die moderne Linguistik in den Mittelpunkt didaktischen Interesses geraten ist."[18]

während ein anderer Beitrag einleitend feststellt:

"Die Wertschätzung linguistischer Theorien scheint bei den Fremdsprachendidaktikern immer geringer zu werden."[19]

Angesichts dieser ungeklärten Situation scheint es uns sinnvoll, unsere Position zu dieser Frage mit einigen Bemerkungen zu verdeutlichen.

Zunächst einmal ist es sicher unmöglich, die Frage nach der Relevanz "der" Linguistik für die Fremdsprachendidaktik generell zu beantworten. Vielmehr wird man wenigstens folgende Arten linguistischer Inhalte zu unterscheiden haben:

(a) Grundannahmen über die menschliche Sprache, ihren Aufbau, ihr Funktionieren, ihren Zusammenhang mit anderen Erscheinungen (d.h. auch mit dem Objektbereich anderer Wissenschaften),

(b) Aussagen über Einzelsprachen und ihre Eigenschaften, sowie über die Unterschiede und Gemeinsamkeiten mehrerer verglichener Einzelsprachen,

(c) die sog. "linguistischen Theorien" oder "linguistischen Modelle",

(d) Mittel der Darstellung und Veranschaulichung (wie etwa die Bäumchendiagramme).

Offensichtlich ist jede dieser Arten von Inhalten für sich zu bewerten.

Zu Inhalten vom Typ (a) - Grundannahmen über die menschliche Sprache - ist zu sagen, dass sie ohnehin in die Fremdsprachendidaktik eingehen. Die Frage ist nur, wieweit sie sich unbemerkt einschleichen oder wie weit sie vor ihrer Übernahme kontrolliert werden; weiterhin: wieweit sie explizit als Begründungen didaktischer Entscheidungen benannt werden oder aber unausgesprochen hinter mehr pragmatischen Begründungen versteckt bleiben.
Für uns wurde die Auseinandersetzung mit solchen Grundannahmen u.a. relevant in der Frage der Systemauffassung der Sprache und der auf de SAUSSURE zurückgehenden Konzeption des sprachlichen Zeichens.[20)]

Aussagen vom Typ (b), die den Aufbau und andere Eigenschaften der zu vermittelnden Sprache - und ihre Unterschiede und Übereinstimmungen mit der Muttersprache der Schüler - betreffen, sind selbstverständlich von ausgesprochen grosser Relevanz, da ohne sie eine Analyse des Unterrichtsgegenstandes wie auch der Lernvoraussetzungen der Schüler nicht möglich ist. (Nach unserer Auffassung gehört die Muttersprache - in dem Masse und in der Form, wie sie von den Schülern beherrscht wird - mit zu den Lernvoraussetzungen. Näheres hierzu unter dem Punkt "Sprachkontrast".)

Inhalte der Linguistik vom Typ (c) - also die sog. "Theorien" oder "Modelle" scheinen uns demgegenüber von geringem didaktischem Interesse zu sein, und zwar sowohl für unterrichtliche Zwecke, als auch im Prozess der Spracherwerbs- und Sprachlehrforschung. Nehmen wir als Beispiel die Generative Transformationsgrammatik (TG). Wir haben es hier mit dem Versuch einer sehr strikten, konsistenten Darstellung des gesamten Wissens über Grammatik (oder sogar: über "Sprache") im Rahmen eines einheitlichen formalisierten Regelsystems zu tun. Umgeben ist dieser Darstellungsversuch - wie es nicht anders zu erwarten ist - von einer Anzahl Grundannahmen über Sprache, also Inhalten vom Typ (a).

Worin liegt nun der Hauptnutzen eines solchen integrierten und dem Anspruch nach expliziten Regelsystems? Unserer Meinung nach darin, dass es dem Sprachwissenschaftler durch die Möglichkeit, den Output des Regelsystems mit den real möglichen Sätzen einer Sprache zu vergleichen, Hinweise auf Fehler und Lücken in seinem bisherigen Wissen über die jeweils untersuchte Sprache gibt. In ähnlicher Weise kann durch den Vergleich der für verschiedene Einzelsprachen nach gemeinsamem Muster geschriebenen TGs unsere Kenntnis über die Gemeinsamkeiten und Unterschiede von Sprachen über-

prüft und erweitert werden. Die Ergebnisse dieser beiden Arbeits-
gänge sind dann - unabhängig von ihrer darstellerischen Form - als
Inhalte vom Typ (b) für die Sachanalyse des Fremd- und Zweitsprachunterrichts von Relevanz.

Hiervon zu unterscheiden hat man die Darstellungsweise der TG,
also etwa die Bäumchendiagramme und die Kürzel und Regeln, die
bei der Niederschrift generativer Grammatiken verwendet werden.
Dies sind eindeutig Inhalte vom Typ (d) - darstellerische Mittel,
die keineswegs mit dem dargestellten Sachwissen verwechselt werden dürfen. Aufgrund ihres teilweise eindrucksvollen Aussehens
stellen diese darstellerischen Mittel eine beliebte Zutat neuerer
Sprachbücher - besonders im Bereich Muttersprache - dar, wobei
meistens wenig mehr geliefert wird, als die eindrucksvolle Schreibweise, demonstriert an ziemlich trivialen und nicht immer richtig
wiedergegebenen Sachverhalten. Es ist diese Art graphischer "Ver-
schönerung" der Sprachbücher, die in den Schulen meist unter dem
Stichwort "Linguistik" diskutiert wird. Ist sie schon für den muttersprachlichen Unterricht fragwürdig, so halten wir sie für den Zweitsprachunterricht für unmittelbar desorientierend und schädlich. Der
Lehrer müsste hier nämlich entweder völlig an der Oberfläche bleiben, oder aber in einem solchen Masse in Probleme der TG einsteigen, dass überhaupt kein sinnvolles Verhältnis zwischen Aufwand
und Erfolg gewahrt bleiben könnte.

Im übrigen ist auch eine unreflektierte Orientierung des Lehrers an
der TG problematisch, weil sie notwendig zu ständigen Konflikten
zwischen der inneren Systematik der TG und den Erfordernissen einer sinnvollen Progression im Deutschunterricht für ausländische
Kinder führen müsste. Es gilt natürlich generell, dass man in diesem Unterricht nicht einfach eine systematisch geordnete Grammatik abarbeiten kann, nur ist dies für Grammatiken klassischen Zuschnitts offensichtlich, während der "Wissenschaftlichkeit" der TG
oft soviel Vertrauen entgegengebracht wird, dass man von ihr Wun-
der auch im Klassenraum erwartet. (Grösserer Schaden wird bisher
nur dadurch vermieden, dass selbst oberflächliche Kenntnisse über
die TG nicht allzu verbreitet sind.)

Ebenso falsch wäre es nach unserer Meinung, die Sprachproduktion
von Schülern in der zu erlernenden Fremdsprache nach dem Muster
der TG zu modellieren, etwa um zu "genaueren" Aussagen über die
auftretenden Fehler zu kommen. Es ist ja gerade nicht einfach vorauszusetzen, dass die Abweichungen in der Sprachproduktion der
Schüler in irgendeinem stark systematischen Verhältnis zur Zielsprache stehen. Die Schüler unterscheiden sich von einem Muttersprach-
Sprecher ja gerade durch ihre dauernde Unsicherheit. Allenfalls fest
eingeschliffene Fehler dürften so behandelt werden (Augenblicks-
fehler werden ja auch sonst in der TG nicht berücksichtigt). Der
grösste Nachteil wäre sicher, dass eine so gewonnene "TG" auf
keinen Fall falsifizierbar wäre. Denn gesetzt den Fall, ein von der

Grammatik vorausgesagter Fehler tritt in der beobachteten Sprachproduktion so nicht auf, so beweist dies noch nicht, dass er nicht
auftreten kann.

Ausserdem ist unklar, was eine in diesem Zusammenhang konstru-
ierte TG eigentlich beschreiben soll: (a) die Sprachproduktion _eines_
Sprechers auf einem ganz bestimmten Stadium seines Spracherwerbs
oder (b) eine Zusammenfassung der typischen Abweichungen, die
ganz allgemein auf dem Weg zur Beherrschung der Zielsprache vorkommen.

Im Falle (a) kommt man in eine schwierige Situation, weil man
jeweils nur von einem kurzzeitig ermittelten festen Korpus ausgehen
kann. Jede Informantenbefragung würde die "competence" des so
Befragten einschneidend verändern. Geht man aber von einem festen
Korpus aus, ohne die darüber hinausgehenden Voraussagen der auf
dieser Basis konstruierten TG überprüfen zu können, so ist die Wahl
dieses Darstellungsmodells kaum zu motivieren.

Im Falle (b) kommt man in eine andere Schwierigkeit. Wenn man
die - sehr vielfältigen und einander durchaus widersprechenden -
Fehler, die im Erwerbsprozess insgesamt auftreten, in einer einzigen TG zusammenfasst, zerstört man notwendig die sehr relevante
Information über eventuelle Zusammenhänge zwischen Fehlern, sowie zwischen Fehlern und der jeweiligen Erwerbsstufe. Ausserdem
müsste man für eine wirklich explizite Darstellung eine ausgesprochen komplexe Grammatik schreiben - man wird hier also verschärft der ohnehin in der TG-Darstellungsweise impliziten Gefahr
der zu grossen Verallgemeinerung ausgesetzt.

Für beide Fälle gilt ausserdem - genau wie für den Fall des Unterrichts - die Frage nach der Berechtigung des darstellerischen Auf-
wands. Man kann sich des Eindrucks nicht erwehren, dass das Eindringen von Elementen der TG in den Bereich der Sprachlehrforschung
damit zu tun hat, dass die hier tatsächlich relevanten theoretischen
Probleme (Probleme der Stoffanalyse wie auch der Fähigkeitsentwicklung) oft noch nicht in voller Klarheit gesehen werden.

Allgemein gesagt scheint es uns, dass man die "linguistischen
Modelle" in dem Bereich lassen sollte, für den sie formuliert worden sind, und dass ihre Übertragung in die Didaktik der Fremd-,
Zweit- oder Muttersprache sowie in die Spracherwerbs- und Sprachlehrforschung relativ künstlich wäre. Das heisst jedoch nicht, dass
es nutzlos wäre, die in diesen Modellen formulierten und z.T. mit
ihrer Hilfe ermittelten Informationen über Sprache zur Kenntnis zu
nehmen.

Abschliessend sei zu den linguistischen Inhalten vom Typ (d) -
also Bäumchendiagrammen, Kürzeln vom Typ NP, N, V etc. - noch
gesagt, dass man sie durchaus im Unterricht verwenden kann, wo

sie aus Gründen der Veranschaulichung als nützlich empfunden werden. Man darf jedoch nicht vergessen, dass es sich um blosse
Darstellungsmittel handelt, die für sich genommen nicht mehr her-
geben, als dass sie die dargestellten Inhalte übersichtlicher machen.
Voraussetzung für ihre Verwendung ist im übrigen, dass die Schüler
über die entsprechenden Lernvoraussetzungen verfügen und dass der
Lehrer die Aussagen, die er mit diesen Mitteln macht, tatsächlich
voll überblickt.

Die von uns hier vorgenommene Aufgliederung der Inhalte, die normalerweise unter dem Stichwort "Linguistik" kursieren, erscheint
möglicherweise trivial. Angesichts des nicht immer ganz geklärten
Verhältnisses zwischen Fachwissenschaft und Didaktik halten wir
sie dennoch nicht für völlig überflüssig.

2.4. Die Sprache als "System"

Wie bereits in Punkt 2.3. erwähnt, wurde im Verlaufe unseres Projekts eine Klärung unserer Stellung zur Systemauffassung der Sprache relevant, weil sie implizit und teilweise auch explizit in einer
Reihe von Annahmen der Fremdsprachendidaktik eine Rolle spielt
oder gespielt hat, und ebenso auch im Rahmen der Bilinguismustheorie. Es geht dabei in erster Linie um Fragen des Verhältnisses
zwischen der Muttersprache des Lerners und der zu vermittelnden
Fremdsprache bzw. der Zweitsprache. Darüber hinaus spielt die Systemauffassung eine gewisse Rolle für die Aufgliederung der zu er-
werbenden Fähigkeiten und Fertigkeiten, die Bestimmung ihres gegenseitigen Verhältnisses und die Herausarbeitung von Lernschritten
und Progressionen.
Im Ergebnis der Diskussion kamen wir zu dem Schluss, dass hinter dem linguistischen "System"-Begriff als rationaler Kern der
Tatbestand steht, der mit C.F.van PARREREN lerntheoretischem
Systembegriff angedeutet wird. Während der linguistische "System"-
Begriff die Systematik ausschliesslich im Objekt "Sprache" sucht
- also losgelöst von dem Menschen, der sich der Sprache bedient -
hat PARREREN richtig erkannt, dass die Systematik nicht im los-
gelösten Sprachstoff, sondern im Sprachbenutzer liegt. Er hat allerdings den Widerspruch seiner lerntheoretischen "System"-Auffassung
zu der der Linguistik nicht herausgearbeitet. Ausserdem scheinen
uns auch einige der von PARREREN gemachten Annahmen unzutreff-
fend zu sein.

2.4.1. Der linguistische "System"-Begriff.

Nach einer in der heutigen Sprachwissenschaft gängigen Auffassung
ist jede Sprache als ein "System" anzusehen. Der "System"-Begriff

wird dabei so gefasst, dass man einerseits annimmt, jede Veränderung eines Elements würde jeweils das ganze System in Mitleidenschaft ziehen, andererseits wird aber auch gesehen, dass man die Behauptung eines völlig geschlossenen Systems für die Sprache nicht aufrecht erhalten kann, dass es sich vielmehr bei jeder Sprache um eine Gesamtheit einander überlagernder Teilsysteme handelt. Ein solches Teilsystem wäre z.B. das Lautsystem, welches seinerseits wieder in das Vokalsystem und das der Konsonanten zerfällt (so jedenfalls in taxonomischer Darstellungsweise.)

Der Kern dieser "System"-Auffassung ist, dass alle Eigenschaften einer Sprache als unauflöslich miteinander verbunden, voneinander abhängig und nur im Rahmen der jeweiligen Gesamtheit der Sprache verstehbar gesehen werden. Dieser Systemcharakter wird der Sprache als solcher zugeschrieben - d.h. losgelöst vom Sprachbenutzer, der normalerweise nicht oder nur sehr begrenzt in den Objektbereich der Systemlinguistik einbezogen wird.

Diese Auffassung ist nun keineswegs neu und auch kein Forschungsergebnis der modernen Linguistik, wie manchmal fälschlich angenommen wird, sondern ganz im Gegenteil eine ihrer ungeklärten Prämissen. Historisch geht sie auf die sehr viel ältere Auffassung zurück, jede Sprache sei eine Art "Organismus" - bei W. von HUMBOLDT werden darüber hinaus auch der menschlichen Sprache ansich, die der Vernunft eingeboren sei und die in den konkreten Einzelsprachen bis zu einem gewissen Grade zur Wirklichkeit komme, die gleichen Eigenschaften zugeschrieben:

"Unmittelbarer Aushauch eines organischen Wesens in dessen sinnlicher und geistiger Geltung, theilt sie darin die Natur alles Organischen, dass Jedes in ihr nur durch das Andre, und Alles nur durch die eine, das Ganze durchdringende Kraft besteht."

Werke III, S. 3

Gemeinsam ist allen erwähnten Konzeptionen der Aspekt eines unauflöslichen, engen Bezugs aller Eigenschaften der Sprache bzw. der jeweiligen Sprache aufeinander und auf das Ganze. Wir wollen dies die "Ganzheits"-Auffassung der Sprache nennen. Sie ist unumgänglich, solange man einer Sprache - oder "der" Sprache schlechthin - den Charakter eines lebenden Organismus zuschreibt, wenn man also z.B. die Entwicklung einer Nationalsprache unter den Kategorien eines Wachstumsprozesses auffasst, den eine Art Lebewesen durchmacht.

Genau diese Voraussetzung gibt aber de SAUSSURE - darin den Junggrammatikern folgend - in seinem Systembegriff auf:"System" ist nach ihm die Sprache nur im augenblicklich feststellbaren Zustand, nur synchron gesehen. Historische Veränderungen werden demgegenüber durch äussere, systemfremde Einwirkungen auf ein-

zelne Elemente erklärt (vgl. de SAUSSURE, Cours de Linguistique
Générale, Chap. III). Die historische Dimension des Organismus-
begriffs verschwindet, die Ganzheitsauffassung bleibt erhalten:

"La langue est un système dont toutes les parties peuvent et
doivent être considerées dans leur solidarité synchronique."

Cours de Linguistique Générale, p. 124

Worin jedoch diese "solidarité synchronique" eigentlich bestehen
soll, wird nicht recht klar. Linguisten tendieren - entsprechend
der heute durchgesetzten Fächerschneidung - dazu, sie im Aufbau
der Sprache, in internen, sachlichen Regelmässigkeiten des Sprachmaterials zu suchen.

Kehren wir für einen Augenblick zurück zur Position W.von HUM-
BOLDTs , der als einer der bedeutendsten Vertreter des Ganzheits-
Gedankens in der Geschichte der Sprachwissenschaft gelten kann.
Im Gegensatz zu manchen heutigen "System"-Linguisten verkennt
HUMBOLDT keineswegs die Tatsache, dass sich bei der Analyse
des Sprachmaterials nicht nur und nicht einmal in erster Linie Re-
gelmässigkeiten offenbaren. Realistisch schätzt er ein:

"Wenn man daher eine gegebene Sprache durchgeht, so findet
man Vieles, was man sich, dem Wesen ihrer Form unbeschadet,
auch wohl anders denken könnte,..."

HUMBOLDT, Werke III, S. 42o

dementsprechend spricht er (vom Ergebnis wissenschaftlicher Zer-
gliederung der Sprache) als von dem "zerstreuten Chaos von Wörtern
und Regeln, welches wir wohl eine Sprache zu nennen pflegen"
(Werke III, S. 418) - und dies hält er nicht für das Ergebnis
eines Kunstfehlers, sondern für unvermeidlich, denn:

"Wie viel man an ihr heften und verkörpern, vereinzeln und zer-
gliedern möge, so bleibt immer etwas unerkannt in ihr übrig,
und gerade dies der Bearbeitung Entschlüpfende ist dasjenige,
worin sie Einheit und der Odem eines Lebendigen ist."

a.a.O. S. 421

Solcher skeptischer Stellen, die offenbar auf eigene umfassende
und tiefgehende Sprachuntersuchungen zurückgehen, lassen sich bei
HUMBOLDT viele finden - und dennoch ist ihm die Einheit der
Sprache , der Zusammenhang all ihrer Teile augenscheinlich unmittelbar evident - so sehr übrigens, dass er diese Evidenz mehrfach als Beweis gegen die allmähliche Entstehung der Sprache
einzusetzen versucht. Vgl. etwa:

"Die Sprache liesse sich nicht erfinden, wenn nicht ihr Typus
schon im menschlichen Verstande vorhanden wäre. Damit der
Mensch nur ein einziges Wort wahrhaft, nicht als blossen sinn-

lichen Anstoss, sondern als articulirten, einen Begriff bezeich-
nenden Laut verstehe, muss schon die Sprache ganz, und im
Zusammenhange in ihm liegen. Es giebt nichts Einzelnes in
der Sprache, jedes ihrer Elemente kündigt sich nur als Theil
eines Ganzen an."

Werke III, S. 1o

Betrachtet man dies Argument genauer, so bemerkt man, dass hier
nicht von der Sprache für sich genommen die Rede ist - in der Art,
wie man dies in "modernen" linguistischen Darstellungen bedauerlicherweise immer wieder findet - sondern von der Sprache, wie
sie im Kopf des Menschen funktioniert. Dies ist nun immer wieder
an den Stellen der Fall, wo HUMBOLDT von der unauflöslichen
Einheit der Sprache spricht. Bei einer eingehenden Untersuchung
seiner Sprachtheorie liesse sich unserer Auffassung nach zeigen,
dass seine Ganzheitskonzeption wesentlich weniger von beobachtbaren Regelmässigkeiten des Sprachbaus und des Sprachmaterials,
als vielmehr von der introspektiv leicht feststellbaren Tatsache eines frappierend reibungslosen und koordiniertenZusammenwirkens
umfassender Kenntnisse (Begriffe) mit verschiedenen Fähigkeiten
und Fertigkeiten bestimmt ist. In der Tat sind die sprachlichen
Regelmässigkeiten, die weder durchgängig, noch logisch voneinander abhängig sind, sehr viel weniger beeindruckend, als gerade
das mühelose Zusammenspiel von offensichtlich Unterschiedlichem
im Sprachgebrauch. Wir meinen, dass dies der rationale Kern überhaupt aller Ganzheitsannahmen über Sprachen ist, der auch der
heute verbreiteten und meist begriffslos kolportierten Formel vom
"System der Sprache" ihre scheinbare Evidenz gibt. Die von de
SAUSSURE behauptete, aber nicht ausgewiesene "solidarité synchronique" wäre danach real existent als der Zusammenhang derjenigen Informationen im Hirn eines Menschen, die ihm durch ihr
Zusammenwirken das reibungslose Sprechen einer Sprache ermöglichen. Für die Herausbildung dieses Zusammenhangs spielen Regelmässigkeiten innerhalb dieser Informationen zwar eine gewisse
Rolle, viel wesentlicher ist aber ihre Bezogenheit auf ein und den-
selben Verwendungszweck. (Vgl. hierzu weiter Punkt 2.4.3.).
Nimmt man nun den sprechenden Menschen und damit sowohl
dessen Hirn als auch den Verwendungszusammenhang der im Sprechen zusammengefassten Fähigkeiten und Betätigungen fort, so
bleibt in Wahrheit nur ziemlich disparates "Sprachmaterial" übrig,
also etwas, worauf der "System"-Begriff durchaus nicht anwendbar ist.

2.4.2. <u>Didaktische Gefahr des linguistischen Systembegriffs.</u>

Der linguistische "System"-Begriff bringt für die Fremdsprachendidaktik die Gefahr einer "Alles-oder-Nichts"-Konzeption mit sich.
Wenn im System jeder Teil alle anderen mit bedingt und beeinflusst,
hat folglich jeder Schüler, der noch nicht alle Teile des Systems

der Fremdsprache beherrscht, keins der bereits beherrschten Teile in dem Sinne erworben, wie ein Sprecher dieser Sprache. Ausgehend von dieser irrigen Annahme lassen sich weitere falsche Einschätzungen ableiten oder legitimieren, die geeignet sind, den Sprachlehrprozess gründlich zu desorientieren:

x   die Hoffnung darauf, einen Teilbereich des Systems zu finden, der so dominant ist, dass man von ihm aus den ganzen Lernprozess inganghalten und steuern kann - die Hoffnung auf automatischen Transfer von Fähigkeiten, die in einem Teilbereich erworben worden sind, auf andere Teilbereiche (ein Ausfluss hiervon ist die Auffassung des mündlichen Sprachgebrauchs als "Totalerfahrung", die sich dann auch aufs Schriftliche niederschlagen müsse - womit gern eine weitgehende Vernachlässigung der Vermittlung schriftlicher Fähigkeiten gerechtfertigt wird.)

x   die falsche Verallgemeinerung von Defiziten, die auf ganz bestimmten und begrenzten Ebenen liegen, auf den gesamten Leistungsstand (etwa die Diskriminierung türkischer Schüler aufgrund ihrer Rechtschreibung, aufgrund derer auf allgemein schlechte Deutschkenntnisse geschlossen wird, während andererseits auch nichts geeignetes unternommen wird, um die Rechtschreibung dieser Schüler zu verbessern.)

x   die Annahme, alle von den Schülern gemachten Fehler seien gleichwertig und müssten dementsprechend zur gleichen Zeit und mit dem gleichen Kraftaufwand bekämpft werden, da sie ja alle in gleicher Weise Abweichungen vom einheitlichen "System" darstellen (diese Fehlhaltung des Lehrers ist besonders schwerwiegend im Fall von Schülern, die bereits mit einer Pidgin-Form des Deutschen in unsere Schulen kommen und bei denen es im Gegenteil darauf ankäme, genau zu wissen, welche Fehler zusammenhängen, welche nicht, und in welcher Reihenfolge man gegen die einzelnen Fehlergruppen vorzugehen hat.)

x   die umgekehrte Annahme, die Fehler von deutschsprechenden Ausländern seien gar keine Fehler, sonder Eigenschaften des "Systems" eines Pidgin-Deutschs der "Gastarbeiterschaft", einer Sprache, die vom Hochdeutschen zwar unterschieden, aber prinzipiell gleichwertig und der "Gastarbeiterschaft" angemessen sei.

Im Gegensatz zu solchen, aus dem linguistischen Systembegriff ableitbaren Positionen muss es darum gehen, die für den Erwerb einer Fremd- bzw. Zweitsprache erforderlichen Teilfähigkeiten und Teilfertigkeiten möglichst weitgehend aufzufächern und jede von ihnen - soweit sie nicht im ausserunterrichtlichen Kontext bereits

erworben ist - gezielt einzuüben. Auf keinen Fall darf sich der Lehrer auf die Existenz irgendwelcher für ihn selbst nicht überschaubarer Transfers verlassen. Was der Lehrer nicht vermittelt und die Schüler nicht ausserschulisch erworben haben, das kann in der Regel auch nicht beherrscht werden. Anstelle der undifferenzierten Auffassung, die Sprache sei ja sowieso ein System, wo eines vom andern abhänge, so dass es im Grunde gleich ist, was man übt, muss unbedingt eine klare und differenzierte Einschätzung treten, welche Eigenschaften des Deutschen sinnvollerweise in welcher Reihenfolge an Türken zu vermitteln sind und warum. Die irrige Auffassung, in der Sprache hinge alles von allem ab, kann nur schädlich sein, weil sie davon abhält, zu analysieren, welche Eigenschaften der Sprache tatsächlich miteinander zusammenhängen und sich gegenseitig stark im Unterricht beeinflussen.

2.4.3. Der lerntheoretische Systembegriff.

Wie wir in Punkt 2.4.1. bereits angedeutet hatten, sehen wir als rationalen Kern für die Ganzheits- bzw. Systembehauptungen der Sprachwissenschaft die Tatsache an, dass jede Sprache in Wirklichkeit aus einem Bündel durchaus sehr unterschiedlicher - und auch getrennt beeinflussbarer - Fähigkeiten und Fertigkeiten besteht, die im Sprecher jedoch koordiniert sein müssen, um überhaupt sprachliche Kommunikation zu ermöglichen. In diesen Zusammenhang geht unter anderem auch das ganze Wissen des jeweiligen Individuums in Form seiner Begriffe ein, die ja mit den Wörtern eng verbunden sind. Es wäre jedoch offensichtlich unsinnig, aufgrund dieser Koordiniertheit im Gebrauch etwa auf irgendeine innere Abhängigkeit zwischen dem Wissen eines Menschen und dem spezifischen Lautsystem der von ihm gesprochenen Sprache zu schliessen. Es geht nicht um einen Zusammenhang der Sache nach, sondern um einen Zusammenhang im Gebrauch.

Der hier angedeutete, durch den Verwendungszweck bedingte komplexe Zusammenhang scheint ziemlich genau dem zu entsprechen, was C.F.van PARREREN ein "Spurensystem" nennt. "Spuren" sind diejenigen Informationen, die aufgrund früherer Erfahrungen im Hirn abgespeichert sind. Diese sind im Hirn nicht einfach nebeneinander vorhanden, sondern bilden ein psychologisches Feld, dass Organisation besitzt: eben Spurensysteme, die wiederum Teilsysteme enthalten können. Die Vergegenwärtigung solcher "Spuren" geschieht sehr viel leichter, wenn das System, in das sie eingebettet sind, reaktiviert ist. Es geschieht jedoch auch immer wieder, dass Spuren aktualisiert werden, die zu einem System gehören, das gerade nicht aktuell ist. Diesen Fall nennt PARREREN "Infusion". Er fasst darunter sowohl Ablenkung und Abschweifung von der gerichteten Tätigkeit, als auch den "guten Einfall" im richtigen Augenblick. Die Aktivierung eines Systems kann einmal über sol-

che "Infusionen" erfolgen, zum anderen aber auch durch das bewusste Aufrufen des Systems (z.B. durch den Entschluss:"Ich werde mir jetzt einen Schlips binden!" oder auf die Aufforderung hin:"Lies jetzt mal diesen Satz!"). Zu den Aktivitätsgesetzen gehört weiterhin, dass ein aktuelles System allmählich an Aktivität zunimmt, während die Aktivität eines nicht mehr aktuell gebrauchten Systems abnimmt. Eine Spur kann schliesslich gleichzeitig zu zwei oder mehr Systemen gehören, so dass sie grössere Chancen hat, aufgerufen zu werden. Dies bewirkt gleichzeitig eine Verbindung zwischen den fraglichen Systemen. Die Trennung der Systeme ist bis zu einem gewissen Grade sinnvoll, weil sie garantiert, dass es gelingt, sich auf ganz bestimmte Tätigkeiten oder Denkleistungen zu konzentrieren und die dafür erforderlichen Informationen gebündelt und ungestört zur Verfügung zu haben. Ebenso sind aber auch Bezüge zwischen Systemen sinnvoll, da die Anwendung von Wissen, Können und Fertigkeiten Transfer in die verschiedensten Situationen hinein erfordert. So müssen etwa mathematische Fähigkeiten in den verschiedensten naturwissenschaftlichen, technischen und ökonomischen Zusammenhängen (gerade auch der Alltagssituationen) verfügbar sein. D.h. sie müssen einmal auf das jeweilige Spezialwissen bezogen, zum anderen richtig auf die Alltagssituation angewandt werden. Ebenso muss man in der Lage sein, eine technische Fertigkeit etwa von der Konstellation Hammer/Nagel/Wand auf die Konstellation Hammer/Zeltpflock/Boden zu übertragen, aber auch auf Zeltpflock/Boden , wobei man das fehlende Instrument etwa durch einen Stein zu ersetzen hat. Das Problem von Transferleistungen ist daher von grosser Wichtigkeit. Transfer wie Interferenz beruhen nach PARREREN's Auffassung auf der prinzipiell gleichen Voraussetzung, die er "Systemintegration" nennt und die - genau wie die "Infusion" - je nach Lage zu positiven wie auch zu negativen Ergebnissen führen kann. (Diese Zusammenfassung beruht - bis auf das Zeltpflockbeispiel - auf der ausführlichen Darstellung in PARREREN's Buch:"Lernprozess und Lernerfolg", 2.Aufl. 1972).

Diese Auffassung PARREREN's ist unserer Meinung nach sehr wichtig, weil sie die Strukturiertheit der erworbenen Informationen im Hirn des Menschen hervorhebt. Sie bietet - insofern PARREREN auch die Sprache als einen Unterfall der "Spurensysteme" versteht - eine sinnvolle Explikation der Ganzheitskonzeption der Sprache. Sie macht weiterhin die Abhängigkeit der Strukturierung erworbener Informationen auch vom Gebrauchszusammenhang deutlich, und vermeidet damit die Gefahr der Annahme einer mechanischen Ablagerung von Aussenreizen. Ebenso bietet sie Ansätze für die Frage nach der Rolle kognitiver Prozesse im Lernvorgang. Dennoch scheint sie uns eine Reihe von Gefahrenmomenten zu enthalten, von denen wir hier einige andeuten wollen.

(a) Die von PARREREN verwendeten Begriffe von "Spurensystem",

"Lernen", "Transfer", "Interferenz" haben - dem Anspruch nach - einen hohen Abstraktheitsgrad. Faktisch werden sie ausgefüllt: (1) durch relativ unausgeführte Einzelbeispiele aus verschiedenen Bereichen der Lebenserfahrung, (2) durch relativ spezifische Versuchsreihen. Ob von dieser Basis aus ohne weiteres Verallgemeinerbarkeit auf so komplexe Bereiche wie Mutter- und Zweitsprachenerwerb besteht, erscheint uns fraglich. Wenigstens ist hier Vorsicht geboten.

(b) Dies soll kurz für den Fall des Begriffs "Spurensystem" erläutert werden. Folgt man PARREREN, so ist dies ein brauchbarer Oberbegriff für alle möglichen verinnerlichten körperlichen und geistigen Handlungen. Dies beginnt etwa mit "gehen", "sich kämmen", "Nahrung kauen", "eine Krawatte binden" - geht über den (sehr komplexen) Gebrauch der Sprache - bis hin zu den Fähigkeiten in Mathematik und anderen Fächern. Dabei sieht PARREREN bis zu einem gewissen Grade noch die vertikalen Eigenschaften dieser Handlungen (die körperlichen sind bis zu einem gewissen Grade kognitiv steuerbar und damit auch verbal ansprechbar; die mehr geistigen Operationen haben ihre motorische Seite, etwa im Falle der Mathematik die Fähigkeit zum Artikulieren und Hinschreiben von Zahlen und verkürzten Zeichen für Rechenoperationen). Was bei ihm aber nicht mehr deutlich wird, ist, dass diese Fähigkeiten im Laufe des Lebens sukzessiv und aufeinander aufbauend erworben werden. Nur andeutungsweise sollen hier einige Stufen genannt werden:

x   das sofortige Bedürfnis zum Stoffwechsel mit der Umwelt,
x   die Herausbildung der Einheit von Auge und Hand als Grundlage der Gegenstandswahrnehmung,
x   die Herausbildung der Einheit von Ohr und Mund u.a. als Voraussetzung der Lautnachahmung und damit der Lautkonditionierung,
x   die Interpretation der Umwelt als Kommunikationssituation aufgrund der Erfahrung, dass bestimmte Gegenstände (Personen) auf Laute reagieren, was die Stoffwechselsituation verbessert,
x   Herausbildung der Fortbewegungsmotorik, aufgrund dessen bessere Ausgangsbedingungen für Raum- und Gegenstandswahrnehmungen,
x   erste Benennungen, etwa als Ruf oder Forderung - von da aus erste Begriffsbildungen, zugleich verbesserte Artikulation durch eingreifendes Verhalten der Eltern.
x   (Von hier an wird die Sprache zum durchdringenden Prinzip für die gesamte Steuerung und Interpretation von Erfahrungen und Fertigkeiten - andererseits wird sie ständig um neue Bestandteile und Dimensionen erweitert.)

Bereits aus diesen kurzen Andeutungen - meinen wir - ergeben sich vielfältige Beziehungen zwischen den im Laufe der Entwicklung eines

Menschen angeeigneten Fähigkeiten und Fertigkeiten. Van PARRE-REN ist mit seinem Ansatz, der sehr stark die Vorstellung einfach nebeneinanderliegender Systeme enthält, die mehr oder weniger zufällig auch gemeinsame Spuren als Element haben können, nicht in der Lage, diese vielfältigen Beziehungen richtig zu erfassen. Er ist vielmehr in Gefahr, die realen Beziehungen zwischen unterschiedlichen Fähigkeiten zu zerschneiden und die gemeinsamen Bestandteile unterschiedlicher Fähigkeiten in die von ihm angenommenen unterschiedlichen Spurensysteme hinein zu verdoppeln. Nehmen wir ein einfaches Beispiel:

x Um bestimmte Laute zu artikulieren, muss man den Mund auf eine ganz bestimmte Weise öffnen, d.h. man muss einen bestimmten Grad der Kieferöffnung erreichen. Das gleiche kann jedoch auch zu dem Zweck geschehen, um Nahrung einzunehmen, ausserdem auch beim Gähnen, oder weil jemand einem in den Mund sehen will. (Die bekannte Anweisung:"Sag mal aaa!" funktioniert ja überhaupt nur aufgrund des äusserlichen Zusammenfallens zweier Handlungen). Zweifellos sind nun die Nerven, welche die Kieferstellung unmittelbar regulieren, in allen Fällen dieselben (d.h. es gibt z.B. keine spezifischen Sprechnerven). Andererseits aber ist der jeweilige Verwendungszusammenhang und der jeweils mögliche Spielraum verschieden. Ausserdem findet offenbar keine Interferenz statt - d.h. jemand, der den Mund geöffnet hat, um Nahrung aufzunehmen, sagt nicht plötzlich aufgrund der erreichten Mundöffnung aaa . Es existiert also im Sinne von PARREREN's Ansatz "Systemtrennung". Folgt daraus nun auch, dass diejenigen Informationen, die die Mundöffnung jeweils unmittelbar steuern, im Hirn getrennt und an völlig verschiedenen Stellen gelagert sind? Oder kann der Mensch in allen Fällen auf die gleichen Informationen zurückgreifen - auf die gleiche erworbene Fähigkeit, die Kieferbewegung zu kontrollieren, nur dass er dies jeweils im Rahmen unterschiedlicher Zusammenhänge tut (die ihrerseits als unterschiedliche Zusammenhänge von erworbener Information abgespeichert sind)? Verfolgt man diese Frage weiter, so kommt man dahin, die Möglichkeit eines Zusammenhangs zwischen der Konditionierung verschiedener Laute anzunehmen, da ja jeweils teilweise auf die gleichen Teiloperationen zurückgegriffen wird. Und es stellt sich auch die theoretische Frage, ob gleiche Laute in zwei verschiedenen Sprachen beim Erlernen der zweiten Sprache erneut konditioniert werden müssen, weil sie in einem neuen System erneut erzeugt werden müssen, oder ob das nicht nötig ist. Die Praxis beantwortet diese Frage negativ - selbstverständlich braucht man die aus der eigenen Sprache bereits bekannten Laute einer neuen Sprache nicht noch einmal zu lernen - allerdings gibt es strukturalistisch orientierte Sprachkurse, die zu Beginn alle - auch die bereits aus

der Muttersprache des Lerners bekannten - Laute der Fremdsprache glauben einschleifen zu müssen.

Folgt man PARREREN's Systemschneidungen, so besteht die Gefahr,
dass man den ständig stattfindenden Transfer vom einen Gebrauchszusammenhang auf den anderen bestenfalls als Verdoppelung der
fraglichen Spuren in andere Systeme hinein erklären kann - oder
aber man steht schliesslich vor dem Bild einer so vielfältigen Integration aller Systeme, dass der Grundgedanke von Organisation
und Trennung nicht mehr aufrecht erhalten bleibt.

Klarheit über diese Fragen ist ohne verbesserte neurophysiologische
Kenntnisse letztlich nicht zu gewinnen. Vorderhand sollte man sich
aber auf jeden Fall hüten, aufgrund allzu mechanistischer System-
annahmen genereller Art auf genaue Einzeluntersuchungen zum Zusammenhang von Transfer, Trennung und Interferenz zu verzichten.

(c) Ein weiterer kritischer Punkt ist, dass PARREREN nicht genau sagt, was er mit dem Terminus "System" meint. Denkt er
nur an eine geordnete Anhäufung von Informationen, die untereinander in Zusammenhang stehen, oder geht es ihm auch darum, dass
sich der "Wert" der einzelnen Elemente ("Spuren") aus ihrer Stellung in der Gesamtheit ergibt? Im letzteren Falle wird die Sache
wiederum problematisch. Nehmen wir wiederum ein Beispiel:

x Es gibt Deutsche, die aus Dialektgründen keine vorderen gerundeten Vokale sprechen (also nicht /ü/, /ö/), sondern
   nur die entsprechenden ungerundeten (als /i/, /e/). In diesem Falle haben die Vokale /i/, /e/ offenbar einen anderen
   Stellenwert im Vokalsystem, als bei Sprechern, die neben
   ihnen auch /ü/, /ö/ benutzen. Heisst dies aber auch, dass
   die Sprecher beider Gruppen die Laute /i/, /e/ unbedingt
   unterschiedlich hervorbringen? Sind die zu ihrer Bildung benutzten Informationen (bzw. "Spuren") unterschiedlich?
   Oder liegen die Unterschiede auf einer ganz anderen Ebene
   - dort, von wo aus die für die Bildung der konkreten Einzellaute verantwortlichen Informationen aktiviert werden?

   Man kann diese Frage auch anders herum stellen: Was muss
   eigentlich der Dialektsprecher neu dazulernen, wenn er zusätzlich zu /i/, /e/ auch noch die Vokale /ü/, /ö/ hinzuerwer-
   ben soll? Zweifellos muss er (1) die Lippenrundung auch für
   den Fall von Vorderzungenvokalen einüben, damit /ü/, /ö/
   überhaupt gebildet werden können. (2) muss geklärt und eingeübt werden, an welchen Stellen (z.B. in welchen Wörtern)
   gerundete Vorderzungenvokale überhaupt vorkommen (hier wird
   man als kognitive Stütze die Rechtschreibkenntnisse des Lerners einsetzen, ausserdem systematische Beziehungen wie
   zwischen Buch/Bücher, gross/grösser etc. Fehl am Platze

wäre es demgegenüber, auch das /i/, /e/ erneut einzuüben.
Die Antwort auf die oben gestellte Frage kann daher nicht einfach lauten, der Dialektsprecher müsse eben ein neues System
lernen - diese Antwort wäre viel zu unspezifisch und im Grunde auch falsch, weil das neue System zwar das Ergebnis,
aber nur sehr begrenzt auch der Gegenstand des Lernens ist.

Allgemein ausgedrückt: der Terminus "System" scheint uns zu sehr
auf die Frage des Stellenwerts der einzelnen "Spuren" oder ihrer
einzelnen Auswirkungen hin-, und damit andererseits zu sehr von
der Qualität der einzelnen Fähigkeiten und Vorgänge wegzulenken.
Besser als "System" wäre wohl das Wort "Zusammenhang" gewesen.

(d) Der psychische Apparat des Menschen ist ausgesprochen beweg-
lich und vielseitig. Der Mensch kann deshalb viel verschiedenes
zur gleichen Zeit tun - vertikal z.B.: gehen, dabei ein Lied sum-
men, sich gleichzeitig über das schöne Wetter freuen und ausserdem
mit der Lösung einer mathematischen Aufgabe beschäftigt sein.
Dabei muss er natürlich ausserdem ständig kontrollieren, dass er
nicht fällt und dass er möglichen Kollisionen ausweicht. Aber auch
innerhalb des kognitiven Bereichs kann der Mensch mehreren Lini-
en zugleich folgen. Dies muss so sein, weil er sonst ständig vor
der Wahl stände, entweder sich seinen Denkstoff und -Verlauf vom
Partner vorschreiben zu lassen, oder unansprechbar zu sein. Er
muss auch die Trennung dieser Linien bis zu einem gewissen Grade unter Kontrolle halten können, damit er den günstigen Augenblick für Übergang oder Verbindung selbst auswählen kann. Diese
Fähigkeit, mehrere Linien zu verfolgen und die Trennung oder Verbindung relativ aktiv zu manipulieren, ist überhaupt die Voraussetzung für jeden schöpferischen Denkvorgang. Wenn dies aber so ist,
so müssen ständig mehrere der PARREREnschen "Spurensysteme"
aktiv sein, und dann muss allerdings neu bestimmt werden, was
eigentlich mit "Infusion" gemeint sein kann - mit einem Terminus
also, der offenbar auf unkontrolliertes Eindringen von Denkmaterial
in einen laufenden Zusammenhang gerichtet ist.

(e) Wie bereits in Punkt (b) erwähnt, ist die Sprache durchdrin-
gendes Prinzip des ganzen Fähigkeitserwerbs. Körperliche Handlungen lassen sich benennen, beschreiben und dadurch bis zu einem gewissen Grade verbal steuern bzw. zum Gegenstand von Re-
flexion machen. Kognitive Prozesse sind ohnehin engstens mit
Sprache verknüpft, insofern sie Begriffe voraussetzen, die die Grund-
einheiten unseres Wissens sind. Diese sind aber nur im Zusammenhang mit Wörtern möglich. Die Rolle der Sprache für kognitive
Prozesse wird deutlich, wenn man bedenkt, wie sehr die Versprach-
lichung in den Denkprozess ordnend eingreift: (a) in einer Vorform
bei der Verwendung von Formulierungs-Ansätzen und Bruchstücken
in innerer Sprache, (b) beim Aussprechen, etwa wenn man je-

mandem etwas erklärt, (c) beim Niederschreiben. Das Versprach-
lichen ordnet den Denkprozess und treibt ihn voran. (Deshalb ist
es auch unbedingt notwendig, dass die Schüler im Fachunterricht
zusammen mit dem vermittelten Wissen auch eine genaue und
klare Ausdrucksweise dafür erwerben, da dies Wissen nur so aktiv im Denkprozess gehalten werden kann.)

Wenn aber die Muttersprache diese zentrale Rolle für Fähigkeiten
und Kenntnisse hat, ist es offenbar nicht berechtigt, sie mit Teil-
systemen von Kenntnissen, auswendig gelernten Wortfolgen oder
Texten, eingeübten körperlichen Handlungsabläufen etc. unter einem Oberbegriff zusammenzuwerfen.

2.4.4. Problematik der "Spurensysteme" bezogen auf die Fremd- und Zweitsprachendidaktik.

In früheren Aufsätzen hat van PARREREN seine Systemtheorie
explizit auf Probleme der Fremdsprachendidaktik hin ausgewertet.[21]
In "Lernprozess und Lernerfolg" geht er auf diese Frage kaum ein.
Immerhin erwähnt er auch hier noch die ältere Grundbehauptung,
nach der das Verhältnis von Mutter- und Fremdsprache ein gutes
Beispiel für den Fall ist, wo Systemtrennung erwünscht und direkte
Verbindung zwischen den Spuren beider Systeme unerwünscht ist
(S.354). Allerdings gibt er in einer Anmerkung zu dieser Stelle
zu, man könne die Benutzungssituationen beider Sprachen nicht
getrennt halten, so dass wenigstens über die Situationen Beziehungen zwischen beiden Systemen bestehen werden. In unserer Kritik werden wir uns im folgenden auf die Frage der Systemtrennung
beschränken. Hierzu sei folgendes bemerkt:

(a) Bereits oben kritisierten wir van PARRERENs Verkennung der
zentralen Stellung der Muttersprache und des damit verbundenen
Denkens im gesamten Wissens- und Fähigkeitserwerb. Indem PAR-
REREN die Sprache als ein Spurensystem unter vielen anderen
mit sehr viel weniger komplexen verinnerlichten Handlungen auf
eine Stufe stellt, schafft er die psychologische Voraussetzung für
die Vorstellung, als könne die Muttersprache und das mit ihr verbundene Denken überhaupt in irgendeinem Zusammenhang aus der
weiteren Persönlichkeitsentwicklung ausgeschaltet werden. Dies
ist unserer Meinung nach nicht der Fall. Allenfalls ist es dann
möglich, die Muttersprache zurückzudrängen, wenn bereits eine
Zweitsprache in dem Masse gelernt worden ist, dass sie nun die
Rolle der Muttersprache übernehmen kann. Aber dies ändert grundsätzlich nichts an der Problematik.
Soweit daher im Fremdsprachenunterricht Kognition, Denken, Verstehen beteiligt oder jedenfalls anwesend ist - wenn vielleicht
auch nicht gerade auf den jeweiligen Unterrichtsgegenstand bezogen -   ist in hohem Masse auch die Fülle der in die Mutter-

sprache integrierten Fähigkeiten und Fertigkeiten anwesend, unabhängig davon, ob die Schüler dazu kommen, im Kopf ganze muttersprachliche Sätze auszuformulieren oder nicht. (Dies letztere - und das Entstehen zielgerichteter Gedankengänge bezüglich des Unterrichtsgegenstandes - ist es ja, was ein an der "direkten Methode" orientierter Fremdsprachenunterricht hauptsächlich aus dem Klassenzimmer zu verbannen versucht. Dies Bestreben beruht auf der irrigen Annahme, man könne auf diese Weise die muttersprachlichen Voraussetzungen für die Dauer einer Schulstunde aus dem Kopf der Schüler "verdrängen").

(b) Nehmen wir an, wir haben einem türkischen Schüler die deutsche Sprache beizubringen. Er soll - so PARREREN - ein völlig neues Spurensystem erwerben, das mit seiner Muttersprache in keiner Weise verbunden ist. Die Fähigkeit, Laute zu bilden, gehört zum Spurensystem der jeweiligen Sprache. Man muss hiernach annehmen, dass der Schüler im Endzustand in der Lage sein soll, zwei völlig getrennte Sätze von Lauten zu bilden - oder genauer: dass er über zwei getrennte Informationsnetze verfügen soll, von denen ihm das eine ermöglicht, die Laute des Türkischen zu bilden, das andere dagegen die Laute des Deutschen.

Nun ist die überwiegende Mehrzahl der Laute beider Sprachen in Bildung und Klang völlig identisch. Unterschieden sind diese identischen Laute - im systemlinguistischen Sinne - allerdings dadurch, dass sie sich in verschiedenen Lautsystemen befinden. Genau genommen ist die Sache jedoch noch komplizierter: einige dieser Laute sind nämlich nicht nur in Bildung und Klang, sondern auch in ihrem gesamten Gebrauch in nichts von den entsprechenden deutschen Lauten unterschieden, so etwa /b/, /d/, /p/, /t/, andere hingegen unterscheiden sich in ihren systematischen (morphophonemischen) Beziehungen (insbesondere die Vokale, die im Türkischen im System der Vokalharmonie, im Deutschen in den Beziehungen Grundvokal/Umlaut, "lang"/"kurz", und Restbeziehungen der Ablautreihen stehen, vgl. hierzu besonders Teil I, S. 49-56).

Wie hat denn nun der Lehrer nach Auffassung der "Systemtheorie" vorzugehen? Soll er alle deutschen Laute - unabhängig von Gleichheit oder Abweichung vom Türkischen - neu "konditionieren" - so als habe er einen Säugling vor sich? Sicher nicht. Natürlich wird er auf die dem Schüler bereits selbstverständlichen Laute zurückgreifen und nur die abweichenden neu zu konditionieren versuchen. Wird es weiterhin der erste Schritt sein, die vom Türkischen abweichenden morphophonemischen Beziehungen einzuschleifen? Oder genauer: wird man etwa auf die Vokale verzichten, solange man noch nicht sicher ist, dass der Schüler ihre systematischen Beziehungen innerhalb der deutschen Sprache angeeignet hat? Sicher nicht. Die ganze Planung muss darauf hinauslaufen, herauszufinden, worauf man zurückgreifen kann, und was man in welcher

Reihenfolge neu zu konditionieren hat. Für diese Planung ist eine
genaue Sachanalyse, die eine kontrastive Untersuchung beider Laut-
systeme einbezieht, ausgesprochen wichtig. Das Rezept, beide
Sprachsysteme von Anfang an getrennt zu halten, wälzt diese Aufgabe zwar vom Lehrer ab, stellt aber den Lerner vor eine ausgesprochen unfruchtbare Situation, wo er darauf angewiesen ist, sich den
Weg von seiner Muttersprache zur neuerlernten Sprache selbst zu
bahnen.

Man könnte nun allerdings den Ansatz der Systemtheorie auch so
auslegen, dass am Lernbeginn durchaus Berührung zwischen beiden
Systemen einkalkuliert wird, weil sie offensichtlich unumgänglich
ist, dass aber der ganze Lernprozess als sukzessive Systemtrennung
aufgefasst wird. Was würde dies bedeuten? Offensichtlich dies, dass
der türkische Schüler am Anfang seines Lernprozesses den Laut /b/
einmal in seinem Kopf abgespeichert hat, und dass die gleiche Information am Ende des Lernprozesses säuberlich getrennt an zwei
verschiedenen Stellen seines Hirns als Spur eingegraben ist. Das
würde dann für alle übereinstimmenden Operationen gelten, die in
beiden Sprachen vorkommen. Um den Gedanken auf die Spitze zu
treiben: sogar die Tatsache, dass man zum Sprechen den Mund
bewegen muss, und die Lateinbuchstaben müssten jeweils in so
vielen Ausgaben in unserem Kopf vorhanden sein, für wieviel Sprachen wir diese Informationen brauchen. Denn sonst würden wir bereits beim Öffnen des Mundes und spätestens beim Schreiben von
einem immensen Strom von Interferenzfehlern überfallen werden.
Dies ist aber nach einem erfolgreichen Unterricht keineswegs mehr
der Fall, und doch ist die Vorstellung einer Verdoppelung und Systemtrennung in diesen Fällen ausgesprochen widersinnig.

Wir meinen, dass solche Überlegungen zeigen, dass PARRERENs
Systemtheorie zu mechanistisch ist, um die tatsächlichen Vorgänge beim Erlernen einer Fremd- oder Zweitsprache wirklich aufdecken
zu können. In ihren Konsequenzen kann auch sie in der Fremd- und
Zweitsprachendidaktik nur Verwirrung anrichten. Insbesondere ist
sie geeignet, von einem der Haupterfordernisse, nämlich einer eingehenden Analyse des Unterrichtsgegenstandes und der Lernvoraussetzungen, abzulenken und Nachlässigkeit in Bezug auf die Sachanalyse als didaktisch positiv zu wertendes Verhalten zu qualifizie-
ren. In der Konsequenz führt auch diese Theorie dazu, die notwendige Zielorientierung der Lerner zu unterlaufen, denn was der Lehrer selbst nicht überblickt, darauf kann er nicht orientieren.

(c) Aufgrund der Tendenz, Verdrängung der Muttersprache zu för
dern und kontrastive Analyse für die Planung als irrelevant erscheinen zu lassen, kann die Systemtheorie im derzeitigen Zustand auch
aus theoretischen Gründen die Frage nach der Rolle des bewussten
Lernens, bzw. der Bewusstheit des Lernens im Fremdsprachenunterricht nicht stellen. Denn Bewusstheit über den Lernprozess ist -

solange nicht ein relativ hoher Grad an Zweisprachigkeit erreicht ist - nur im Zusammenhang mit der Muttersprache möglich. Ausserdem würde ohnehin jede explizit kontrastiv orientierende Arbeitsweise - also das Sichtbarmachen von Unterschieden, daraus resultierenden Lernschwierigkeiten und Fehlern und das Üben auf dieser Basis - die "Systemtrennung" auch nach aussen hin als illusorisch erweisen.

Gerade die Frage nach dem Anteil des Bewusstseins beim Erlernen einer Fremd- oder Zweitsprache scheint uns aber sehr wichtig zu sein. Schon der Fremdsprachenunterricht, der relativ niedrige Anforderungen stellt, was das Gesamtergebnis angeht, wird durch die oberflächlich bewusstlose Arbeitsweise desorganisiert. Für die ausgesprochen hohe Leistungsanforderung, eine Zweitsprache in kürzester Zeit umfassend beherrschen zu lernen, ist bewusstes Herangehen des Lerners um so wichtiger. Wir nehmen diese Frage im nächsten Abschnitt kurz auf, um danach etwas genauer auf Fragen des Sprachkontrasts, des Transfers und möglicher Sprachmischung einzugehen.

2.5. Zum Verhältnis von Übung und Bewusstheit.

Im Zusammenhang der Frage nach der Rolle des bewussten Lernens als Bestandteil des Zweitsprachlernprozesses - z.B. bei der Überwindung bereits eingeschliffener Fehler, bei der Ermittlung der unverstandenen Elemente im Text etc. - diskutierten wir unter anderem die Theorie der geistigen Handlungen von GAL'PERIN, die insbesondere in solchen Bereichen wie der Aneignung mathematischer Fähigkeiten gute Ergebnisse gebracht hat.[22]

Wichtig erscheint uns dabei insbesondere die Aufgliederung der Handlung in drei Phasen:

    a) Schaffung einer Orientierungsgrundlage
    b) der eigentliche Handlungsverlauf
    c) die Kontrollhandlung

(Diese drei Phasen sind nicht unbedingt voll sequentiell, können sich vielmehr überlagern).

Diese Phasen finden sich in jedem menschlichen Handeln. Steht es im Zusammenhang eines Lernprozesses, so hängt das Ergebnis wesentlich vom Grad der Vollständigkeit, Planmässigkeit und Bewusstheit der Orientierungsgrundlage ab. Die Handlung selbst kann materiell oder aber auch in materialisierter Form geschehen - etwa anhand eines Modells. Die Handlung wird mit der Zeit schrittweise von der bewussten, vollständigen Ausführung bis hin zu einer verkürzten, automatisierten überführt.

Ein grosser Teil der Arbeiten, die von dieser Theorie ausgehen, beschäftigt sich mit dem Erwerb von Kenntnissen; es gibt jedoch auch
solche, die speziell den Erwerb von Fertigkeiten betreffen - so etwa
"Die Bildung motorischer Schreibfertigkeiten in Abhängigkeit von
der Art der Orientierung in der Aufgabe"[23].
Den Bezug zum Fremdsprachenunterricht hat A.A.LEONT'EV herzu-
stellen versucht[24], jedoch scheint uns dieser Versuch im ganzen
noch zu schematisch. Richtig ist jedoch der Hinweis auf den Zusammenhang mit dem in sowjetischen Arbeiten vertretenen Prinzip:
"durch die bewusste Beherrschung der Sprache zur unbewussten".
Unsere Diskussion zu dieser Problematik ist noch nicht abgeschlossen. Wir meinen aber, dass wir - ohne der Gefahr schematischer
Übertragung zu erliegen - einiges aus den Arbeiten zur Theorie der
geistigen Handlungen gelernt haben.

Allgemein möchten wir zum Problem der Bewusstheit im Sprachlernprozess noch auf folgendes hinweisen. Natürlich werden die
ersten, später ins Ensemble der Muttersprache eingehenden Fähigkeiten ohne bewusste Steuerung gelernt, weil diese vor der Herausbildung des Bewusstseins natürlich noch nicht möglich ist. Es
ist aber gar nicht so klar, wie lange dieser Zustand andauert.
Spätestens beim Erwerb solcher grammatischen Erscheinungen wie
des Imperfekts spielt das Element der Bewusstheit eine grosse
Rolle. So bilden Kinder durchaus Theorieansätze zur Trennung bzw.
Analogie zwischen regelmässigen und unregelmässigen Verben
heraus, argumentieren mit ihren Eltern darüber - und diese tun
gut daran, zurückzuargumentieren, anstatt nur einzuschleifen. Die
korrektiven Eingriffe der Eltern in den Sprachgebrauch ihrer Kinder
fordern ohnehin zu Widerspruch und damit zum Nachdenken über
die Sache heraus. Es ist daher völlig unberechtigt, wenn sich Vertreter der "direkten Methode" zur Begründung des Grammatikaus-
schlusses auf die Art und Weise berufen, wie ein Mensch normalerweise seine Muttersprache lernt.

2.6. Der Sprachkontrast und seine Folgen für Spracherwerb und Vermittlung.

Zu den kontroversen Themen der Sprachlehrproblematik gehört auch
die Frage, wieweit der Kontrast zwischen Muttersprache und Fremd-
bzw. Zweitsprache Auswirkungen auf die Lern- bzw. Erwerbssitua-
tion hat. Besonders in letzter Zeit scheint es modern geworden zu
sein, die Existenz von Interferenzfehlern - oder jedenfalls die Nach-
weisbarkeit eines Einflusses der Muttersprache als Fehlerquelle
- zu bezweifeln. Uns ist bisher noch nicht ganz klar geworden, welche Motivationsstrukturen und Intentionen hinter solchen Zweifeln
stecken. Deutlich ist, dass die Bestreitung eines Einflusses der
Muttersprache es als "überflüssig" erscheinen lässt, diese zur

Kenntnis zu nehmen bzw. sie den Lehrern zur Kenntnis zu bringen.
Im übrigen impliziert natürlich jeder weitgehende Verzicht auf
Stoff- und Lernzielanalyse auf jeden Fall auch den Verzicht auf
kontrastives Arbeiten. Es könnte sich daher bei den genannten Zweifeln um eine sekundär entstandene Rechtfertigungsstrategie handeln.

Unabhängig von dieser Einschätzungsfrage möchten wir jedoch betonen, dass uns solche Zweifel von der Sache her völlig unverständlich sind. Um von vorn herein die praktische Relevanz von Sprachkontrast und daraus resultierenden Fehlern zu belegen, wollen wir
kurz drei solcher Fehler vorführen. Ihre genauere Besprechung und
eine breitere Auswahl solcher von uns beobachteter Fehler findet
sich am Ende dieses Abschnitts (2.6.6.)

2.6.1. <u>Drei vom Türkischen her erklärbare Deutschfehler.</u>

Zum Beleg des muttersprachlichen Einflusses haben wir je einen
Fehler aus dem Bereich der Laute, der Syntax und aus dem der
Lexik ausgewählt - Fehler, die sehr häufig und unserer Meinung
nach typisch für Sprecher des Türkischen sind.

(a) Türkische Schüler - besonders ältere, die spät mit dem Deutscherwerb begonnen haben - sprechen anstelle der Affrikate /ts/ (also
u.a. für unseren Buchstaben /z/) ein stimmloses /s/. Dieses sprechen sie - entgegen den Regeln des Deutschen, aber in Übereinstimmung mit denen des Türkischen - auch am Wortanfang. Die einfach-
ste und wohl richtige Erklärung ist, dass ihnen das Erkennen und
Reproduzieren des Lautes /ts/ schwerfällt, weil er im Türkischen
nicht vorhanden ist.

(b) Türkische Kinder benutzen, solange sie im Deutschen schwach
sind, keine Genitivkonstruktionen, sondern nur Possessivpronomina.
Fangen sie jedoch an, den "Genitiv" von Substantiven zu benutzen,
so bilden sie Konstruktionen verschiedener Spielarten, in denen
aber das Attribut dem Kopfnomen immer vorausgeht, im Gegensatz
zum Deutschen, wo die umgekehrte Folge weit häufiger ist. Es gibt
hierfür mehrere Erklärungsansätze. Die richtigste Erklärung scheint
uns jedoch der Hinweis auf die Tatsache zu sein, dass im Türkischen die Reihenfolge GENITIV/KOPFNOMEN obligatorisch ist.

(c) Ein typischer lexikalischer Fehler ist die relativ undifferenzierte
Verwendung von <u>nehmen</u> in Sätzen wie:

> Ich gehe in den Laden und <u>nehme</u> ein Pfund Fleisch.
> Was hast du von Englisch <u>genommen</u>.

Dieser Fehler ist am besten auf der Basis der Semantik und des
Verwendungsbereichs von türkisch <u>almak</u> "nehmen"/"bekommen"/

"kaufen" zu erklären.

2.6.2. Zum Stellenwert der Interferenzfehler in der Gesamtproblematik.

Zunächst einmal muss man bedenken, dass nicht alle - vielleicht nicht einmal die Hälfte - der vorkommenden Fehler durch direkten Einfluss der Muttersprache zu erklären sind. Immerhin bleibt aber doch ein beträchtlicher Anteil übrig.

Ein zweiter Punkt ist der, dass die Fälle fälschlicher Modellierung des Deutschen nach dem Muster des Türkischen keineswegs besonders häufig am Anfang des Deutscherwerbs auftreten, um danach langsam abzunehmen. Man muss vielmehr erst einmal über eine gewisse Menge von Bildungsmitteln der Zweitsprache verfügen, um sie vielfältig nach dem Muster der Muttersprache einsetzen zu können. Die Modellierung des Deutschen nach dem Muster des Türkischen ist also - bei mangelnder unterrichtlicher Steuerung - ein ziemlich lang anhaltender Prozess. Dies führt unter anderem auch dazu, dass komplexe Fehler als Mischungen falscher Verarbeitung deutscher Konstruktionen und der Übertragung türkischer Regeln entstehen.

Schliesslich lässt sich aber die Frage der Auswirkung des Sprachkontrasts nicht auf die sog. Interferenzfehler reduzieren. Sehr viel wichtiger ist unseres Erachtens, dass bei starkem Sprachkontrast die Lerner es sehr viel schwerer haben, die Konstruktionen und sonstigen Eigenschaften der Zielsprache aufzunehmen, zu behalten und zu reproduzieren. Dies schlägt sich nicht in erster Linie in Modellierung der Zielsprache nach dem Muster der Muttersprache nieder, sondern in Reduktion zielsprachlicher Erscheinungen, in falscher Reproduktion und falscher Verallgemeinerung oder einfach in dem Versuch, die fragliche Eigenschaft der Zielsprache im aktiven Gebrauch zu meiden. Ein türkischer Schüler, der in seiner Muttersprache über kein grammatisches Geschlecht verfügt, kann diese Eigenschaft auf das Deutsche im strengen Sinne nur übertragen, indem er (a) keinen Artikel benutzt, oder (b) eine unveränderliche Einheitsform, etwa d∂ . Dies würde jedoch angesichts der ständig auf ihn einströmenden Artikelformen die, der, das, den, dem ein sehr bewusstes und entschlossenes Verhalten voraussetzen, das kaum erklärlich wäre. Es ist jedoch auch ein Ergebnis des Sprachkontrasts, wenn er die gehörten Artikelformen einigermassen funktionslos und unsystematisch verwendet, oder wenn er sich in groben Zügen seine eigenen Verwendungsregeln zurechtmacht.

Es soll hier daher in keiner Weise behauptet werden, dass jeder erhebliche Sprachkonstrast sich unbedingt in Interferenzfehlern niederschlägt. Wohl aber glauben wir feststellen zu können, dass

(a) jeder erhebliche Sprachkontrast Lernschwierigkeiten zur Folge hat, die in Fehlern verschiedener Art resultieren können, aber auch einfach im Vermeiden der fraglichen Eigenschaften, und dass (b) die Zahl der vorkommenden Interferenzfehler bei starkem Sprachkontrast nicht unterschätzt werden sollte. Beide Feststellungen gelten besonders dort, wo ein beträchtlicher Teil des Zweitspracherwerbs ausserhalb eines sinnvoll angelegten Unterrichts geschieht und die Lerner bereits im Schulalter sind. (Für kleinere Kinder gelten Sonderbedingungen.)

2.6.3. Auf welcher Basis wird die Fremd- oder Zweitsprache gelernt?

Wie bereits angedeutet, ist eine Sprache ein sehr kompliziertes Gebilde, dessen Beherrschung den Erwerb und die sukzessive Integration einer Reihe sehr unterschiedlicher Fähigkeiten erfordert. Gemeinsam mit der Sprache eignet sich der Mensch seine Begrifflichkeit an, die dann im weiteren Verlauf seine Erkenntnistätigkeit und seine Handlungen durchdringt und steuert. Diesen entscheidenden Fähigkeitsbesitz ausgerechnet aus der Situation des Fremd- und Zweitsprachenerwerbs wegdenken zu wollen, ist unsinnig, weil der Erwerb einer neuen Sprache auf keinen Fall inhalts- und bewusstlos zu bewältigen ist.

Hierüber hinaus gibt es aber noch ein weiteres, wichtiges Argument für die Rolle der Muttersprache: soll wirklich angenommen werden, dass sich der Lerner den ganzen ungeheuren Apparat Sprache - einschliesslich seines Bezuges zum Denken - ein zweites Mal konstruiert?

Es gibt auf diese Frage drei mögliche Antworten:

(a)   In der Tat erreicht der Fremdsprachenunterricht eine weitgehende Nachschaffung der Sprache durch den Lerner, ohne ihm dabei einen Rückgriff auf irgendein Modell gestatten zu müssen.

(b)   Selbstverständlich greift der Lehrer auf ein dem Lerner bereits zur Verfügung stehendes Modell von Sprache zurück, und dies ist notwendigerweise die Muttersprache. Der Lerner erwirbt die neue Sprache entlang den Linien dieses Modells, wobei er jedoch lernt, was er beim Gebrauch der Fremdsprache weglassen bzw. anders machen muss. (Eine Alternative wäre: der Lerner schafft sich nach und nach eine veränderte Kopie des Modells Muttersprache, die dann im Endeffekt von diesem losgelöst ist. Diese Vorstellung scheint uns aber zu mechanistisch.)

(c) Selbstverständlich greift der Lehrer auf ein dem Lerner bereits
zur Verfügung stehendes Modell von Sprache zurück, aber das
ist nicht die spezielle Muttersprache, sondern ein allen realen
Sprachen unterliegendes, den Menschen angeborenes abstraktes
Sprachmodell. Diese Antwort entspricht etwa der Position
HUMBOLDTs und CHOMSKYs.

Die erste Antwort ist ziemlich vermessen und dementsprechend un-
glaubwürdig. Wenn man bedenkt, wie wenig Zeit und Übungsmög-
lichkeiten etwa dem heutigen Englischunterricht zur Verfügung steht,
so wird man kaum geneigt sein, den in diesem Unterricht immerhin erworbenen konzentrierten und koordinierten Einsatz der verschiedensten Fähigkeiten und Fertigkeiten für völlig vorbildlos "neuerwor-
ben" zu halten. Wir brauchen daher den Fall des völlig modellfreien
Lernens nicht weiter zu diskutieren.

Die zweite und die dritte Antwort erscheinen demgegenüber auf den
ersten Blick insofern gleichwertig, als beide eine einleuchtende Erklärung für die Möglichkeit des - gegenüber dem Erwerb der Erstsprache - effektiven und gerafften Fremd- oder Zweitsprachenerwerbs
zu geben scheinen. Sie sollen deshalb im folgenden kurz miteinander verglichen werden.

Die zweite Antwort geht davon aus, dass die verschiedenen Sprachen Produkte einer viele hunderttausend Jahre dauernden gesellschaftlichen Entwicklung sind - Produkte, die sich jedes Individuum
in seinem Leben neu aneignen muss. Die Entwicklung einer Sprache ist nie abgeschlossen, jede Generation fügt wiederum etwas
hinzu. Durch den Kontakt zwischen den entsprechenden Völkern beeinflussen die Sprachen einander gegenseitig. Es gibt aber auch
in jeder Sprache sozusagen "konservativere" Bereiche - etwa die
Grundzüge der Grammatik - und sich schneller entwickelnde Bereiche - etwa Teile des Wortschatzes. Die prinzipielle Gleichheit der
Sprachen erklärt sich aus diesem Ansatz daraus, dass (a) überall auf der Welt das gleiche Lebewesen - der Mensch - mit den
gleichen Problemen konfrontiert war, und dass (b) im Laufe der
Geschichte immer wieder erhebliche Kontakte stattgefunden haben.

Folgt man dieser Auffassung, so muss man annehmen, dass dem
nur seine Muttersprache beherrschenden Lerner nur diese als Modell
der zu erlernenden Sprache zur Verfügung steht. Dies Modell trifft
natürlich in seinen Grunzügen in jedem Fall zu, weil eben die
Sprechtätigkeit im Prinzip bei allen Völkern analog organisiert ist.
Dementsprechend geht ja auch der Lerner mit dem Verständnis an
seine Aufgabe heran, er solle "so sprechen lernen, wie die X-län-
der", d.h. er kommt überhaupt nicht erst auf die Idee, dass es
sich um einen Vorgang völlig neuer Art handeln könnte, der mit
seiner Art, sich in der Muttersprache zu verständigen, nichts zu
tun hat. Er hat aber andererseits auf diesem Stand keinerlei Hin-

weis darauf, was an seiner bisherigen Sprechfähigkeit geeignet ist,
übernommen zu werden, und was in welcher Richtung und in welchem Masse verändert werden muss. Er kann sich von sich selbst
aus hierüber auch nur durch die Versuch-und-Irrtum-Methode Ge-
wissheit verschaffen - und dies ist sehr umständlich und wenig
effektiv.

Aus dieser Position lassen sich vier Annahmen ableiten:

(a) Je jünger der Lerner ist (im Rahmen des Vorschulalters), um
so weniger ist die Muttersprache ausgebildet - um so mehr wird
sein Zweitsprachlernprozess daher dem Erwerb der Erstsprache
ähneln können. Dies ist vielfach beobachtet worden und scheint
sich am Fall der von uns beobachteten Kinder vom Ergebnis her
gesehen auch zu bestätigen.

(b) Der Unterricht kann nicht einfach darin bestehen, den Lernenden in Kontakt mit der Fremdsprache zu bringen. Er muss vielmehr
sehr genau dahingehend geplant sein, dass der Lerner zu unterscheiden lernt, welche Eigenschaften seines Modells er weiter verwenden
kann und welche er für die Kommunikation in der Fremdsprache
weglassen bzw. hinzuentwickeln muss.

(c) Es kann für den Erwerbsprozess nicht gleichgültig sein, wie
gross der Unterschied zwischen Modell und zu erlernender Sprache
ist, und gleichfalls nicht: worin er besteht. D.h. es ist eine extrem unterschiedliche Aufgabenstellung, einen Deutschen z.B. Englisch lernen zu lassen, oder aber einen Türken die deutsche Sprache.
Es ist auch keineswegs dasselbe, ob ein Türke Deutsch lernt, oder
ein Deutscher Türkisch (letzteres ist erheblich leichter!). Dass es
sich hier um qualitativ verschiedene Aufgaben handelt, muss einen
deutlichen Einfluss auch auf die Planung und Gestaltung von Lehr-
mitteln und Unterricht haben.

(d) Die Frage, ob ein Mensch bereits eine Fremdsprache gelernt
hat und mit welchem Grad an Bewusstheit dies geschehen ist,
spielt für den Erwerb einer weiteren Fremdsprache insofern eine
grosse Rolle, als hierdurch gegebenenfalls dem Lerner einiges darüber bewusst geworden ist, welche Eigenschaften seiner Muttersprache er zu relativieren hat. Ebenso schafft das Begreifen der
eigenen Muttersprache (etwa in der Sprachbetrachtung) günstigere
Voraussetzungen für den Zweit- bzw. Fremdsprachenerwerb.

Vergleichen wir nun hiermit die dritte Antwort, wie sie auf der
Basis der Sprachtheorien HUMBOLDTs und CHOMSKYs - und selbstverständlich vieler früherer Philosophen - gegeben werden müsste.

Nach dieser Auffassung könnte auf die Muttersprache als Modell
verzichtet werden, da dem Lerner bereits ein weit besseres Modell

zur Verfügung steht oder verfügbar gemacht werden kann: die Universalgrammatik, anhand derer er seine Muttersprache erworben hat, die ihn aber auch zum Erlernen jeder anderen Muttersprache befähigt hätte.

Auf der Basis dieser Annahme ist durchaus eine Begründung der "direkten Methode" denkbar. Man könnte etwa so argumentieren, dass die Anwesenheit der Muttersprache - d.h. all ihrer nationalsprachlichen Spezifizierungen des ansich unspezifizierten Modells - schädlich sei, weil sie den Lerner daran hindere, unmittelbar auf die ihm angeborene Universalgrammatik zurückzugreifen. Der Unterricht habe daher die Muttersprache abzudrängen und unmittelbar an das zugrundeliegende Universalmodell anzuknüpfen. Geht man von dieser Position aus, so lässt sich zu den angeführten Annahmen folgendes sagen:

(a) Das unterschiedliche Verhalten sehr junger Lerner müsste dadurch begründet werden, dass bei ihnen die Muttersprache noch nicht so gefestigt ist, so dass sie noch einen unmittelbaren Zugriff auf das ihnen angeborene Universalmodell haben. Später muss dieser Zugriff erst wieder hergestellt werden.

(b) Im Prinzip müsste es ausreichen, den Lerner systematisch mit der Fremdsprache in Kontakt zu bringen. Dabei sollte nicht auf den Unterschied zwischen Mutter- und Fremdsprache, wohl aber auf die speziellen Eigenschaften der Fremdsprache gegenüber dem Universalmodell abgehoben werden.

(c) Die Bedeutung des Sprachkontrasts für den Erwerb einer weiteren Sprache kann man aus dieser Sicht nicht erklären - es sei denn, man nimmt an, dass die verschiedenen Nationalsprachen die zugrundeliegende angeborene Universalsprache verschieden gut vertreten. In diesem Falle wäre ein Lerner, der eine der Universalsprache nahekommende Sprache spricht und eine zweite solche Sprache zu lernen hat, natürlich im Vorteil gegenüber einem andern, der von einer sehr umständlichen Verwirklichung ausgeht und eine andere, ähnlich ungenaue und umständliche Verwirklichung zu lernen hat. Diese Position könnte auf der Basis von HUMBOLDT, aber wohl nicht auf der Basis von CHOMSKY vertreten werden.

(d) Der Einfluss früheren Fremdsprachenlernens auf die Lernfähigkeit könnte im Rahmen dieser Grundannahme so erklärt werden, dass das Erlernen einer Fremdsprache grundsätzlich den Zugang zum eigeborenen Modell der Sprache erleichtert.

Der Gerechtigkeit halber muss angefügt werden, dass aus CHOMSKYs Annahme einer angeborenen Universalsprache, von der alle realen Sprachen eine Realisation sind, nicht notwendig die Akzeptierung der "direkten Methode" folgt. Vielmehr lässt sich auch

von dieser Annahme aus für eine am Sprachkontrast orientierte Unterrichtsplanung und Unterrichtsgestaltung argumentieren. Man könnte z.B. sagen, dass dem Lerner im Schulalter bereits die Universalsprache nur noch über die Erkenntnis seiner Muttersprache und den Sprachvergleich möglich ist. Denn: den Lerner einfach nur auf das (angeblich) in ihm vorhandene universalsprachliche Modell zu verweisen, heisst ja konkret nichts anderes, als ihn in die relativ schwierige Situation des Erstspracherwerbs versetzen zu wollen.

Zu unserer Position in dieser Frage möchten wir kurz folgendes feststellen:

Aus einer Reihe sprachtheoretischer Überlegungen wie auch praktischer Beobachtungen, die in diesem Rahmen nicht ausgeführt werden können, halten wir die Annahme einer angeborenen universalen Tiefenstruktur für falsch. Unserer Auffassung nach erwirbt sich jeder Mensch sein erstes Modell von Sprache ausschliesslich durch den Erwerb der Muttersprache (es sei denn, er wächst von vorn herein mehrsprachig auf). Von dieser Position aus ist der Erwerb einer weiteren Sprache nur auf der Basis der Muttersprache - gewissermassen als Erweiterung des bisher erworbenen Modells von Sprache - denkbar. Erwirbt ein Mensch in seiner frühen Kindheit mehrere Sprachen gleichzeitig, so bilden diese zusammen das ihm zur Verfügung stehende Sprachmodell. Der Erwerb einer weiteren Sprache führt - in dem Masse, wie beide Sprachen unterschieden sind - zu einer Erweiterung des Sprachmodells im Kopf des Lerners. Eine gute Orientierungshilfe kann ihm dabei die bewusste Gegenüberstellung der abweichenden Eigenschaften beider Sprachen und ihre begriffliche Aufarbeitung sein, nur darf diese Seite des Lernprozesses nicht verabsolutiert werden.

2.6.4. "Kombinierte" und "koordinierte" Zweisprachigkeit.

In der Literatur zum Bilinguismus wird seit ERVIN & OSGOOD (1954)[25] zwischen zwei verschiedenen Typen von Zweisprachigkeit unterschieden, die aus einer unterschiedlichen Situation im Erwerb der Zweitsprache resultieren sollen. "Kombinierter" Bilinguismus entsteht danach dann, wenn die Erwerbskontexte assoziiert sind und die zweite Sprache daher in Referenz zur Muttersprache erlernt wird. In diesem Fall werde das System von Verhaltensweisen aus der Muttersprache auf die Fremdsprache übertragen, es komme zu häufigen Interferenzfehlern, und zwar insbesondere in der zweiten Sprache. Eine "koordinierte" Zweisprachigkeit bilde sich demgegenüber heraus, wenn die zweite Sprache in solchen Kontexten erworben wird, in denen die bereits erworbene Muttersprache nicht auftritt. "Koordinierte" Zweisprachig-

keit zeichne sich dementsprechend durch fehlende oder niedrige
Interferenz aus. Der einzige Vorteil der "kombinierten" Zweisprachigkeit sei die - gegenüber "koordiniertem" Bilinguismus - bessere Fähigkeit zum Übersetzen.

Unschwer erkennt man hinter dieser Unterscheidung die Grundposi-
tion der "direkten Methode". Folgt man dieser Auffassung, so muss
man annehmen, dass der Grund für das Auftreten von Interferenzfehlern nicht die Grösse und Qualität des Sprachkontrasts, sondern
einzig und allein unzureichende Trennung der Erwerbskontexte ist.
Man muss weiter folgern, dass die Türken in der Bundesrepublik
insgesamt weniger Interferenzfehler im Deutschen machen, als ein
Deutscher beim Gebrauch des Englischen, wenn er nicht gerade
ausschliesslich nach der "direkten Methode" unterrichtet worden
ist. Annahmen dieser Art sind in der Tat auch schon deduziert worden[26]. Ausserdem müssten die Eltern weniger Interferenzfehler
machen, als die Kinder, da die Kinder in der Schule auf beide
Sprachen treffen und sogar auf Lehrer, die sie in beiden Sprachen
abwechselnd unterrichten (auch untereinander wechseln die Kinder
offenbar häufiger zwischen beide Sprachen, als die Erwachsenen).
Unter den Eltern müssten im Durchschnitt die Väter mehr Interferenzfehler machen, da sie im Durchschnitt häufiger in zweisprachige Situationen kommen. Und unter den Kindern müssten wiederum
diejenigen mehr Interferenzfehler aufweisen, deren Eltern ab und
zu mit ihnen Deutsch sprechen, als die, deren Eltern kein Deutsch
sprechen können.

Betrachtet man die wirkliche Situation, so sieht man sofort: das
genaue Gegenteil ist der Fall. Im Durchschnitt machen erwachsene Türken mehr und schwerere Interferenzfehler, als ihre Kinder.
Unter den Kindern, die im gleichen Alter mit dem Deutscherwerb
begonnen haben, machen diejenigen deutlich weniger Fehler, die in
ihrer häuslichen Umgebung häufig Deutsch sprechen, und zwar, obwohl das Deutsch ihrer Eltern in vieler Beziehung vom Normdeutsch
abweicht. Dies ist auch bei näherer Betrachtung keineswegs paradox,
da die Kinder durch die Tatsache, dass ihre Eltern mit ihnen Deutsch
sprechen, (a) stärker zum Erlernen des Deutschen motiviert werden, und da sie (b) besser auf den Kontakt mit Sprechern, die
ausschliesslich die deutsche Sprache benutzen und verstehen, vorbereitet sind und daher solche Situationen besser ausnutzen können.
Auch zweisprachiger Deutschunterricht, abgehalten durch türkische
Lehrer, hat keineswegs den negativen Erfolg, der von der "Theorie"
vorausgesagt wird, vorausgesetzt, die Lehrer beherrschen das Deutsche, benutzen es wirklich auch im Unterricht und produzieren
dabei nicht selbst allzu viele unkontrollierte Interferenzfehler.

Die beiden Beobachtungen, die man dagegen in der Praxis immer
wieder machen kann, nämlich dass (a) Interferenzfehler zunehmen
mit zunehmendem Alter des Zweitspracherwerbs, und (b) dass be-

wusstes Lernen - und als Voraussetzung dafür der begriffliche
Stand des Lerners - den Interferenzfehlern entgegenwirken kann,
lassen sich auf der Basis der Trennung von "kombinierter" und
"koordinierter" Zweisprachigkeit demgegenüber nicht erklären.

Alles in allem sind wir durch unsere Beobachtungen zu der Gewiss-
heit gekommen, dass es sich bei dieser Unterscheidung um einen
Mythos handelt, oder genauer genommen: um die mechanische Umsetzung einer falschen, am Behaviorismus orientierten didaktischen
Theorie in Termini der Bilinguismustheorie. Anstelle globaler Annahmen wie der von zwei unterschiedlichen Bilinguismustypen
sollte man lieber genauer untersuchen, unter welchen Bedingungen
(a) Interferenzfehler vermieden bzw. abgebaut werden können, und
(b) was man zur Entwicklung solcher Fähigkeiten wie schnellem
Springen zwischen mehreren Sprachen und exakter und schneller
Übersetzung durch welche Massnahmen beitragen kann.

2.6.5. Zum Ausmass des Sprachkontrasts.

Ein Teil der derzeitigen Einstellung der Didaktik zur Frage des
Sprachkontrasts dürfte - wie bereits (2.2.) erwähnt - etwas damit
zu tun haben, welche Sprachen üblicherweise welchen Lernern nahe-
gebracht werden. Es ist unverkennbar, dass etwa der Erwerb der
Konstruktionen der englischen Sprache durch einen Deutschen eine
sehr viel geringere Gesamtleistung darstellt, als der der Konstruktionen des Deutschen durch einen Türken (vom Vokabular ganz zu
schweigen!). Wir wollen dies an einem Beispiel illustrieren, wobei wir versichern können, dass wir keineswegs einen extremen
Fall herausgegriffen haben. Wir beginnen mit einem Beispiel aus
der Englisch-Didaktik.

In seinem Aufsatz "Überlegungen zu einer modernen Lerngrammatik"[27]
stellt Oswald STEIN die Frage, "welche kognitiven Elemente denn
in einem frühen Stadium des Lernprozesses erforderlich sind" (S.85).
Er verdeutlicht seine Antwort auf diese Frage an einem Beispiel,
das wir um der Klarheit des Arguments willen hier voll zitieren
wollen:

"Einzuüben ist die Struktur NP + who + VP (the man who came
to dinner, the man who knew too much). Sie wird nicht in einem
eigens zu diesem Zweck verfasslen Text "versteckt", um von den
Schülern entdeckt zu werden ("Induktiver Grammatikunterricht").
Vielmehr wird eine Reihe von Sätzen, die diese Struktur enthalten,
im Rahmen einer Situation vom Lehrer oder von einem technischen
Medium mündlich dargeboten. In der anschliessenden Übungsphase
wird der Lernprozess durch ein Bewusstmachen der Gesetzmässig-
keit gefördert. Das bedeutet nun nicht, dass in der Weise des
alten Grammatikunterrichts das Kapitel "Relativsätze" abgehandelt

wird. Es genügt vielmehr festzustellen, dass an einer bestimmten Stelle in dieser Struktur das Wort who erscheint. Wieweit
diese Einsicht von den Schülern allein vollzogen werden kann
oder wieweit sie ausdrücklichen Hinweises durch den Lehrer bedarf, hängt von der Lerngruppe ab. In ähnlicher Weise wird die
Struktur NP + that + VP gelernt (the cat that drank all the
milk, the shot that killed Jimmy Hotchkiss).
In der nächsten Phase des Lernprozesses werden die beiden zunächst unabhängig voneinander gelernten Strukturen zueinander in
Opposition gesetzt und es wird festgestellt, wann who und wann
that gebraucht wird, natürlich nur innerhalb der gelernten Strukturen."

Wir würden der hier vertretenen Auffassung im wesentlichen zustim-
men, meinen allerdings, dass der Lehrer gut daran täte, den Terminus Relativsatz oder relative clause einzuführen, um später
leichter auf die bereits gelernte Erscheinung zurückgreifen zu können. Er schafft damit nicht mehr, als eine Benennung für etwas,
was auch von STEIN implizit vorausgesetzt wird: das Verständnis der Schüler dafür, dass es sich bei dem vorgeführten Gebrauch
von who und that im Kern um ein und dieselbe Sache handelt -
wie sollte sonst die letzte von STEIN genannte Phase des Ver-
gleichens möglich sein. Die Benennung der Erscheinung ersetzt
natürlich nicht das Einüben und Festigen der behandelten Erscheinung, ist aber insofern sinnvoll und notwendig, als es einen
schnellen Zugriff auf sie ermöglicht. Dies wird insbesondere dann
nützlich, wenn sehr viel später in Anknüpfung an die bereits behandelten, unkomplizierten Fälle des Relativsatzes die für den deutschen Lerner bizarren Eigenschaften englischer Relativsätze gelernt
werden sollen (also etwa die Fälle mit weggelassenem Pronomen
und die Stellung der Präposition, wenn eine Präp-Phrase relativi-
siert ist.) Jedoch wird man im Englischunterricht notfalls auch
ohne die Benennung durchkommen.

Eine zweite zusätzlich Empfehlung für den Englischlehrer wäre
wohl die, dass er die Tatsache bewusst macht, dass who und
that jeweils an mehreren Stellen gebraucht werden. who ist ja
auch Fragepronomen (für Personen), und that ist auch Demonstrativum und ausserdem Konjunktion. Wir halten es für durchaus
nicht schädlich, wenn die Schüler auf diesen mehrfachen Gebrauch
der oberflächlich gleichen Strukturwörter hingewiesen werden, sobald
die verschiedenen Gebrauchsweisen eingeführt sind (und das Frage-
und Demonstrativpronomen dürfte vor dem Relativum eingeführt
werden!). Nur indem man diese mehrfunktionale Verwendung bewusst macht, kann man Verwechslungen verhindern. Ausserdem
ist die Beschränkung des Fragewords who auf Personen ein guter
Hinweis auf die entsprechende Beschränkung beim Relativum who.
Schliesslich ist es vielleicht auch nicht schlecht, nach und nach
den Oberbegriff des Pronomens nebenbei mit zu entwickeln. Aber
auch in diesem Punkt kann der Englischlehrer wohl durchkommen,

ohne Bewusstsein zu schaffen.

Der Grund dafür, dass der Stellenwert von Grammatik im Englischunterricht strittig sein kann, wird sofort klar, wenn wir uns im Fall
des oben zitierten Beispiels fragen , was der deutsche Schüler denn
hier eigentlich neues zu lernen hat. Die geübte Struktur in ihrer Gesamtheit ist zunächst einmal ganz offensichtlich nicht neu. Im
Englischen wie im Deutschen bildet man Relativsätze dadurch, dass
man den identischen Satzteil innerhalb des Relativsatzes pronominalisiert und das Pronomen an die Satzspitze stellt. Diese Konstruktion existiert in vielen, besonders in den "bekannteren" Sprachen,
ist aber keineswegs die einzig mögliche (wie man sich durch einen
Blick in den Sammelband "The Chicago which Hunt"[22] überzeugen
kann) und nicht einmal die häufigste. Sie ist ausserdem ziemlich
umständlich und würde bei der Konstruktion einer einigermassen
sinnvollen Universalgrammatik sicher nicht berücksichtig werden.
Im Türkischen existiert sie nicht.

Was neu ist für den deutschen Schüler, ist (a) dass die Wortfolge
gegenüber dem einfachen Satz nicht verändert wird (keine Enstellung des Verbs) und (b) die Auswahl der Pronomina. Es ist allerdings eine Frage, bis zu welchem Grade es ihm in der von STEIN
angesprochenen Unterrichtssituation noch neu ist.
Beginnen wir mit (a), also der Satzstellung. Hier könnte der deutsche Schüler eventuell darauf kommen, das Verb ans Satzende zu
stellen. Der Schüler wird jedoch auf jeden Fall anhand der Stellung
der Temporaladverbien erfahren haben, dass er nicht einfach die
deutsche Satzstellung voraussetzen kann. Er wird weiterhin vermutlich einfache Konjunktionen vom Typ because, when und that bereits kennen und ebenso vielleicht den Gebrauch von Infinitivsätzen.
In diesem Fall ist ihm die Tatsache, dass keine Endstellung des
Verbs vorkommt, sicher nicht mehr neu. Es scheint übrigens auch
einfacher zu sein, von der differenzierten Satzstellung im Deutschen
(Zweitstellung/Endstellung) auf die einheitliche im Englischen überzugehen, als umgekehrt.
Was (b) - die Auswahl der Pronomina - angeht, ist der Schüler
wieder in einer relativ guten Situation. Beide sind ihm bereits bekannt, who aus dem Fragesatz, that als Demonstrativum. Who ist
vom Fragesatz her eindeutig als Pronomen nur für Lebewesen, insbesondere Menschen, gekennzeichnet. Über that - wie auch über
den Artikel - weiss der Schüler auf jeden Fall bereits, dass er
nicht wie im Deutschen Genera zu unterscheiden hat. Er wird es
auch kaum versuchen, da ihm der Artikel the des übergeordneten
Nomens keinerlei Anlass dazu gibt. (In dieser Hinsicht ist die
Situation des deutschen Lerners wiederum besser, als die des
Deutsch lernenden Engländers - eine Tatsache, die zeigt, dass
neben dem Ausmass des Sprachkontrasts auch die Richtung, in
der er gemeistert werden muss, eine Rolle spielt.)

Neu ist für den deutschen Schüler in der von STEIN angeführten
Situation lediglich die Verwendung von who und that (etwa anstelle von the, welches ja aber im Englischen sowieso zugunsten von
that eingeschränkt ist, vgl.: der Mann mit that man , das ist
ein.... mit that is a...), ausserdem die Verteilung zwischen
beiden, die - entsprechend STEINs Beispielen - zunächst einmal
auf den Nenner menschlich/nichtmenschlich gebracht werden sollte. Es geht also genau genommen um eine reine Frage der Wort-
wahl - allerdings im Bereich der Strukturwörter - und diese Wort-
wahl ist selbst bis zum gewissen Grade vorbereitet. Wir meinen
trotzdem, dass man natürlich die Lernleistung des deutschen Schülers bei diesem Lernschritt nicht unterschätzen sollte, und dass
selbstverständlich nicht so vorgegangen werden darf, wie in früheren Lehrbüchern, wo der Schüler mit allen möglichen Eigenschaften
des englischen Relativsatzes innerhalb einer Lektion konfrontiert
wurde.[29]

Kommen wir jetzt jedoch zu der Situation eines türkischen Schülers, der die funktional entsprechenden Strukturen des Deutschen
lernen soll. Wie bereits bemerkt, verfügt er im Türkischen über
keine formal vergleichbare Struktur, wohl aber über eine funktional
äquivalente, die formal unseren partizipialen Attributen nahe kommt.
Man sagt also im Türkischen für:

> the man who came to dinner
> der Mann, der zum Essen kam/gekommen ist

soetwas wie:

> der zum Essen kommende Mann

nämlich:

> yemeğe gelen adam.
> (/Essen+DAT komm-end Mann/)

Wie man sieht, ist in dieser Konstruktion (a) der Relativsatz vorangestellt, (b) der relativisierte Satzteil gelöscht, (c) das Verb
in ein Partizip überführt, das kein Tempusmerkmal mehr trägt, jedenfalls nicht für den Unterschied Präsens/Präteritum. Von dieser
Konstruktion aus kann man zwar relativ schnell zum attribuierten
Partizip im Deutschen kommen (was andererseits für den Englän-
der schwieriger ist), aber nicht zum deutschen Relativsatz.

Um keinen vorschnellen Optimismus hinsichtlich des attribuierten
Partizips aufkommen zu lassen, soll hier kurz angedeutet werden,
welche Voraussetzungen und Folgen die Vermittlung dieser Konstruktion hat.
Als Voraussetzung muss wenigstens bekannt sein: (a) der deutsche
Artikel einschliesslich seiner wichtigsten morphosyntaktischen Eigenschaften (das Türkische hat keinen Artikel, kein grammatisches Geschlecht, ist agglutinierend und verändert die NP nur am Kopfnomen); (b) die Konstruktion Art + _____ -XX Nom (wobei die
Lücke durch Adjektiv, später durch partizipialisierten Satz auszu-

füllen ist, XX die Adjektivendung bezeichnet); (c) die Nebensatz-
stellung im Deutschen - am besten auch gleich als Infinitivstel-
lung. Ob (d) die Partizipialform schon bekannt sein sollte - etwa
aus: Er betrat grüssend das Zimmer - scheint fraglich: vermutlich
würde hierdurch eher Verwirrung gestiftet, weil diese Form im gesprochenen Deutsch zu selten ist, um wirklich zur Gewohnheit zu
werden, und weil der einheitlichen Partizipialform in beiden Konstruktionen des Deutschen im Türkischen zwei völlig verschiedene
Formen entsprechen.

Zu den Folgen, die es haben würde, wenn man die Partizipialkon-
struktion vor den Relativsätzen einführt, ist folgendes zu bemerken.
Im Türkischen wird nicht nur der im Deutschen partizipialisierbare
Fall - der, wo das Relativpronomen Subjekt ist - durch Partizip
ausgedrückt, sondern jeder Relativsatz. Dabei wird immer die jeweils relativisierte NP gelöscht, das Subjekt tritt in den Genitiv
und wird - einer allgemeinen Regel entsprechend, die auch für In-
haltssätze gilt - am Partizipende durch Possessivaffix markiert.
Dabei wird eine andere Partizipialform gewählt, als in dem Beispiel oben, denn die Partizipien auf -An (wie gel-en "kommend)
können keine Possessivendung tragen. Man benutzt daher das Partizip auf -dIk (gel-diğ-im "(wohin) ich gekommen", gör-düğ-üm
"(den) ich gesehen"). Man sagt also statt:

> der Ort, wohin Elif gekommen ist

auf Türkisch etwas wie:

> Elif's komm-PART-Poss Ort

nämlich:

> Elif'in geldiği yer

und statt:

> der Mann, den Elif gestern gesehen hat

soetwas wie:

> Elif's gestern seh-PART-Poss Mann

nämlich:

> Elif'in dün gördüğü adam.

Diese Sätze kann man auf Deutsch nicht partizipial wiedergeben.
Hat man nun den einfacheren Fall - den, wo die relativisierte
NP das Subjekt ist - aus Opportunismus nur durch das attribuierte
Partizip wiedergegeben, so stellt man den Schüler angesichts der
jetzt erwähnten Fälle vor doppelte Schwierigkeiten: er muss jetzt
nachträglich die Relativkonstruktion lernen, und zwar anhand der
durch Kasusunterschied zwischen Haupt- und Nebensatz und durch
die Stellung im Nebensatz schwierigeren Fälle. Ausserdem muss
er jetzt nachträglich begreifen, dass die Übernahme der türkischen
Konstruktion ins Deutsche häufig nicht geht.

Türkische Lehrbücher des Deutschen oder Englischen gehen häufig
bei der Einführung des Relativsatzes einen anderen Weg, der hier

kurz angedeutet werden soll. Sie benutzen eine ansich persische
Relativsatzkonstruktion, die früher im osmanischen Türkisch üblich
war, heute aber verpönt ist und aktiv kaum noch verwendet wird.
Immerhin wird sie noch verstanden. Diese Konstruktion kommt
der unseren näher, ohne sich mit ihr allerdings zu decken. Sie
operiert zwar nicht mit einem Relativpronomen, aber immerhin
mit einer (unveränderlichen) Anknüpfungspartikel ki. Der Relativsatz steht - durch ki angeschlossen - nach dem Bezugsnomen.
Das Bezugsnomen wird zusätzlich mit einem Demonstrativum versehen. Die Verhältnisse im Relativsatz sind so: Die relativisierte
NP wird normal pronominalisiert, und das heisst in vielen Fällen:
sie wird getilgt. Unter gewissen Umständen kann bzw. muss sie
jedoch stehen und dann steht sie an der normalen Satzposition des
von ihr vertretenen Satzgliedes. Das Verb hat die zu erwartende
finite Form. Die oben angeführten Beispiele würden sich in dieser Konstruktion so ausnehmen:

    der Mann, der zum Essen gekommen ist
    o adam, ki yemeğe geldi
    (/jener Mann, ki Essen-DAT kam/)

    der Ort, wohin Elif gekommen ist
    o yer, ki Elif oraya geldi
    (/jener Ort, ki Elif dorthin kam/)

    der Mann, den Elif gestern gesehen hat
    o adam, ki Elif (onu) dün gördü
    (/jener Mann, ki Elif (ihn) gestern sah/)

Das Personalpronomen fällt im Subjekt immer weg, weil es nicht
betont sein kann (1. Beispiel), im Akkusativ kann es stehen oder
fehlen (deshalb die Klammer im 3. Beispiel), als Richtungsadverb
oder ähnliches wird es in der Regel stehen (2. Beispiel). (Bemerkt
sei noch, dass das Komma aus lautlichen Gründen vielleicht besser hinter ki stehen sollte.)

Der Rückgriff auf diese - im Türkischen heute verpönte - Konstruktion ist vermutlich relativ geeignet, den deutschen Relativsatz am
Anfang verständlich zu machen. Immerhin muss man aber dreier-
lei bedenken. Einmal ist es nicht klar, dass diese veraltete Konstruktion auch wirklich allen Schülern zugänglich ist. Zum anderen
besteht unter den Bedingungen des Auslandsaufenthalts natürlich
auch eine gewisse Gefahr, dass der Deutschunterricht die Muttersprache der Schüler deformiert. Schliesslich bedeutet ein zu langes Festhalten an diesem Erklärungsschema mit grosser Wahrscheinlichkeit, dass wir uns die für Perser typischen Relativsatzfehler
einhandeln, nämlich Sätze vom Typ:

    Der Mann, der ich mit seinem Sohn in eine Klasse gehe, ..

anstelle von:

Der Mann, <u>mit dessen Sohn</u> ich in eine Klasse gehe,...

Alles in allem kommt man eben doch nicht darum herum, den
Schüler von den türkischen Relativsätzen, wie er sie ständig benutzt, zu den Relativsätzen hinzuführen, wie wir sie im Deutschen benutzen.

Nachdem wir nun den Abstand angedeutet haben, der im Falle der
Relativsätze zu überwinden ist, kommt es jetzt darauf an, wie
man dabei vorzugehen hat. Unserer Meinung nach ergeben sich
die folgenden Stufen, die ihrerseits wieder aufzugliedern sind,
und die natürlich auch nicht nur eine Vorbereitung des Relativsatzes sind:

(a) Zunächst muss alles abgesichert werden, was mit Artikel,
Genus, Numerus und Kasus der NP zu tun hat. Dies ist
ein ziemlich langwieriger Lernprozess, der sehr genau geplant werden muss, da er den grössten Teil der Grammatik des einfachen Satzes beinhaltet. Bevor man hier nicht
weit fortgeschritten ist, sollte man von den komplexen
Sätzen zwar solche mit Konjunktion einführen, aber nach
Möglichkeit Relativsätze meiden. Allerdings kann man
sie im Bedarfsfall bereits vor der Genitivkonstruktion einführen.

(b) Eine zweite Stufe wäre die Einführung attributiver Adjektive,
einschliesslich der dabei auftretenden Endungen. Hiermit wird
man schon ziemlich früh während der ersten Stufe zu beginn-
nen haben. Es handelt sich also nicht um eine zeitliche Ab-
folge im strengen Sinne. Man darf jedoch auf keinen Fall die
attributiven Adjektive einführen, bevor nicht eine grundsätzliche Klarheit über den Zusammenhang von Artikel und Substantiv geschaffen ist (der Schüler muss begreifen, dass man
die grammatischen Eigenschaften des Substantivs zum grossen
Teil am Artikel erkennt).

(c) Ab hier könnte man, wenn man will, Partizipien von Verben
als Attribute einführen (Typ: <u>der schlafende Mann</u>). Man
sollte dabei auf die Herkunft dieser Partizipien aus dem Verb
aufmerksam machen und nach Möglichkeit den Terminus <u>Par-
tizip</u> einführen.

(d) Ungefähr auf der gleichen Stufe wird man unerweiterte Infinitive einführen: Er fängt an <u>zu arbeiten</u>, Es begann <u>zu schnei-
en</u>.

(e) Der nächste Schritt besteht darin, die Infinitive zu erweitern
und dabei die Endstellung des Verbs zu zeigen: Er fängt an,

seine Hausaufgaben zu machen. Hier wird man auf das Komma
und die Nachstellung des Infinitivsatzes (Extraposition) ein-
gehen müssen.
Auf der gleichen Stufe stehen die Erweiterungen der attributiven
Partizipien: das auf dem Tisch liegende Buch. Man kann diese
Form einführen, muss sich aber darüber klar sein, dass (1) im
Deutschen stark erweiterte Partizipien nur - oder überwiegend -
in schriftlicher Sprache vorkommen und dass (2) für die türki-
schen Schüler ein starker Druck in der Richtung besteht, diese
Konstruktion als Relativsatz zu interpretieren.

(f) Nachdem man die Extraposition für Infinitivsätze eingeführt
hat und auch die Endstellung des Verbs von dorther geklärt ist,
kann man zu einfachen Konjunktionalsätzen übergehen: Es ist
schön, dass es schneit.
Es fragt sich, ob man diese Sätze bereits vorher in Vorfeldstel-
lung eingeführt haben wird, also: Dass es schneit, ist schön.
Ob dies geschehen ist - bzw. jetzt geschieht - hat natürlich
einen Einfluss darauf, wie die Schüler die Extraposition verarbeiten. Dies wird wiederum später beim Relativsatz wichtig,
weil Relativsätze direkt angeschlossen oder aber extraponiert
sein können.

(g) Als nächster Schritt können jetzt einfache Relativsätze mit
Subjektsrelativum folgen. Dabei wird man den Bezug zur partizipialisierten Form bewusst zu machen suchen: der schlafende
Mann / der Mann, der schläft, .. Das Relativpronomen wird
als Pronomen erklärt werden müssen, analog zu dem bis dahin
sicher bekannten betonten Pronomen dér, vgl.: Dér hat mich
gehauen. Díe hat das getan. Dass man das Relativpronomen
nicht einfach als Artikel ausgibt, ist u.a. später wichtig für
den Form des Dativ pl.: denen (gegenüber den beim Artikel).
Die Einführung des Relativpronomens kann anknüpfen an die
im Türkischen verpönte Konstruktion mit ki. Zu den Nachteilen dieses Angangs s. oben (S. 163f.).

(h) Im nächsten Schritt wird man den Relativsatz verlängern, wobei man auf die bereits geübte Endstellung des Verbs zurückgreifen kann: der Mann, der dort auf der Bank schläft, ...
(angelehnt an: dort auf der Bank schlafen/ dort auf der Bank
zu schlafen / dass er dort auf der Bank schläft /...)

(i) Anknüpfend an die bereits für Infinitive und Konjunktional-
sätze geübte Extraposition wird man nun die Fälle einführen,
wo der Relativsatz von seinem Bezugsnomen räumlich getrennt
ist: Ich habe den Mann gesehen, der dort auf der Bank schlief.
Dies ist ein problematischer Schritt, weil es hier kaum gelingt, für den aktiven Gebrauch klare Regeln zu geben. Allenfalls kann man sagen, dass je weiter hinten das Bezugsnomen

steht, um so wahrscheinlicher die Extraposition ist.

(j) Hiernach kann man zu solchen Relativsätzen übergehen, wo
das Relativum ein Objekt ist: Der Mann, den Elif gestern
gesehen hat.
Hierbei muss auf eine weitere, oben nicht erwähnte Eigenschaft des Deutschen zurückgegriffen werden, die wahrscheinlich schon eingeführt sein wird: die Stellung der Fragepronomina. Diese Pronomina stehen im Deutschen an der Satzspitze,
im Türkischen dagegen mitten im Satz:

> Wen hat Elif gestern gesehen?
> Elif dün kimi gördü?
> (/Elif gestern wen sah/)

Wenn der Stellungsunterschied an den Fragepronomina klar-
gemacht worden ist, wo im Türkischen wenigstens ein entsprechendes Pronomen sichtbar vorhanden ist, dann wird man hieran die Anfangsstellung der deutschen Relativa leichter anknüpfen können, als wenn man sie ohne Vorlauf und ohne Entsprechung im Türkischen einführen muss.
Bei der Einführung der Relativsätze, wo das Relativum Objekt
ist, tritt noch eine andere Frage auf: Ob man dabei von dem
einzigen erkennbaren Akkusativ - also den gegenüber der - ausgeht, oder ob man diesen Fall zunächst vermeidet und die
Objektsrelativa gewissermassen unter der Hand einführt über
die, das und die (pl.). Diese Frage kann man sicher nicht
davon trennen, wie man das analoge Problem bei den Artikeln
behandelt hat. Wir können hier keine schlüssige Bewertung für
beide Arten des Angangs geben.

(k) Im nächsten Schritt wird man den Dativ des Relativums einführen können: der Mann, dem ich das Buch gegeben habe.
Hierbei ist natürlich besonders auf die Pluralform denen zu
achten.

(l) Nun folgt das Relativum mit Präposition, also der Mann, von
dem, die Frau, bei der ...etc. Hierbei muss klar gemacht werden, woher die Präposition stammt, dass sie mit dem Pronomen zusammen an die Satzspitze tritt, dass die Form des
Relativums nur in Genus und Numerus auf das Bezugswort
zurückgreift (wie jedes Pronomen), dass aber Präposition und
Kasus von der unmittelbaren Umgebung abhängig sind. Dies
ist natürlich leichter klar zu machen, wenn bereits an Perso-
nalpronomina das Gleiche gezeigt worden ist und wenn nach
und nach ein Begriff des Pronomens (Stellvertreters der NP)
entsteht.
Man muss diese Relativsätze sehr sorgfältig üben und absichern,
da sich hier für den türkischen Schüler eine Reihe von Schwierigkeiten kumulieren: Unklarheit über die nötige Präposition,
Fehlen des relativisierten Satzteils im Türkischen (dort wird

er ja getilgt), Stellung des Verbs am Satzende, Stellung des
Relativums mit Präposition an der Satzspitze, Stellung des
ganzen Relativsatzes nach dem Bezugsnomen.

(m) Später wird man auch genitivische Relativa einführen, also
etwa: der Junge, dessen Vater gestorben ist, ... ; das Buch,
auf dessen Umschlag ein schönes Bild ist, ... Wie man
sieht, sind hier wieder verschiedene Stufen möglich, wenn
man nämlich die syntaktische Stellung des dem Genitiv übergeordneten Nomens beachtet (also die von Vater, Buch in
unseren Beispielen.)
Man wird diese Konstruktion sinnvollerweise nicht an die sub-
stantivischen "Genitive" anschliessen, also an: der Vater des
Jungen, der Umschlag des Buches, oder auch: der Vater von
dem Jungen, der Umschlag von dem Buch. Man wird vielmehr
auf die dem "Genitiv" entsprechenden Pronomina zurückgreifen,
also die Possessive: sein Vater, sein Umschlag.
Hierfür gibt es zwei Gründe. Einmal ist die Genitivkonstruktion
des Deutschen in all ihren Varianten für türkische Schüler sehr
schwer zu meistern, während die Possessivpronomina leicht gelernt werden. Zum anderen aber ist die Parallele zwischen den
Possessiva und den Relativa im Genitiv offensichtlich, während
die zur Genitivkonstruktion nur von einer ziemlich hohen theoretischen Warte aus zu erkennen ist.

(n) Sicher nicht erst an dieser Stelle wird man sich Gedanken machen müssen, wie man die durch Fragepronomen eingeleiteten
Relativsätze des Deutschen einführt, also etwa: Wer das sagt,
ist dumm. So, wie du das machst, kann nichts aus der Sache
werden. Die Schule, wo Herr Müller unterrichtet, ... etc.
Hier sind wiederum eine Fülle von grammatischen Einzelproble-
men enthalten, die zu entwirren und in Sinne einer Progression
zu ordnen wir hier nicht den Raum haben.

Wir haben die unterrichtlichen Schritte, die den türkischen Schüler
zum deutschen Relativsatz führen können, deshalb angedeutet, damit klar wird, um wieviel grösser die Leistung ist, die wir von
ihm erwarten, gegenüber der Leistung eines Englisch, Französisch
oder auch Latein lernenden deutschen Schülers. Um dies voll verständlich zu machen, wollen wir in einem zweiten Durchgang kurz
diejenigen Unterschiede benennen, die auf den oben angedeuteten
Stufen jeweils relevant werden. Wir bleiben dabei summarisch und
schöpfen natürlich auch den Sprachkontrast nicht aus.

(a) Das Türkische hat keinen Artikel, allerdings immerhin Demon-
strativpronomina. Unser bestimmter Artikel hat unterschiedliche Entsprechungen, darunter auch die Wortstellung und im
Falle des Akkusativs Stehen oder Fehlen der Kasusendung.
Für den unbestimmten Artikel /ein/ wird teilweise das ent-

sprechende türkische Zahlwort /bir/ verwendet. Endungen bekommt es selbstverständlich nicht. Das Türkische kennt kein
Genus. Auch bei Lebewesen, insbesondere bei Berufsbezeich-
nungen und Titeln, ist das natürliche Geschlecht meist nicht
gekennzeichnet: öğretmen "der Lehrer", "die Lehrerin". Man
kann allerdings kadın "Frau" oder kız "Mädchen" voranstellen:
kadın doktor "Ärztin". Diese Verdeutlichung unterbleibt aber
meistens.
Das Türkische ist agglutinierend - d.h. jedes Suffix trägt nur
eine einzige grammatische Kategorie. Die Suffixe werden weder mit dem Stamm noch untereinander verschmolzen und sind
daher leicht zu erkennen. Sie treten jeweils nur einmal auf,
nämlich am Substantiv. Der Plural wird nur dann durch ein
Suffix bezeichnet, wenn er nicht schon durch ein Zahlwort bezeichnet worden ist, also: kitap "das Buch", kitaplar "die
Bücher", üç kitap "drei Bücher", kaç kitap "wieviele Bücher".

Jeder, der unser verwickeltes System des Ausdrucks von Genus, Numerus und Kasus an Artikel, Adjektiv und Substantiv
kennt, kann sich leicht ausmalen, welche Schwierigkeiten
hierin für den türkischen Schüler liegen.

Auch im Bereich der Pronomina entstehen durch Unterschiede
grosse Schwierigkeiten. Einmal sind viele der Pronomina,
die wir im Deutschen gebrauchen, im Türkischen gelöscht, vgl.:

> Dies Buch ist schön. Hast (du) (es) gelesen?
> Bu kitap güzel. Okudun mu?
> (/Dies Buch schön. Lasest?/)

Zum anderen sind natürlich auch hier die vielfältigen Formen
(er, ihn, ihm, es, sie, ihr ...) stark verwirrend.

(b) Im Prinzip gibt es für die attributiven Adjektive vom Türkischen
her einen guten Vorlauf, da sie auch hier vor dem Substantiv
stehen: güzel kitap "das schöne Buch", bu güzel kadın "diese
schöne Frau". Schwierigkeiten entstehen allerdings bezüglich
der Stellung des unbestimmten Artikels bir (und der Zahlwörter bis ca. fünf), weil diese nach dem Adjektiv eingeschoben
werden: güzel bir kadın "eine schöne Frau".
Problematischer ist die Frage der Adjektivendungen im Deutschen, weil es im Türkischen solche Endungen nicht gibt. Hier
hat man im Deutschen grob drei Fälle zu unterscheiden: (1)
die Adjektivendungen nach bestimmtem Artikel, die nur -e
oder -en lauten und relativ übersichtlich verteilt sind, (2) die
Adjektivendungen in NP's, wo überhaupt kein Artikel steht -
hier ist in Wahrheit die Artikelendung auf das Adjektiv abgeworfen: alter Wein , frisches Wasser. Die Verteilung der Endungen ist hier ebenso wirr, wie bei den Artikeln - und ohne Hin-

weis auf diesen sicher nicht zu lernen. Eine Ausnahme bildet hier der Genitiv, wo es anstelle von altes Weines heute alten Weines heisst. Übrigens passiert dies Abwerfen der Artikelendung auf das Adjektiv auch nach genitivischen Relativpronomina, also nach dessen, deren: von dessen altem Vater, mit deren alter Mutter. (3) Nach ein, kein und den Possessiva werden die Artikelendungen in einem Teil der Kasus auf das Adjektiv abgeworfen (im Nominativ und im ungekennzeichneten Akkusativ): ein schönes Wetter, mein alter Vater, kein grünes Hemd. Ansonsten nehmen ein, kein bzw. das Possessivum die Artikelendung, so dass am Adjektiv die normale Adjektivendung erscheint: meinen alten Vater, meinem alten Vater einer alten Frau etc.

Es ist manchmal erstaunlich zu sehen, mit welcher Selbstverständlichkeit Kollegen, die diese Endungen nicht erklären, sondern nur anstreichen können, weil sie ihre Verteilung selbst nicht überblicken, es dennoch für ein Zeichen mangelnder Intelligenz nehmen, wenn die Schüler solche Endungen falsch machen. Die Korrektur dieser Fehlhaltung darf nun allerdings nicht darin bestehen, dass man auf diese Endungen überhaupt nicht mehr achtet, sondern nur darin, dass man sie in einer sinnvollen Reihenfolge schrittweise mit den Schülern aufarbeitet.

(c) Keine besonderen Probleme. Gut wäre es, wenn das Partizip nicht durch Anhängen von -d an den Infinitiv, sondern durch Anhängen von -end an den Stamm gewonnen wird.

(d) Schwierig ist hier die Nachstellung des Infinitivs, die aber durch Sonderfälle der Stellung im Türkischen und durch die generelle Zweitstellung des Verbs im Deutschen vorläufig "schmackhaft gemacht" werden kann (hieraus können allerdings dann später Schwierigkeiten entstehen).
Geübt werden muss hauptsächlich der Gebrauch von zu , zumal man den einfachen Infinitiv bei Modalverben schon vorher eingeübt haben wird und nun verhindern muss, dass (a) der einfache Infinitivsatz, oder (b) zu nach Modalverben auftaucht. Mit dem zu entstehen später weitere Schwierigkeiten bezüglich seiner Stellung zu den Verbpräfixen: einzukaufen zu übersetzen .
Im Türkischen gibt es keinen Infinitiv in unserem Sinne. Der türkische "Infinitiv" ist immer ein Verbalnomen, trägt Kasuskennzeichnung und steht normalerweise vorm übergeordneten Verb.

(e) Hier besteht die Hauptschwierigkeit in der Extraposition, weil es soetwas im Türkischen nicht gibt. Im Türkischen stehen die Nebensätze innerhalb des jeweils übergeordneten

Satzes.
Ansonsten entspricht die innere Struktur des deutschen Neben-
satzes dem türkischen Satzbau besser, als die des Hauptsat-
zes (nämlich durch die Endstellung des Verbs und die festere
Stellung der übrigen Satzglieder.)
Der Infinitivsatz eignet sich besonders deshalb als Brücke,
weil er kein finites Verb hat, was im Türkischen für fast
alle Nebensätze gilt.

(f) Hier muss der Schüler (a) die Extraposition verstärkt anwenden, (b) unterordnende Konjunktionen kennenlernen, die im
Türkischen meist keine unmittelbare Entsprechung haben, weil
die Nebensätze als nominale Satzteile (mit Kasus und Postposition) formuliert sind, und (c) Nebensätze mit finitem
Verb bilden lernen (dies gibt es im Türkischen nur im Kondi-
tionalsatz, wo aber unserer Konjunktion ein Verbaffix entspricht.)

Zu den Punkten (g - n) nehmen wir hier nicht in gleicher Weise
Stellung, da eine kontrastive Darstellung der Relativsätze im einzelnen den hier vorgegebenen Rahmen sprengen würde. Die prinzipiellen Unterschiede sind oben angedeutet.

Wie man sieht, muss jeder der oben angeführten Schritte wieder
in eine grosse Zahl von Teilschritten zerlegt werden, deren Ver-
klammerung und genauere Anordnung noch untersucht werden muss.

In welchem Grade die Bildung komplexer Sätze im Deutschen die
türkischen Schüler tatsächlich vor Schwierigkeiten stellt, zeigt die
Beobachtung, dass kaum einer von ihnen diese Sätze im ausserschulischen Deutscherwerb auch nur annähernd meistern gelernt hat. Ja,
selbst viele erwachsene Türken, die ziemlich gut Deutsch sprechen,
beherrschen die Relativsätze nicht. Man erhält stattdessen Umschrei-
bungen und eine Reihe von fehlerhaften Bildungen. So produzierten
von uns beobachtete Hauptschüler beim mündlichen Nacherzählen
eines ansonsten einfachen Textes u.a.:

Ich sprechen Fisch nicht essen
Ich sprechende Fisch nicht esse
Ich so sprechen Fisch nicht esse
Ich essen keine so Fisch sprechen kann

anstelle des Satzes:

Ich esse keinen Fisch, der sprechen kann.

Wir meinen, dass das vorgeführte Beispiel Relativsatz deutlich
zeigt, welch unterschiedliche Rolle dem Sprachkontrast je nach
seiner Qualität und Quantität zukommen kann, und dass man nicht
gut beraten ist, diese Frage ausschliesslich an solchen Sprachpaa-
ren wie Deutsch/Englisch zu messen, wo zwischen den verglichen-
nen Sprachen kaum mehr als ein Dialektunterschied besteht.

Wir haben den Sprachkontrast in diesem Abschnitt bisher ausschliesslich unter dem Aspekt der Einführung der Relativsätze behandelt. Um das Bild abzurunden, wollen wir im folgenden noch
einige weitere Unterschiede zwischen dem Türkischen und dem
Deutschen anführen, die geeignet sind, den türkischen Schülern
selbst die Bildung unkomplexer deutsche Sätze zu erschweren.
Die folgenden Bemerkungen überschneiden sich mit dem bisher
Gesagten praktisch nur in einem Punkt - nämlich (4) Pluralbildung:

(1) Wie bereits erwähnt, wird im Türkischen das <u>Fragepronomen</u>
nicht an die Satzspitze gerückt, wie bei uns im Deutschen. Ganz
entsprechend dieser Tatsache findet auch im Fall der <u>Entscheidungs-</u>
<u>fragen</u> (ja/nein-Fragen) kein Wortstellungswechsel statt. Dass es
sich um eine Frage handelt, wird anders signalisiert, nämlich durch
die Fragepartikel <u>mı</u> (<u>mi</u>, <u>mı</u>, <u>mü</u>, <u>mu</u>):

> Ahmet Ankaradan geliyor.
> Ahmet kommt aus Ankara.

> Ahmet Ankaradan geliyor <u>mu</u>?
> Kommt Ahmet aus Ankara?

> Ahmet Ankaradan <u>mı</u> geliyor?
> Kommt Ahmet <u>aus Ankara</u>?

> Ahmet <u>mi</u> Ankaradan geliyor?
> Kommt <u>Ahmet</u> aus Ankara?

Zu lernen hat der türkische Schüler im Deutschen hauptsächlich
die Spitzenstellung des Verbs. Die Betonungsverhältnisse bei Kon-
trastfragen scheinen dagegen unproblematisch, da im Türkischen
neben der Nachsetzung der Fragepartikel auch Kontrastbetonung
vorhanden ist. Ein Hereindrängen der Fragepartikel in Deutsche ist
nicht zu beobachten - Weglassen ist offenbar leichter als Hinzulernen. In diesem Punkt macht ausnahmsweise das Türkische
etwas mehr Schwierigkeiten für den Deutschen, als umgekehrt
(jedoch nur bezüglich des Stehens oder Fehlens der Fragepartikel!)

(2) Die Verneinung wird im Deutschen durch <u>nicht</u> bzw. <u>kein</u> ausgedrückt, ausserdem durch die verneinten Adverben: nie, niemals,
nirgends, und die entsprechenden Pronomina: <u>niemand</u>, <u>nichts</u>.
Dabei entspricht <u>kein</u> der Folge <u>NEG + unbest. ART</u>, und zwar
auch dort, wo der unbestimmte Artikel sonst die Nullform haben
würde: <u>Wasser/kein Wasser</u> - <u>Autos/keine Autos</u>.
Da <u>kein</u> als eine Art Artikel steht, ergibt sich seine "Satzstellung" aus derjenigen der NP, in die es aufgenommen ist. Dagegen
ist die Stellung von <u>nicht</u> allgemein bestimmbar: es steht zwischen

den Objekten einerseits und der Richtungsergänzung andererseits:

Ich habe ihm das Buch nicht vor die Nase gelegt.

Die Auswahl zwischen den verschiedenen Arten der Verneinung gehorcht ziemlich komplizierten Gesetzmässigkeiten, die hier nur kurz angedeutet werden können:

x   Innerhalb eines einfachen Satzes kommt nur eine einzige Verneinung vor. (Ausgenommen ist davon die lexikalische Verneinung durch un-, vgl. "Er ist nicht ungeschickt.", ausserdem das nicht aus: nicht nur...sondern.., das eher den Charakter einer Konjunktion hat, vgl.: "Er ist nicht nur nicht ungeschickt, sondern im Gegenteil sogar ein Meister.")

x   kein steht, wie bereits bemerkt, als eine Art Artikel innerhalb einer NP. Es kann nur in einer NP stehen, wenn diese unbestimmt ist. Von der Bedeutung her entspricht diese Art der Negation den negierten Adverben und Pronomina, vgl.: Kein Mensch ist so dumm. Niemand ist so dumm.

x   Da im einfachen Satz nur eine einzige Negation vorkommen kann, steht nicht nur dann, wenn nicht kein oder ein negiertes Adverb oder Pronomen gesetzt ist.
    Welche dieser beiden prinzipiellen Möglichkeiten gewählt wird, unterliegt im Einzelfall oft komplizierten Regeln, vgl. etwa:

> Er hat kein Geld / Geld hat er nicht / +Er hat nicht Geld / Geld hat er keins.

x   Man muss darauf achten, was im Satz wirklich verneint wird, weil der Inhalt in der Form unvollkommen zum Ausdruck kommt. So bedeutet:"Ich habe gestern keine Banane gegessen." keineswegs: "Ich habe keine Banane gegessen", und der Satz:"Ich habe das Buch nicht mit einem Streichholz angezündet" impliziert auf jeden Fall, dass ich es angezündet habe.

Im Türkischen gibt es drei Arten der Negation, die sich formal stark vom Deutschen unterscheiden und die auch anders verteilt sind. Es sind die folgenden:

(a) Verneinung der Kopula durch vorangesetztes değil:

Bay Karahasan öğretmendir.
Herr Karahasan ist Lehrer.

Bay Yılmaz öğretmen değildir.
Herr Yılmaz ist kein Lehrer.

(b) Verneinung der Vollverben durch das Affix -mA-, das an den Verbstamm tritt:

geliyorum	görüyorum	kalıyorum
ich komme	ich sehe	ich bleibe

gel<u>mi</u>yorum	gör<u>mü</u>yorum	kal<u>mı</u>yorum
ich komme <u>nicht</u>	ich sehe <u>nicht</u>	ich bleibe <u>nicht</u>

(c) Verneinung bei Ausdruck des Existierens, vgl. <u>var</u> "es gibt", <u>yok</u> "es gibt nicht". Zur Verwendung von <u>var/yok</u> siehe unter Punkt (3).

Zusätzlich zur Verneinung kann vor unbestimmten NP's das Pronomen <u>hiç</u> auftreten, das man dann in der Übersetzung mit der Negation zu <u>kein</u> zusammenzieht, richtiger wäre aber <u>überhaupt kein</u>:

> Hiç bir ağaç kal<u>mad</u>ı   Es ist <u>(überhaupt) kein</u> Baum (stehen) geblieben.

Das gleiche Wort <u>hiç</u> wird jedoch auch in Fragen verwendet, die nicht negiert sind, und wo es selbst offenkundig nicht Negationspartikel ist:

> Hiç oraya gittin <u>mi</u>?   Bist du <u>(überhaupt) je</u> dorthin gegangen?

Es entspricht also eher dem englischen <u>any</u>, als einer Negation.

Im schulisch nicht gesteuerten Lernprozess scheint den türkischen Schülern sehr früh <u>kein</u> in die Augen zu springen, weil sie es mit <u>hiç</u> identifizieren. Auch die negierten Adverben und Pronomina werden schnell aufgefasst, weil sie Zusammensetzungen mit <u>hiç</u> zu entsprechen scheinen. Dass im türkischen Satz nicht allein <u>hiç</u> steht, sondern darüber hinaus noch ein Negationsaffix am Verb, stört die Schüler nicht, weil sie auf dieser Stufe Affixe im Deutschen ohnehin nicht besonders ernst nehmen, und folglich auch die muttersprachlichen Affixe im Deutschen nicht suchen.
Die Negationspartikel <u>nicht</u> wird demgegenüber wohl langsamer aufgefasst. Auch die Stellung macht hier Schwierigkeiten. Die Verteilung der Negationsmöglichkeiten im Deutschen bleibt auf Dauer problematisch.

(3) Im Türkischen gibt es die Wörter <u>var</u> "es gibt", verneint: <u>yok</u> "es gibt nicht", mit denen eine ganze Reihe wichtiger Satzbaupläne gebildet werden, die auf Deutsch unterschiedliche Verben enthalten. Besonders hervorzuheben sind folgende Gruppen:

(a) Befindlichkeit eines unbestimmten Gegenstandes an einem Ort - deutsch: <u>ist, befindet sich, liegt, steht, gibt es</u>. Satzbauplan im Türkischen

> NP-LOC   NP   var/yok

Beispiele:

> Çantada bir kitap <u>var</u>.
> In der Tasche <u>ist</u> ein Buch.

Masada bir kitap <u>var</u>.
Auf dem Tisch <u>liegt</u> ein Buch.

Masada üç bardak <u>var</u>.
Auf dem Tisch <u>stehen</u> drei Gläser.

Almanya'da çok Türk <u>var</u>.
In Deutschland <u>gibt es</u> viele Türken.
In Deutschland <u>leben</u> viele Türken.

(b) "<u>haben</u>" im direkten wie im übertragenen Sinne; auch hier ist
die NP, die im Deutschen Objekt, im Türkischen gewissermassen Subjekt ist, unbestimmt. Der Besitzer steht im Türkischen im Genitiv und wird zusätzlich am "besessenen" Gegenstand durch die Possessivendung markiert:

NP-GEN   NP-Poss   var/yok

Beispiele:

Ahmet'in güzel bir evi <u>var</u> .
Ahmet <u>hat</u> ein schönes Haus.

Elif'in defteri <u>yok</u>.
Elif <u>hat kein</u> Heft.

Murat'ın hevesi <u>yok</u>.
Murat <u>hat keine</u> Lust.

(c) "<u>bei sich haben</u>" ; hier wird mit dem Lokativ der Person konstruiert, infolgedessen kommt die Possessivendung hier nicht
vor:

Bende üç kuruş <u>var</u>.
Ich <u>hab</u> drei Pfennig <u>bei mir</u>.

Sende para <u>yok</u> mu?
<u>Hast</u> du kein Geld <u>dabei</u>?

(d) Mit dem letzteren verwandt ist "irgendwo haben", vgl. etwa:

Elinde bir kalem <u>var</u>.
Er <u>hat</u> einen Bleistift in der Hand.
(/In seiner Hand gibt es einen Bleistift/)

Es kommen jedoch auch noch andere Kombinationen vor, etwa:

NP-LOC   NP-Poss   var/yok

bankada çok parası <u>var</u>.
Er <u>hat</u> viel Geld auf der Bank.

Bizde kontonuz <u>var</u> mı?
<u>Haben</u> Sie ein Konto bei uns?

Die Konstruktion (c) muss in manchen Fällen auch einfach durch
"haben" wiedergegeben werden, nicht durch "dabei haben":

> Bugünkü gençlikte hiç terbiye yok.
> Die heutige Jugend hat keine Manieren.

Schliesslich gibt es eine grosse Zahl von Fällen, wo sich die Übersetzung überhaupt nicht mehr in allgemeine Regeln fassen lässt,
sondern pro Ausdruck gelernt werden muss:

> Faydası yok.
> Das nützt nichts.
> (/sein Nutzen existiert nicht/)
>
> Ne var?
> Was ist los? (= Was gibt's)
>
> İkiye on dakika var.
> Es ist zehn vor zwei.
> (/auf zwei gibt es zehn Minuten/)

Umgekehrt benutzen wir im Deutschen das Wort haben an vielen
Stellen, wo man im Türkischen var/yok nicht verwenden würde;
vgl. etwa:

> Wieviel Uhr haben wir jetzt?
> Şimdi saat kaç ?
> (/Wieviel ist jetzt die Uhr?/)
>
> Wir haben Winter.
> Kış içinde bulunuyoruz.
> (/Wir befinden uns im Winter/)
>
> Dies Buch hab ich von Ahmet.
> Bu kitabı Ahmet bana verdi.
> (/Dies Buch hat mir Ahmet gegeben/)
>
> Ich habe einen Brief zu schreiben.
> Bir mektup yazmam gerekiyor.
> (/Einen Brief mein Schreiben ist nötig/)

In dem hier angesprochenen Bereich gibt es für die türkischen Schüler viele Schwierigkeiten mit der Verbwahl. Noch schlimmer ist,
dass die Sätze zum grossen Teil völlig gegen die Erwartung der
Schüler umkonstruiert werden müssen. Man muss sich darüber klar
sein, dass Sätze mit haben auch dann gegen die Intuition der
Schüler geht, wenn nicht direkt aus dem Türkischen übersetzt wird,
einfach, weil es hierfür im Türkischen kein Vorbild gibt. Das Re-
sultat sind längere Zeit hindurch deutsche Sätze vom Typ:

Meine Bücher keine.
"Ich habe kein Buch/keine Bücher".

(4) Der Plural wird im Türkischen regelmässig durch Anhängen von
/-lAr/ an das Kopfnomen gebildet. Steht jedoch eine Zahl oder ein
unbestimmter Mengenausdruck, so kommt keine Pluralendung an
das Nomen. Also:

Türk	der Türke, ein Türke, Türke, Türken
bir Türk	ein Türke
Türkler	die Türken
üç Türk	drei Türken
çok Türk	viele Türken

Auf diese Weise steht im Deutschen der Plural häufig an Stellen,
wo er nicht erwartet wird. Nimmt man noch hinzu, dass der Plural im Deutschen am Substantiv relativ unregelmässig bezeichnet
wird, und dass die Kennzeichnung am Artikel zunächst unbekannt
ist und ausserdem mit dem fem. sg. verwechselt werden kann,
so braucht man sich nicht zu wundern, wenn türkische Schüler lange Zeit über Singular und Plural im Deutschen nicht unterscheiden
können. So lernen sie etwa: Bücher für Buch, eine Kinder für ein
Kind. Besonders verwirrend sind diejenigen Substantive, wo sich
im Plural nur der Artikel ändert:

der Lehrer	die Lehrer
der Arbeiter	die Arbeiter
der Finger	die Finger
das Fenster	die Fenster
. . . .	. . . .

Woher soll der Schüler schliesslich auch wissen, dass die Lehrer
nicht das weibliche Gegenstück zu der Lehrer ist, oder dass Fenster mit dem Artikel das steht? Verbreitet ist bei den Berufsbezeich-
nungen übrigens noch der Fehler, die feminine Form auf -in als Plural anzusehen (wohl analog zu Frau-en):

die Lehrerin
die Arbeiterin

Man bekommt auf diese Weise auch Parallelbildungen wie:

die Fingerin
. . . .

Generell scheint es so zu sein, dass die Schüler nach einem
verallgemeinerbaren Pluralmerkmal am Ende des Substantivs suchen, das ihrem -lAr entsprechen würde. Dies resultiert in einer
starken Verallgemeinerung von -n.

Ein eindeutiger Interferenzfehler wäre es hier natürlich, wenn zwar

die Verwendung von singularischen und pluralischen Formen klar geschieden würde, wenn aber nach Zahlen im Deutschen prinzipiell oder häufig der Singular verwendet würde. Dies ist jedoch nicht zu beobachten - jedenfalls nicht in beweiskräftiger Form, da in der Verteilung von Singular und Plural eher ein allgemeines Durcheinander besteht. Aber auch das schlechte Unterscheidungsvermögen der Schüler in diesem Bereich ist unseres Erachtens eine Folge des starken Sprachkontrasts - und spezifisch: seiner Richtung: vom agglutinierenden zum morphologisch bizarren Sprachbau hin. Gerade die Numerus-Opposition ist ein gutes Beispiel dafür, dass es keineswegs gleich ist, ob man als Türke Deutsch lernt, oder umgekehrt: ob ein Deutscher Türkisch lernt. Der zweite Aspekt des Sprachkontrasts - die unterschiedliche Verteilung der Numeruskennzeichen in beiden Sprachen - scheint die Verwirrung zu vertiefen, aber nicht zu verursachen.

(5) Zur Problematik der Rektionszeichen ist in Kürze folgendes zu sagen:

Im Türkischen gibt es Kasus, die durch eindeutige Suffixe am Substantiv gekennzeichnet werden (die also z.B. niemals mit dem Stamm oder mit einem anderen Suffix verschmelzen und die auch nur an einer ganz bestimmten Stelle zu suchen sind). Demgegenüber sind die Kasus im Deutschen nur dann erkennbar, wenn man die konkrete Artikelform mit dem Genus und Numerus (soweit erkennbar) des Substantivs vergleicht. Dieser Vergleich läuft beim geübten Sprecher des Deutschen natürlich unbewusst und automatisch ab, nicht über Begriffe wie "Artikel", "Endung", "Kasus" etc., die im Gegenteil oft gar nicht vorhanden sind. Aber die Automation muss erst erreicht werden, und auf dem Weg dahin ist für den Ausländer das Begreifen eine ausgesprochen wichtige Hilfe zum Entwirren der von ihm erwarteten Endungen.

Anstelle unserer Präpositionen werden im Türkischen meistens nur einfache Kasus gebraucht. Darüber hinaus gibt es auch Postpositionen (etwas Ähnliches wie unsere Präpositionen, nur dass sie nach der fraglichen NP stehen). Die deutschen Präpositionen befinden sich also an Orten, wo der Schüler sie nicht erwartet. Bei der im ausserschulischen Erwerbskontext eingeübten Achtlosigkeit gegenüber Endungen und Strukturwörtern ist dies besonders abträglich.

Über diese rein formalen Unterschiede hinaus gibt es solche in der Verteilung und Funktion der Rektionszeichen. Es sollen hier kurz folgende Fälle angedeutet werden:

(a) Der Akkusativ. Die hier auftretenden Probleme sind relativ gering. Sie bestehen darin, dass der Akkusativ in beiden Spra-

chen gegenüber dem Nominativ häufig unbezeichnet bleibt, jedoch dies nicht in den gleichen Fällen. Im Deutschen wird der Akkusativ überhaupt nur im mask. sg. bezeichnet: den Mann, einen Mann - ansonsten ist er mit dem Nominativ formgleich. Im Türkischen fällt der Akkusativ dann mit dem Nominativ zusammen, wenn die fragliche NP unbestimmt ist. Das Setzen der Akkusativendung signalisiert also zugleich auch die Bestimmtheit der NP. Neben der Endung spielt auch die Stellung eine Rolle:

> Bana kitap ver!
> (/Mir Buch gib/)
> Gib mir ein Buch/Bücher.

> Kitabı bana ver!
> (/Buch-ACC mir gib/)
> Gib mir das Buch.

Die Lernschwierigkeiten sind trotzdem für den Singular ziemlich gering. Für den unbestimmten Plural aber wird lange ein Interferenzfehler vom Typ: Gib mir Buch! gemacht.

(b) Ortsbezeichnungen der Ruhe und Bewegung (Lokaladverb, Richtungsadverb und Ausgangspunkt) - sowie der daraus abgeleitete übertragene Gebrauch.
Hier treten insofern erhebliche Schwierigkeiten auf, als das Türkische weniger mit Postpositionen arbeitet, mehr mit reinen Kasus - im Vergleich zum Gebrauch von Präpositionen und Kasus im Deutschen. Dies verstärkt die Tendenz der Schüler, die deutschen Präpositionen als funktionslos aufzufassen.
Das Türkische operiert hier im wesentlichen mit einem Subsystem von drei Kasusendungen:

-A	(sog. "Dativ")	für Richtung und Zielpunkt
-DAN	(sog. "Ablativ")	für Ausgangspunkt und Herkunftsrichtung
-DA	(sog. "Lokativ")	für Ortsbefindlichkeit.

Demgegenüber stehen im Deutschen - im Bereich des unmittelbar räumlichen Gebrauchs:

Präp Akkusativ zu/nach Dativ		für Richtung und Zielpunkt
aus/von Dativ		für Ausgangspunkt und Herkunftsrichtung
Präp Dativ		für Ortsbefindlichkeit

Wo hier die Abkürzung Präp verwendet worden ist, kommt in Wahrheit ein ganzes Bündel von Präpositionen infrage - alle die abwech-

selnd mit Dativ oder Akkusativ stehen können. Über die Auswahl
der konkreten Präposition entscheidet u.a. das genauere Lageverhältnis - etwas, worüber sich ein Sprecher des Türkischen normalerweise gerade keine Rechenschaft ablegt, weil er hier nicht
differenzieren würde. Ausserdem gibt es ziemlich komplizierte
Sonderbedingungen, die im Deutschen im Einzelfall entscheiden,
welches Lageverhältnis "gemeint" werden muss: man schreibt z.B.
ein Wort

> an die Tafel
> ins Heft
> auf Papier,

und allen drei Präpositionen entspricht im Türkischen der blosse
Dativ.

Sehr viel problematischer als der unmittelbar örtliche Gebrauch ist
jedoch der breite Bereich von Übertragungen bei jedem der türkischen
Kasus. Vgl. dazu einige Beispiele:

-A bakmak	AKK angucken
	auf AKK aufpassen
-A söylemek	DAT sagen
	zu DAT sagen
-A sormak	AKK fragen
-A ihtiyacı var	...braucht AKK
-A razı olmak	mit DAT einverstanden sein
-DAN küçük	kleiner als
-DAN korkmak	sich vor DAT fürchten
-DAN	vor DAT (vor Wut, Hunger)
	aus DAT (aus Verzweiflung)
-DAN bakmak	aus DAT gucken
-DAN almak	von DAT bekommen
	bei DAT kaufen
-DAN beri	seit DAT
-DA var	Präp DAT ist, liegt, steht,..
	NP hat ... bei sich
-DA ısraretmek	auf DAT bestehen

Dies ist natürlich nur eine ganz kleine Auswahl. Der Kernpunkt
ist hier wiederum, dass das Deutsche ziemlich bizarr, das Türkische ziemlich übersichtlich ist. Deshalb ist es für den deutschen Lerner auch erheblich leichter, sich den türkischen Kasus-
gebrauch anzueignen, als es für den türkischen ist, mit der dop-
pelten Aufgabe: (a) Auswahl der richtigen Präposition, (b) Auswahl des richtigen Kasus - fertig zu werden. Deshalb wird bei
der Aneignung des Deutschen das Auswendiglernen ganzer Konstruktionen eine grössere Rolle spielen müssen, als beim Erler-

nen des Türkischen. Dennoch ist auch das Deutsche kaum effektiv vermittelbar, wenn man sich völlig auf das Einschleifen von Wendungen verlässt und keinerlei Licht in die Zusammenhänge bringt.

(c) Zum Genitiv siehe unten Punkt (7).

(6) Im Deutschen gibt es im Hauptsatz die <u>Satzklammer</u> - d.h. der finite Teil des Verbs steht weit vorn im Satz (an zweiter Stelle im Aussagesatz, an erster Stelle im Fragesatz), der Rest des Verbs taucht am Satzende auf, d.h. dort, wo das gesamte Verb im Nebensatz stehen würde.
Diese Eigenschaft des Deutschen ist unter zwei Gesichtspunkten relevant: (a) einmal muss der Lerner das Material, das zum Verb gehört, an zwei räumlich weit auseinanderliegenden Stellen zusammensuchen, (b) zum anderen schafft die Zweitstellung des finiten Stamms im Aussagesatz ein eigentümliches <u>Vorfeld</u>, das durch genau ein Satzglied besetzt sein kann - und sie ermöglicht das Signalisieren der Frage durch die Verbumstellung.

Im Türkischen gibt es eine solche Erscheinung nicht und es kann sie dort auch gar nicht geben. Denn im Türkischen gibt es keine Zerlegung des Verbs in Verbstamm und Präverb (<u>kauft...ein/einkaufen</u>), weil es hier überhaupt fast keine Präverben gibt (abgesehen von einigen wenigen Neubildungen nach europäischem Muster). Passiv, Futur und Perfekt werden nicht - wie bei uns - mit einem Hilfsverb umschrieben. Auch in den komplizierteren Formen, wo es eine Umschreibung mit <u>-mış ol-</u> gibt, darf das Verbmaterial nicht getrennt oder in sich umgestellt werden. Dies entspricht der allgemein ziemlich festen Wort- und Satzgliedstellung im Türkischen, wo das Bestimmende immer vor dem Bestimmten, das Attribut immer vor seinem Kopf steht.

Man muss sich nun ausserdem noch klarmachen, dass im Deutschen nicht immer die gleichen Elemente in Distanz voneinander stehon, sondern dass es eine Folge des gesamten Aufbaus des Verbs ist, was jeweils an die zweite Satzstelle gerät. Vgl.:

<u>ein-kauf-en</u>

Ali <u>kauft</u> bei Karstadt <u>ein</u>
Ali <u>will</u> bei Karstadt <u>einkaufen</u>
Ali <u>hat</u> bei Karstadt <u>eingekauft</u>
Ali <u>hat</u> bei Karstadt <u>einkaufen wollen</u>

Auf sich selbst gestellt kann der türkische Schüler natürlich nicht absehen, welches Element wohin gehört bzw. was in den angeführten Beispielen zusammengehört. Bei den Hilfsverben ist ihm nicht klar, dass es sich um Hilfsverben handelt und wozu sie dienen.

Gerade dies wird eben im weitgehend ungesteuerten Zweitspracherwerb nicht gelernt, und zwar weil sich der Schüler einem ständigen Wortschwall in der Zweitsprache ausgesetzt sieht, den er
so gut wie möglich verstehen muss und der ihn doch weitgehend
überfordert. Das naheliegendste Verhalten in dieser Situation ist,
auf das Vorkommen scheinbar bekannter Wörter und Ausdrücke
zu achten und alles, was dazwischen vorkommt, erstmal fortzu-
lassen. Aus der Häufung der so "verstandenen" Wörter schliesst
man darauf, welcher Gegenstandsbereich gemeint ist, um welche
Personen und um welche einzelnen Vorgänge es geht. Fragen
wie Tatsächlichkeit des Geschehens, Zeit etc. muss man nicht
sofort mitkriegen, denn hier kann man auch nachfragen, wenn
man erst mal den Kern der Sache heraus hat. Affixe und Strukturwörter, Tempora und ähnlich "abstrakte" Eigenschaften der Sprache bleiben daher unbeachtet (Catchword-Problematik, vgl. S.
125f.). Dies Verhalten hat nichts mit "mangelnder Abstraktions-
fähigkeit" zu tun, sondern ergibt sich aus der Lernsituation. Wer
in einer Vorbereitungsklasse unterrichtet, kann es leicht an sich
selbst beachten, soweit er nicht bereits über die Muttersprache
der Schüler informiert ist: nämlich in seinem Verhalten gegenüber
den muttersprachlichen Äusserungen seiner Schüler am Rande des
Unterrichts.

Fallen schon die Tempora leicht der Catchword-Problematik zum
Opfer, so ist es meist noch schlimmer mit den Verbpräfixen.
Sie werden oft auch dann nicht beachtet, wenn sie direkt beim
Verbstamm stehen und somit ihre Zugehörigkeit zum Verb eigentlich gut erkennbar sein sollte. Man kann dies leicht überprüfen,
indem man den Schülern Infinitive gibt, die sie ins Türkische
übersetzen sollen. Den gleichen Effekt erreicht man mit kurzen
Sätzen, wo das Verb im Perfekt steht und also die Präfixe auf
jeden Fall mit dem Partizip zusammenstehen. Man erhält dabei
u.a. Ergebnisse der folgenden Art:

Ausgangswort	Schülerübersetzung	Bedeutung
versuchen	aramak	("suchen")
besuchen	aramak	("suchen")
erzählen	saymak	("zählen")
	ödemek	("zahlen")
angeben	vermek	("geben")
anfangen	yakalamak	("fangen")
bekommen	gelmek	("kommen")
auskommen	gelmek	("kommen")
....	....	....

In den angeführten Fällen ist das Verbpräfix einfach ignoriert worden. Eine andere Möglichkeit ist, dass die Schüler es auf eigene
Faust zu verarbeiten suchen. Dies geschieht z.B. sehr häufig bei
ver-, das mit wer verwechselt und deshalb als kim? übersetzt
wird:

Ausgangswort	Schülerübersetzung	Bedeutung
verkaufen	kim alıyor	wer kauft?
versprechen	kim konuşuyor	wer spricht?
versuchen	kim arıyor	wer sucht?
verstehen	kim duruyor	wer steht?
verbieten	kim çalışıyor	wer arbeitet?
....	....	....

Das letzte Beispiel mag auf den ersten Blick erstaunlich anmuten. Man muss jedoch bedenken, dass die Kinder ie und ei verwechseln, so dass bieten als beiten gelesen werden kann. In diesem Fall fehlt dann nur noch das lange a (denn das r wird sowieso nicht vermisst, weil es nicht gesprochen wird), und schon sind wir bei abeiten.

Es ist offensichtlich, dass die Verwechslung von ver- mit wer- in erster Linie beim Lesen eintreten muss, weil man hier ver- nur türkisch zu lesen braucht, um zum Fragepronomen zu kommen. Die gleichen Kinder, die dies tun, würden andererseits das ihnen bekannte Wort verstehen so schreiben: foşteyen oder auch woschteyın. Es sind dies dann Kinder, die schon seit Jahren die Vorbereitungsklasse besuchen und die hier in erster Linie mündlichen Deutschunterricht erfahren haben. Man kann sich leicht ausmalen, wieviel diese Kinder mitkriegen, wenn sie ein deutsches Buch zu lesen versuchen, und auch: wie es ihnen später in der Regelklasse ergehen wird.

Das Präverb ver- ist übrigens nicht das einzige, das ab und zu bemerkt und dann fehlinterpretiert wird. So wird z.B. aus- als çıkmak ("herauskommen") oder auch als eve ("nachhause") ausgelegt, er- als o (er, sie, es), auf- als açık ("offen") und zu- als kapalı ("geschlossen") - wobei die letzteren Interpretationen wenigstens noch auf einen Teil der Fälle zutreffen. Verstärkt werden die Verwechslungen noch dadurch, dass die Präverben zu einem guten Teil mit den Präpositionen zusammenfallen.

Werden nun die Präverben schon abgetrennt oder übersehen, wenn sie unmittelbar vorm Verbstamm stehen und mit diesem zusammengeschrieben sind, so ist es klar, dass bei der Abtrennung im Rahmen der Satzklammer erst recht kein Zusammenhang zwischen Präverb und Stamm erkannt wird. Dies muss zu schwerwiegenden Missverständnissen führen, weil ein grosser Teil unserer zusammengesetzten Verben eine Bedeutung hat, die stark von der des Stammes unterschieden ist, vgl.:

Ahmet gibt immer etwas an.
Die Stunde fängt in zehn Minuten an
Grippe steckt leicht an.
Der Dampfer legt in wenigen Minuten im Hafen an.
Die Frau zieht einen Mantel an.

Wer das Deutsche einigermassen beherrscht, bezieht die beiden
in Distanz stehenden Verbteile natürlich sofort aufeinander und
entnimmt dann erst die Bedeutung. Nicht so die türkischen Schüler, wenn sie ihr Deutsch im wesentlichen ausserhalb des Unterrichts oder in einem ungezielten Unterricht gelernt haben. Sie
bringen die zusammengehörigen Teile nicht zusammen.

Dies hat seinen Grund - neben der Lernsituation - wenigstens
zum Teil auch im Sprachkontrast. Das Türkische kennt keine Satzklammer. Es kennt aber darüber hinaus auch fast keine Präverben,
so dass die Schüler auch nicht daran gewöhnt sind, die Verbbedeutung aus mehr als aus dem blossen Stamm zu ermitteln. Sie
können Präfixe vorm Verb vom Standpunkt ihrer Vorerfahrung nicht
unterbringen und werden sie daher auch nicht in Distanzstellung
zum Verb suchen, wenn man sie nicht sehr intensiv mit der Nase
drauf stösst. In diesem Punkt haben die türkischen Lerner für das
Deutsche besonders schlechte Voraussetzungen. Wer Englisch
spricht, kennt nicht nur die Präverben, sondern bis zu einem gewissen Grade auch die Satzklammer. Aber auch wer eine romanische oder slawische Muttersprache hat oder Neugriechisch spricht,
der kennt wenigstens die Notwendigkeit, bei der Verbbedeutung
die Präverben einzukalkulieren. Häufig stösst er sogar auf Paral-
lelen in der Zusammensetzung der Verben, weil sich die Sprachen natürlich auch in dieser Hinsicht gegenseitig beeinflusst haben. Der türkische Schüler hat diesen Vorlauf nicht. Er geht daher mit grösster Selbstverständlichkeit davon aus, dass "gehen"
wirklich "gehen" heisst, und "fangen" wirklich "fangen" - ganz
gleich, was im Satz sonst noch vorkommt.

(7) Grosse Schwierigkeiten macht schliesslich auch die Stellung
nominaler Ergänzungen in der NP. Diese stehen im Türkischen
immer vor dem Kopfnomen - im Türkischen gibt es also keine
postnominalen Ergänzungen. Das entspricht der allgemeinen Regelmässigkeit, dass immer das ergänzende, näher erklärende Element
vor dem ergänzten, näher bestimmten steht. (Dementsprechend
stehen auch die Objekte, Adverben und Nebensätze immer vor
dem übergeordneten Verb - mit geringen stilistisch begründeten
Ausnahmen).

Diese sehr allgemeine und durchsetzungskräftige Regelmässigkeit
des Türkischen bestimmt weitgehend die Vorerwartung der Schüler.
Diese Vorerwartung wird im Deutschen an mehreren Stellen durchbrochen: in der Frage der Satzklammer, bei der Extraposition der
Nebensätze und auch bei der Stellung der postnominalen Ergänzungen. In jedem dieser Fälle muss sehr intensiv gearbeitet werden,
damit die Schüler überhaupt darauf aufmerksam werden, was im
Deutschen eigentlich gemeint ist. Arbeitet man dagegen oberflächlich, so machen sie sich ein Verständnis der deutschen Konstruktion zurecht, das weniger stark mit den Regeln des Türki-

schen in Konflikt gerät. Sie übersetzen sich dann beispielsweise den Satz: *nominale Ergänzung*

    Meine Tante in Antalya ist krank.

als:

    Teyzem Antalyada. Hastadır.

d.h.:

    Meine Tante ist in Antalya. (Sie) ist krank.

Dies ist mit dem Ausgangssatz aber durchaus nicht gemeint: "in Antalya" ist keine eigenständige Mitteilung, sondern dient zur Identifizierung der fraglichen Tante (= teyze). Natürlich kann man das auch auf Türkisch ausdrücken, nur muss der Wohnort dann vor die Tante gesetzt werden, nämlich so:

    Antalyadaki teyzem hastadır.

Genau dies übersieht der türkische Schüler aber normalerweise nicht.

Diese Beobachtung gilt nun keineswegs nur für Ergänzungen, die einen Gegenstand oder eine Person durch die Ortsbefindlichkeit kennzeichnen, wie etwa in folgenden Beispielen:

deutsch	türkisch
das Buch auf dem Tisch	masadaki kitap
die Katze auf dem Dach	damdaki kedi
die Türken in Deutschland	Almanyadaki Türkler
der Lehrer dórt	oradaki öğretmen

(letzteres mit betontem dort im Sinne von: der dortige Lehrer, d.h. der Lehrer an einem anderen Ort, über den vorher gesprochen wurde).

Die gleichen Probleme treten auch in den übrigen Konstruktionen mit postnominalem Attribut auf, vgl.:

Herkunft:

mein Freund aus der Türkei	Türkiyeden gelen dostum
alle Briefe aus Frankreich	Fransadan gelen bütün mektuplar.

Rohstoff:

ein Haus aus Stein	taştan bir ev
die Brücke aus Holz	tahtadan köprü
ein Kleid aus Nylon	naylondan bir elbise

Teil oder Kennzeichen:

das Buch mit dem roten Einband	kırmızı ciltli kitap

die Frau <u>mit dem kurzen Rock</u>	<u>kısa etekli</u> kadın
der Mann <u>mit den zwei Frauen</u>	<u>iki karılı</u> adam
ein Mann <u>mit viel Geld</u>	<u>çok paralı</u> bir adam
ein Mann <u>mit gutem Willen</u>	<u>iyi niyetli</u> bir adam

Ebenso auch das Fehlen von Eigenschaften, Teilen oder Besitz:

der Mann <u>ohne Mütze</u>	<u>şapkasız</u> adam
das Kind <u>ohne weissen Kragen</u>	<u>beyaz yakasız</u> çocuk
der Topf <u>ohne Deckel</u>	<u>kapaksız</u> tencere
ein Mann <u>ohne jegliche Mittel</u>	<u>beş parasız</u> bir adam

<u>Vergleiche:</u>

ein junger Kerl <u>wie du</u>	<u>senin gibi</u> bir delikanlı
ein Mann <u>wie er</u>	<u>onun gibi</u> bir adam ,
ein Mann <u>wie ein Löwe</u>	<u>arslan gibi</u> bir adam
eine grosse Stadt <u>wie Ankara</u>	<u>Ankara gibi</u> büyük bir şehir

<u>Nutzniesser oder Zweck:</u>

ein Buch <u>für meinen Freund</u>	<u>dostum için</u> bir kitap
das Abteil <u>für Raucher</u>	<u>sigara kullananlara mahsus</u> kompartıman
ein Buch <u>zum Türkischlernen</u>	<u>Türkçe öğrenmek için</u> bir kitap

<u>Thema :</u>

ein Buch <u>über die Türkei</u>	<u>Türkiye hakkında</u> bir kitap
all meine Kenntnisse <u>über die Chemie</u>	<u>kimya üzerine</u> bütün bilgilerim

Diese Liste ist keineswegs erschöpfend. Insbesondere ist die grosse Zahl der Fälle nicht aufgeführt, wo das ergänzte Substantiv eigentlich verbalen Charakter hat und das nachstehende Attribut eigentlich eine Art Präpositionalobjekt ist (vgl.: die Hoffnung auf...., die Furcht vor... etc.). Wir meinen aber, dass die angeführten Beispiele genügen, um die Relevanz der Erscheinung aufzudecken und zugleich zu verdeutlichen, dass immer wieder dieselbe Schwierigkeit auftritt: das Attribut steht im Deutschen an einer Stelle, wo ein türkischer Schüler kein Attribut erwarten kann. Die Folge ist, dass die Schüler solche komplexen NPs immer wieder als ganze Sätze missverstehen, also:

das Buch auf dem Tisch	=	Das Buch liegt auf dem Tisch
mein Freund aus der Türkei	=	Mein Freund ist aus der Türkei
die Brücke aus Holz	=	Die Brücke ist aus Holz
ein Mann wie ein Löwe	=	Ein Mann ist wie ein Löwe

Ganz entsprechende Schwierigkeiten machen den türkischen Lernern
übrigens auch die meisten deutschen Genitive - nämlich alle, wo
das Genitivattribut dem Kopfnomen folgt, vgl.:

das Buch des Lehrers	öğretmenin kitabı
die schönsten Orte der Türkei	Türkiye'nin en güzel yerleri
am Nachmittag des anderen Tages	ertesi günün öğleden sonrası
während der Abwesenheit des Lehrers	öğretmenin yokluğu esnasında

Ebenso dort, wo der Genitiv durch die Konstruktion mit von + DAT
ersetzt ist:

ein Freund von Ahmet	Ahmet'in bir arkadaşı
das Haus von Herrn Karabulut	Bay Karabulut'un evi

Günstig ist für türkische Lerner einzig der vorangestellte Genitiv:

Ahmets Auto	Ahmet'in arabası

Dieser ist aber auf dem Rückzug begriffen und wird sicher auch
nicht aus Gastfreundschaft wiederbelebt werden. Die didaktische
Situation stellt sich daher im Falle des Genitivs ganz genau so
dar, wie bei den übrigen postnominalen Attributen.

Angesichts der derzeitigen Situation in den Schulen scheint die
Frage nicht geklärt zu sein, ob, wann und mit welcher Intensität
die postnominalen Attribute mit den türkischen Schülern geübt
und ihnen begreifbar gemacht werden sollen. In den Vorbereitungsklassen geschieht dies nicht oder nur sehr am Rande, u.a. weil
man hier "so schwieriges Deutsch" den Schülern nicht glaubt zu-
muten zu können. Andererseits werden diese Konstruktionen in der
Regelklasse als völlig gesicherter Besitz der Schüler vorausgesetzt: ohne sie zu verstehen, versteht man weder, was Lehrer und
Mitschüler sagen, noch was in den Büchern steht. So enthält etwa
das BAGEL-Sachbuch der 2. Klasse auf den Seiten 28-29 die folgenden Fälle der oben angesprochenen Konstruktionen:

die Bildreihe auf diesen beiden Seiten
zum Herstellwerk für Tiefkühlkost

die Bilder der Tiefkühlkette
vom Feld des Gemüsebauern
vom Tiefkühllager des Werks
in den Kühlschrank einer Familie
in das Tiefkühlfach ihres Kühlschranks

In späteren Klassen nimmt der Anteil dieser Konstruktionen -

und ebenso ihre Verzwicktheit - schnell zu. Vgl. etwa S.28 des
BAGEL-Sachbuches für Klasse 4:

die Lage am Rhein
Schiffstypen auf dem Rhein

ein besonderer Hafen mit grossen Öltanks
mit Eisenerz für die Hüttenwerke

die wichtigsten Gründe dafür, dass...

der grösste Binnenhafen Europas   (2x)
Duisburg - der Hafen des Ruhrgebietes
die Nähe der Hüttenwerke

der grösste Teil dieses Erzes
jedes zweite der über 12o Binnenschiffe, die....

grosse Berge von Schrott, Kohle, Kies, Sand und Eisen

Den Höhepunkt bilden die beiden Bildunterschriften unten auf der
Seite:

Verladeanlagen für Getreide und Getreidespeicher im
Duisburger Innenhafen

Hochofenbeschickung direkt vom Kahn mit Förderband
im Duisburger Hafen

Nun kann man natürlich der Meinung sein, dass Türkenkinder sowieso keine Sachkundebücher zu lesen brauchen - und diese Meinung ist unter der Hand wohl verbreiteter, als man auf den ersten
Blick annehmen würde. Immerhin dürfte sie häufiger auf Resigna-
tion, als auf bösen Willen zurückgehen. Der Grund für diese Resig-
nation hat aber nichts mit der Lernfähigkeit der türkischen Schüler
zu tun, sondern ausschliesslich mit der Verwirrung über Lernziele
und Lehrmethoden in Zweitsprachenunterricht, wie sie heute verbreitet ist. Was z.B. ganz sicher nicht gehen kann, ist: die
hier behandelten postnominalen Attribute im Zweitsprachunterricht
übersehen oder aussparen und dennoch erreichen, dass die Schüler mit ihnen fertig werden.

Es muss hier auch wiederum betont werden, dass es sich um
eine spezifische Schwierigkeit für türkische Lerner handelt, die
so in unserem Fremdsprachenunterricht nicht auftaucht, aber auch
nicht für Kinder anderer Gastarbeiternationen. Die meisten indoger-
manischen Sprachen - hierunter germanische, romanische, slawische, das Neugriechische sowie das Neupersische - stellen die
hier besprochenen Ergänzungen genauso hinter das Substantiv, wie
das Neuhochdeutsche. Für diese Lerner stellt also die Reihenfolge
innerhalb der fraglichen Konstruktionen keine Neuheit dar. Ja, selbst
die Auswahl der Präpositionen ist von Sprache zu Sprache noch weit-

gehend vorhersehbar. Von den nicht-indogermanischen Sprachen ist uns z.B. das Arabische in diesem Punkt weit näher als das Türkische. Als Beispiel sei der Ausdruck "Kaffee mit Milch" in einigen Sprachen angeführt:

Deutsch:	Kaffee <u>mit Milch</u>
Spanisch:	café <u>con leche</u>
Italienisch:	caffè <u>(con) latte</u>
Griechisch:	kafes <u>me ghala</u>
Russisch:	kofe <u>s molokom</u>
Arabisch:	qahva <u>ma' halib</u>

und - mit veränderter Präposition:

Französisch:	café <u>au lait</u>

Demgegenüber heisst es auf Türkisch: <u>sütlü</u> kahve.

Nachdem im vorliegenden Abschnitt der Sprackkontrast Deutsch/ Türkisch zunächst am Beispiel der Relativsätze, und danach in 7 weiteren Punkten bezüglich des einfachen Satzes angesprochen worden ist, sind die grammatischen Unterschiede natürlich noch keineswegs ausgeschöpft. Wir hoffen jedoch, ein ausreichendes Bild gegeben zu haben, das es erlaubt, die Bedeutung eines stärkeren Kontrastes realistisch einzuschätzen (und damit auch die von den türkischen Schülern beim Erlernen des Deutschen erbrachten Leistungen angemessener zu würdigen und gezielter zu unterstützen).

2.6.6. Einige Interferenzfehler

In diesem Abschnitt wollen wir zunächst etwas genauer auf die drei bereits in (2.6.1.) erwähnten Fehler eingehen, und dann noch einige weitere von uns beobachtete Fälle hinzufügen. In diesem Zusammenhang sei auch auf einen Beitrag von J.MEYER-INGWERSEN in der Zeitschrift für Literaturwissenschaft und Linguistik (LiLi) hingewiesen, der im Erscheinen begriffen ist[3o].

(1) Zur Ersetzung von /ts/ durch stimmloses /s/:

Wie oben in (2.6.1.) erwähnt, spricht der grösste Teil der türkischen Schüler anstelle von <u>z</u> /ts/ nur stimmloses /s/, und zwar auch am Wortanfang. Die Kinder sagen also:

<u>sum</u>	anstelle von	zum (tsum)
<u>sa^egın</u>	anstelle von	zeigen (tsa^egn)
<u>švastə</u>	anstelle von	schwatzte (švatstə)

Dieser Fehler hält sich sehr lange. Der Unterschied wird von den Schülern nicht, von den Lehrern nur begrenzt bemerkt, so dass der

alltägliche Deutsch-Kontakt kaum korrigierend wirkt. Dies wäre ansich nicht besonders tragisch zu nehmen. Durchschlagend wird dieser Fehler jedoch, sobald es um die Rechtschreibung geht. Hier
schreiben die Schüler dann unterschiedslos s̲ für /ts/ und für stimmloses /s/ (also: auslautendes s̲, β̲, inlautendes ss oder β̲); andererseits schreiben sie - entsprechend der türkischen Orthographie
- z̲ für jedes stimmhafte s̲ (also für den Laut /z/). Wir finden
daher schriftlich:

sum, som	für	zum
saygın		zeigen
sivastı		schwatzte,

andererseits aber auch:

zagın	sagen
leyzin	lesen.

Natürlich sind die dabei auftretenden Fehler nicht völlig durchgängig, weil sich die Schüler bis zu einem gewissen Masse die Form
bekannter Wörter merken. Oft stehen sie dann in einem Konflikt
zwischen diesem Wissen einerseits und der Kombination ihrer Aussprache mit den ihnen bekannten türkischen Schreibregeln andererseits.
Der hier angesprochene Fehler ist offenbar im Kern aussprachebe-
dingt und nicht erst durch die unterschiedliche Rechtschreibung
entstanden, was man daran sieht, dass auch Kinder, die nicht
deutsch schreiben gelernt haben, dennoch das /ts/ durch stimmloses /s/ ersetzen. Sinnvoll erklärbar ist er nur auf der Basis des
türkischen Lautbestandes, wo es die Affrikate /ts/ nicht gibt, wohl
aber stimmloses /s/ in allen Positionen (also verbreiteter, als im
Deutschen).

Die gleiche Ausspracheschwierigkeit mit entsprechenden Konsequenzen ist übrigens in einer ganz analogen Situation beobachtet worden, nämlich im Russischunterricht in aserbeidschanischen
Schulen[31]. Die Muttersprache der Schüler - Aserbeidschanisch
- ist nahe mit dem Türkeitürkischen verwandt und hat in ihrer
Standardform und fast allen in der aserbeidschanischen SSR ge-
spochenen Dialekten nicht den Laut /ts/, genau wie das Türkische auch, sondern nur /tš/ und stimmloses /s/. Für das Russische brauchen die Schüler zwar auch diese beiden Laute, sie
müssen jedoch noch ein /ts/ hinzulernen. Interessanterweise
ersetzen die aserbeidschanischen Schüler das russische /ts/ nur
teilweise durch /s/, teilweise jedoch auch durch /tš/. Dies
hat möglicherweise mit dem Dialektbewusstsein der Schüler zu
tun: in wenigen Dialekten der ASSR, dafür aber in den meisten
aserbeidschanischen Dialekten des angrenzenden Iran und der
Osttürkei wird anstelle von /tš/ der Laut /ts/ gesprochen.[32]

Die letztgenannte Tatsache gibt übrigens auch eine interessante
Möglichkeit zur Überprüfung der Ursachen des Fehlers. Wenn es
tatsächlich nur darum geht, dass die Schüler nicht an die Bildung des Lautes /ts/ gewöhnt sind, und dass sie ihn deshalb mit
/s/ verwechseln und durch diesen Laut ersetzen, so ist zu erwarten, dass Sprecher eines Dialektes, in dem /ts/ anstelle von /tš/
gesprochen wird, diese Schwierigkeiten in der Aussprache von
/ts/ im Deutschen nicht haben. Es ist weiterhin zu erwarten, dass
sie die türkische Schreibweise für /tš/, d.h. /ts/ in ihrem Dialekt, - nämlich das ç - anstelle unseres Buchstaben z verwenden
werden, bzw. im Wechsel mit ihm. Wir haben solche Fälle noch
nicht beobachten können.[33] Tatsächlich wird aber berichtet, dass
sie es erwartungsgemäss bei unserem deutschen z = /ts/ leichter
haben.

(2) Zur Frage der genitivischen Attribute:

Schüler, die soweit im Deutscherwerb fortgeschritten sind, dass
sie sich über die Verwendung von Possessivpronomina hinaus auch
an Genitive heranwagen, benutzen unter anderem Konstruktionen
der folgenden Typen:

(a) yung fat^{e}a   "der Vater des Jungen"
     irə kind^{e}a šne:man   "der Schneemann seines
                                         Kindes

(b) d^{e}a yungə za^{e}n papa   "der Papa des Jungen"
     d^{e}a yungə za^{e}n fa:t^{e}a   "der Vater des Jungen"
     də man za^{e}n yung   "der Junge des Mannes"

(c) kınt za^{e}n fa:t^{e}a   "der Vater des Kindes"

(d) za^{e}n zons   šne:man   "der Schneemann seines
                                         Sohnes"
     kla^{e}nə yungıs fa:t^{e}a   "der Vater des kleinen
                                         Jungen"

Wie man an den Unterstreichungen leicht ablesen kann, steht in
den von den Schülern gebrauchten Konstruktionen der Genitiv durch-
gehend vor dem ergänzten Substantiv, anstatt - wie es die Norm
verlangen würde - dahinter. Die im deutschen Umgangsstil immer
häufiger werdende Konstruktion mit von + Dativ wird dagegen
nicht verwendet.

Für diese Beobachtungen sind verschiedene Erklärungsansätze denkbar.

Gehen wir zunächst von den Fällen unter (d) aus. Hier haben die
Schüler offenbar bereits etwas von der Morphologie des Deutschen
mitgekriegt: sie verwenden eine Genitivendung /-(ı)s/, die sie
allerdings nur an das Substantiv hängen, nicht an den Artikel oder
das Possessivum. Diese Einschränkung der Endung auf das Sub-
stantivum liegt vielleicht daran, dass den Schülern aufgrund des
türkischen Musters das Substantiv immer noch als der geeignet-
ste Ort der NP für morphologische Veränderungen vorkommt.

Die unter (d) gesammelten Fälle könnten uns daran erinnern, das
wir ja auch im Standarddeutschen vorangestellte Genitive auf /-s/
haben, vgl.:

>   Peters Buch
>   Vaters neues Auto
>   Mutters Brille
>   Herrn Müllers neue Garage

Sind vielleicht diese Formen zum Vorbild einer falschen Verallgemeinerung geworden? (Im Deutschen ist die Voranstellung des Genitivs nur für den Fall von Namen und namenähnlichen Substanti-
va üblich, ansonsten etwas ungewöhnlich, vgl:

>   seines Sohnes Schneemann
>   des kleinen Jungen Vater

Diese Konstruktionen sind zwar nicht falsch, werden so aber im
Sprechdeutschen kaum vorkommen und können daher nicht unmittelbar zur Voraussetzung von (d) geworden sein.)

Gegen die Auffassung, es läge bei (d) einfach nur falsche Verallgemeinerung der Stellung von Namen etc. vor, spricht nun aber
die relative Seltenheit der vorangestellten Genitive im Deutschen.
Ihr gegenüber steht sowohl die Nachstellung der Genitive auf /-s/
wie in:

>   der Schneemann seines Sohnes
>   der Vater des kleinen Jungen

als auch die Umschreibung des Genitivs mit von + Dativ, die nur
nachgestellt benutzt wird, vgl.:

>   die Aufsätze von drei Schülern
>   der Vater von dem kleinen Jungen.

Diese Konstruktion kann man auch im Falle von Personennamen
verwenden, so dass also auch die "Genitive" von Personennamen
nachgestellt werden können:

>   das Buch von Peter
>   das neue Auto von Vater

die Brille <u>von Mutter</u>
die neue Garage <u>von Herrn Müller</u>.

Diese Konstruktion mit <u>von + Dativ</u> dürfte in der alltäglichen Umwelt der Schüler sehr viel häufiger zu hören sein, als der vorangestellte Genitiv des Standarddeutschen.

Der zweite Erklärungsansatz bietet sich, wenn man von den Beispielen unter (b) und (c) ausgeht, wobei es sich eigentlich um eine
einzige Gruppe handelt, denn (c) ist wie (b), nur fehlt der Artikel im Attribut.
Diese Formen haben offenbar etwas zu tun mit der nur sprechsprach-
lichen Konstruktion des Deutschen:

<u>DATIV</u>	<u>Poss</u>	<u>SUBSTANTIV</u>
dem Jungen	sein	Papa
dem Jungen	sein	Vater
dem Mann	sein	Junge
dem Kind	sein	Vater

Wie man sieht, kommen die Schüler dieser Konstruktion ziemlich
nahe, nur dass sie nicht den Dativ verwirklichen.

Es scheint uns nun ausgesprochen wahrscheinlich, dass hier die
sprechsprachliche deutsche Konstruktion weitgehend Pate gestan-
den hat. Eine offene Frage ist aber, warum gerade diese Variante
sich durchsetzt. Wir sehen hierfür zwei denkbare Erklärungsansätze.

Einmal ist diese Konstruktion dem Türkischen nicht so fremd. Im
Türkischen sieht die Gesamtkonstruktion nämlich so aus:

<u>NP+GEN</u>	(Adj)	<u>SUBSTANTIV+Poss</u>
çocuğ-un		baba-sı
(/Kind-es		Vater-sein/)
des Kindes		Vater

Deutsche, die Türkisch lernen, verdeutlichen sich diese Konstruktion häufig zunächst durch die Wort-für-Wort-Übersetzung:

des Kindes sein Vater.

Ein zweiter denkbarer Erklärungsansatz liegt in folgendem: Wenn
die Schüler sowieso zunächst lange Zeit versuchen, sich mit der
für sie einfacheren Konstruktion:

<u>sein</u> Vater
<u>sein</u> Junge
. . . .

zu behelfen - und das ist in der Tat so - dann bildet vielleicht
gerade diese Konstruktion für sie den Kern, auf dem sie später
den Genitiv aufbauen. Wenn sie in der allerersten Zeit mit dem
blossen Possessivum auskommen und dies als Ersatzform für
Genitive verwenden können, so wohl deshalb, weil sie hier ohnehin sehr umständlich formulieren müssen. Sie können daher das
Substantiv vornennen und sich dann mit dem Possessivum pro-
nominal darauf zurückbeziehen. Dies hat den Vorteil, dass das
Possessivum für sie sehr leicht zu handhaben ist, während sie
unsere Genitivkonstruktion zu diesem Zeitpunkt sicher noch nicht
wahrnehmen oder erschliessen können. Mit der Zeit gehen sie jedoch zu einer gedrängteren Sprechweise auch im Deutschen über,
und dann liegt es nahe, aus dem weitläufigen: ...der Junge....
.... sein Vater..... die verkürzte Form: der Junge sein Vater
zu machen, indem man einfach das pronominalisierte Substantiv
- das vorher nicht eingeführt ist - vor dem Pronomen ausspricht.
Dies Verhalten kann sich aus dem Zwang, relativ schnell formulieren zu müssen, unwillkürlich ergeben. Die ab und zu gehörte
deutsche Konstruktion: dem Jungen sein Vater würde dem Schüler
in diesem Fall nur zusätzlich bestätigen, dass er den richtigen
Weg eingeschlagen hat - wäre also eher verstärkend, als ursächlich zu sehen.

Nimmt man nun diese beiden Erklärungsansätze zusammen - sie
widersprechen sich ja nicht und können sich also ergänzen - so
sieht man leicht ein, warum die deutsche Konstruktion vom Typ
DATIV + Poss + SUBSTANTIV für türkische Schüler so anziehend
ist: sie bestätigt seine ohnehin vorhandene Lerntendenz.
Dies erklärt jedoch nur das Auftreten der Formulierungen unter (b)
und (c). Die Ausdrücke unter (a) und (d) können gerade unter
diesem Erklärungsansatz weder als Vorläufer, noch als Reduktions-
formen von (b), (c) aufgefasst werden. Sie stellen vielmehr eine eigene Entwicklungslinie dar, die zwar im gleichen Schüler verwirklicht sein kann, wie (b), (c), aber mit diesen ursächlich
nicht zusammenhängt.

Betrachten wir nun (a) und (d) genauer, so stellen wir fest, dass
diese Konstruktionen eng zusammengehören. (d) unterscheidet sich
von (a) nur durch das Auftreten eines Genitivzeichens. Ansonsten
ist die Struktur die gleiche. Stehen oder Fehlen des Genitivkenn-
zeichens ist aber kein grundsätzlicher Unterschied, um dessentwil-
len wir wiederum getrennte Entwicklungslinien annehmen müssten.
Es ist vielmehr so, dass (1) morphologische Markierungen im frühen Lernstadium meistens wegfallen, (2) das /-s/ sowieso nicht
allgemein für den deutschen Genitiv gilt. Daher kann man das Auftauchen dieses /-s/ prinzipiell als Lernfortschritt auf der bereits
durch (a) eingeschlagenen Linie ansehen, wobei es in kla^{e}nə yun-
gıs aufgrund falscher Verallgemeinerung hineingeraten ist. Wir
stellen deshalb (a) und (d) einerseits der Gruppe (b), (c) ande-

rerseits gegenüber.

Wie hat man sich nun die Entstehung der Konstruktionen (a), (d) vorzustellen? Unserer Ansicht nach so, dass hier einfach die türkische Konstruktion nachgebildet wird, entweder gänzlich unter Verzicht auf die Morphologie (a), oder mit Umsetzung des türkischen Genitiv-Suffixes /-(n)ln/ in deutsches /-(ı)s/ - also Fall (d). Dabei mag der voranstehende Genitiv des Deutschen eine gewisse Rolle mit gespielt haben, er war aber sicher weder entscheidend noch auslösend.

Wie man an den vorgeführten Erklärungsansätzen sieht, muss man sich die Entstehung von Fehlern ganz allgemein komplizierter vorstellen, als dies das blosse Wort "Interferenz" vermuten lässt. Andererseits ist aber auch deutlich, dass auf jeden Fall der Sprachkontrast bei der Entstehung der verschiedenen Genitivansätze eine grosse Rolle spielt und dass die Schüler ihre deutschen Konstruktionen keineswegs in die Luft hineinbauen, sondern sie auf die einigermassen gesicherte Grundlage der Muttersprache zu stützen versuchen.

Unabhängig davon, wieweit sich die hier gemachten Einzelannahmen über die Geschichte der Fehler bestätigen lassen, ist jedoch generell festzuhalten, dass alle vorgeführten Konstruktionen den "Genitiv" vor das durch ihn bestimmte Nomen stellen. Hierdurch genügen sie der weitaus allgemeineren Anforderung der türkischen Grammatik, immer das Bestimmende vor das Bestimmte zu setzen. Diese Regelmässigkeit des Türkischen wirkt in den Köpfen der Schüler offensichtlich so stark, dass widersprechende Vorbilder deutscher Konstruktionen von vorn herein ausgeschieden werden, soweit sie nicht im Sinne dieser Regel uminterpretiert werden können. (Vgl. hierzu auch oben (2.6.5.) Nr. (7)).

(3) Zum Gebrauch von "nehmen":

Oben in (2.6.1.) wurden bereits zwei Beispiele für den unzutreffenden Gebrauch des deutschen Verbs "nehmen" durch türkische Schüler angeführt. Der erste, also:

   Ich gehe in den Laden und nehme ein Pfund Fleisch.

ist unzutreffend, weil hier "kaufen" gemeint ist. Im zweiten Fall, also:

   Was hast du von Englisch genommen?

ist "nehmen" demgegenüber anstelle von "bekommen", "kriegen" verwendet worden.
Der durch diese beiden Beispiele illustrierte erweiterte Gebrauch von "nehmen" deckt sich, wie oben bereits bemerkt, genau mit

der Semantik von türkisch "almak" . Bezeichnenderweise werden andererseits Formulierungen mit "nehmen" anstelle von "kriegen" dort weder gebildet noch akzeptiert, wo dem "kriegen" im Türkischen nicht almak entsprechen würde, sondern eine andere Ausdrucksweise. Aus Wendungen wie "Grippe kriegen", "ein Kind kriegen" wird also normalerweise nicht "Grippe nehmen", "ein Kind nehmen". Dies bestätigt, dass in den übrigen Fällen tatsächlich die Semantik von almak auf den deutschen Sprachgebrauch der Lerner einwirkt.

Das eigentliche Lernproblem ist nun auch in diesem Fall verzwickter, als es auf den ersten Blick den Anschein hat. Nach den auftretenden Fehlern und ihrer türkischen Grundlage zu urteilen könnte man annehmen, almak sei ein normales Polysem, in dem drei historisch verwandte Bedeutungen auf einer Sprachform vereinigt sind, aber doch soweit voneinander getrennt, dass sie trotz der gleichen Sprachform deutlich als unterschieden empfunden werden. Dies ist jedoch wohl nicht der Fall und deshalb haben Türken erhebliche Schwierigkeiten, sich in die Unterscheidung von deutsch: "bekommen"/"nehmen"/"kaufen" hineinzudenken.

Das Problem soll zum besseren Verständnis kurz an einem deutschen Beispiel erläutert werden. Nehmen wir unser deutsches Verb "aufgeben", das mehrfach polysem ist. Greifen wir drei seiner Lesarten heraus und fragen uns dann, wieweit ein deutscher Sprecher in der Lage ist, zwischen ihnen zu unterscheiden und sich über den qualitativen Unterschied zwischen ihnen Rechenschaft abzulegen:

(1) jemandem etwas aufgeben
    (eine Aufgabe, ein Rätsel, eine Arbeit)

(2) irgendwo etwas aufgeben
    (ein Telegramm, einen Brief - bei der Post; das Gepäck
    - bei der Bahn)

(3) etwas aufgeben
    (einen Versuch, einen Kampf, einen Besitz, eine Hoffnung)

Es ist anzunehmen, dass deutschen Sprechern der Unterschied zwischen den drei numerierten Verwendungsweise intuitiv relativ klar ist und dass sie darüber auch Auskunft geben können. Hier handelt es sich deutlich um drei ganz verschiedene Sachen, und Wortspiele der Art: "Wenn du den Koffer bei der Bahn aufgegeben hast, dann kannst du ihn in der Tat aufgeben!" bestätigen dies noch. So werden deutsche Lerner nicht unbedingt erstaunt sein, in einer anderen Sprache für jede der drei numerierten Bedeutungen von "aufgeben" eine unabhängige Übersetzung zu finden. Stossen sie nun aber bereits innerhalb dieser Bedeutungen auf unterschiedliche

Übersetzungen, so wird dies schon eher ein Grund zum Stutzen sein und bei ungenügender Erklärung auch Verwirrung hervorrufen. Tatsächlich tritt dieser Fall jedoch bereits beim Übergang vom Deutschen ins Englische ein, wie man an den folgenden Übersetzungen sehen kann:

(1) to set, ask

(2) to hand in, to mail, to book, to register

(3) to give up, to abandon, ...

Woher - so muss sich der Lerner fragen - kommen die konkurrierenden Übersetzungen innerhalb der einzelnen Bedeutungen, wie verhalten sie sich zueinander und wie sind sie folglich zu behandeln? Nehmen wir z.B. (2), so ist vom Standpunkt des deutschen Lerners allenfalls noch schnell einzusehen, dass sich /to mail/ - oder /to post/ - ausschliesslich auf die Post bezieht. Aber warum heisst es: /to mail a letter/ und /to hand in a telegram/?!

Kehren wir nun zu unserem eigentlichen Problem - dem Verb almak - zurück. Hier scheint die Sache so zu sein, dass den korrekten deutschen Übersetzungen "nehmen" / "kaufen" / "bekommen" im Türkischen nicht einfach drei deutlich unterschiedenen Lesarten von almak entsprechen. Eher bezeichnet almak eine Art Oberbegriff zu den drei deutschen Verben. Dieser Oberbegriff besagt etwa:

x   Übergang eines Gegenstandes (benannt im direkten Objekt) in die Verfügung einer Person (benannt im Subjekt)".

Für diesen Oberbegriff gibt es im Deutschen keinen adäquaten Ausdruck. Die fraglichen deutschen Verben unterscheiden vielmehr zusätzlich:

(1) ob die Person aktiv auf den Vorgang einwirkt oder nicht (nehmen, kaufen vs. kriegen, bekommen),

(2) im aktiven Fall: ob der Vorgang mit einem Entgelt verbunden ist ("kaufen") oder nicht ("nehmen").

Der Stellenwert dieser beiden Unterscheidungen ist allerdings auch im Deutschen nicht gleich gross: der Gesichtspunkt der aktiven Einwirkung ist erheblich grundlegender und prominenter, als der des Entgelts. Es ist im übrigen auch nicht so, dass der Gesichtspunkt des Entgelts für alle Verben im fraglichen Bereich relevant ist. Für "holen" z.B. gilt er nicht. Der Satz:

Peter geht und holt ein Wörterbuch

impliziert normalerweise blosses "nehmen". Weiss ich aber, dass er in eine Bibliothek oder in einen Laden geht, so impliziert es dementsprechend "leihen" oder "kaufen". Letzteres tritt z.B. in Wendungen wie "Milch holen", "Brötchen holen", "einholen" ganz

deutlich hervor, wobei es offenbar so ist, dass die Tendenz "holen"
für "kaufen" zu verwenden um so grösser ist, je alltäglicher der
Laden benutzt wird.
Der Grund, warum bei "holen" der Gesichtspunkt des Entgelts implizit bleibt, ist wohl der, dass hier ein anderer zusätzlicher Gesichtspunkt eine Rolle spielt: der des Fortgehens und mit dem Gegenstand Zurückkommens. Dieser spielt wiederum für nehmen und
kaufen keine Rolle: nehmen bzw. kaufen kann ich Gegenstände
immer nur dort, wo ich gerade bin. Das Beispiel "holen" zeigt
sehr schön, wie wir selbst einen Unterschied, den wir angesichts
eines Verbpaars (nehmen/kaufen) für unabdingbar halten, an anderer Stelle vernachlässigen.

Versuchen wir uns jetzt den Zusammenhang zwischen türkisch
almak und seinen deutschen Übersetzungen an einem Diagramm
zu verdeutlichen:

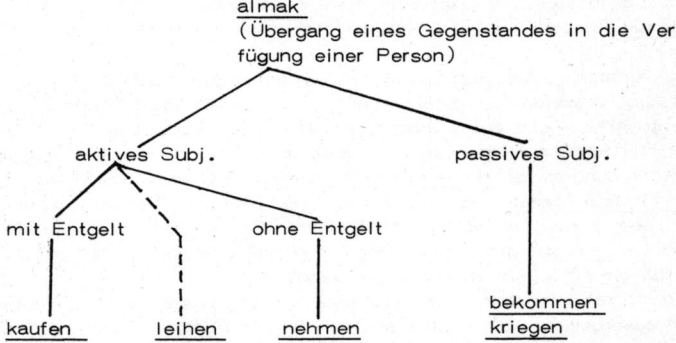

Um den vereinfachenden Charakter des Diagramms nicht vergessen
zu machen, haben wir zusätzlich das Verb leihen aufgenommen,
das im Gegensatz zu kaufen steht, insofern kein Besitzwechsel
stattfindet (während der Gesichtspunkt "Entgelt" hier ambivalent
bleibt), und zu nehmen, insofern leihen das Einverständnis
des Besitzers voraussetzt und das Versprechen der Rückgabe enthält. Die Linie, die zu leihen führt, haben wir gestrichelt, um
anzudeuten, dass es auf einer anderen Ebene liegt, als kaufen
und nehmen. Auf wieder einer anderen Ebene wäre holen anzu-
siedeln. Alle diese Verben aber sind Spezialisierungen des Begriffs von türkisch: almak.
Zu unterscheiden hat man von dieser Ausdifferenzierung die Verwendung stilistisch ungleichwertiger Wörter mit sonst gleicher
Bedeutung, wie sie unseres Erachtens in kriegen/bekommen vorliegt, oder ähnlich in schmeissen/werfen. Sowohl ein stilisti-
scher, als auch ein semantischer Unterschied besteht demgegenüber vielleicht zwischen kriegen/erhalten .

Geht man nun davon aus, dass ein Türke bei dem Satz:

Ich gehe in den Laden und _nehme_ ein Pfund Fleisch.

bei _nehmen_ nicht die spezielle deutsche Bedeutung dieses Wortes
meint, sondern dass er vielmehr die allgemeinere Bedeutung von
türkisch _almak_ dabei im Auge hat, dann wird klar, warum er selbst
an dieser Äusserung nichts Anstössiges finden kann. Das Verb _neh-
men_ - als Übersetzung von _almak_ - hat für ihn ja nicht die Impli-
kation, die es für uns hat: nämlich dass die Handlung, die so benannt wird, das Entrichten eines Entgelts nicht einschliesst, was
in der Situation des Ladens natürlich auf "klauen" hinausläuft.
Will ein Türke sagen, dass er zwar das Fleisch nimmt, dann aber
geht, ohne zu zahlen - und ohne auf eine andere Weise mit dem
Ladenbesitzer Einigung erreicht zu haben - dann kann er eben gerade nicht _almak_ benutzen, denn solange er in dieser Situation
almak benutzt, wird man unterstellen, dass er gezahlt hat. Er
muss dann sehr viel expliziter werden und zwar mit der Hilfe von
çalmak "klauen" (auch: "spielen" von Instrumenten, "klopfen" an
eine Tür).
Die Tatsache, dass ein türkischer Lerner aufgrund seiner Sprache
nicht ohne weiteres einsieht, dass er im Laden _kauft,_ nicht _nimmt,_
beruht also weder auf mangelndem sozialen Verständnis, noch lässt
sie sich dahingehend auslegen, dass das Türkische keine klare Unterscheidung zwischen _kaufen_ und _nehmen_ (letzteres im Sinne von
"ohne Geld kaufen") zulässt. Ein Türke unterscheidet dies durchaus sehr genau, er würde nur nicht auf die Idee kommen, dass
wenn er _nehmen_ als Übersetzung für _almak_ gebraucht, dies als "ohne
Geld kaufen" interpretiert werden kann.
Im übrigen kann man sich auch im Türkischen sehr viel eindeutiger ausdrücken und tut dies auch, wo es nötig ist. So gibt es
neben dem allgemeinen Verb _almak_ auch die spezifizierten Wendungen _satın almak_ "kaufen" und _ödünç almak_ "leihen", in denen _al-
mak_ jeweils mit einem klärenden Zusatz versehen ist. Mittels
dieser Ausdrücke kann man klarstellen, ob es sich um Kauf oder
um blosse Ausleihe handelt, was in Einzelfällen natürlich sehr
wichtig sein kann. Im alltäglichen Gebrauch spielen diese Ausdrücke
jedoch keine so grosse Rolle, da die richtige Interpretation von
almak im wesentlichen bereits durch die jeweilige Situation vorge-
geben bzw. eingeengt ist, so dass es keiner verdeutlichenden Zu-
sätze mehr bedarf.

Auch das zweite eingangs zitierte Beispiel lässt sich auf der Basis des hier besprochenen Sprachunterschiedes leicht erklären. Der
türkische Lerner sagt:

Was hast du von Englisch _genommen?_

weil er sich auf Türkisch so ausdrücken würde:

Ingilizceden kaç _aldın?_

Was er damit meint, muss jedoch auf Deutsch so lauten:

Was für eine Note hast du im Englischen gekriegt?

Der Lerner hat hier wiederum das Verb "nehmen" für türkisch almak eingesetzt, offenbar weil er die Bedeutung beider Verben für
identisch hält. Bei dieser mechanischen Gleichsetzung von almak
und nehmen spielen wohl zwei Sachen eine Rolle. Einmal ist
der Lerner offenbar nicht in der Lage, die begriffliche Unterteilung, wie sie in der Bedeutung der deutschen Verben enthalten
ist, als Element der Verbbedeutung aufzufassen. Konzentrierte
Übungen zu diesem lexikalischen Problem, die wir mit einigen
türkischen Lehrern gemacht haben, zeigten, dass die begriffliche
Unterteilung der deutschen Verben für sie unmittelbar nicht einsichtig war. Sie schwankten dementsprechend längere Zeit, ob
Sätze der Art:

Ich nehme mein Gehalt vom Schulamt.
Gestern hat Herr Karabulut einen Brief aus der Türkei genommen.

nicht vielleicht doch einwandfreies Deutsch sind. Die andere
Seite ist die, dass von den drei Verben: nehmen, kaufen, bekommen das Verb nehmen wohl doch das häufigste ist, so dass
gerade dies Verb als die typische Übersetzung von almak erscheinen kann.

Wir müssen hier eine Zusatzbemerkung machen. Es könnte der
Eindruck entstehen, als handele es sich bei dem von uns angeführten Beispiel um eine glänzende Bestätigung von L. WEIS-
GERBERs "Zwischenwelt"-Theorie. Das Verb almak hat seine
spezifische Bedeutung ja nicht aus den heutigen Lebensumständen
in der Türkei, sondern ist ererbter Besitz aller Turksprachen bis
hin zu den Jakuten. Ist dies denn nicht ein Beleg dafür, wie
ererbter Sprachbesitz die Weltsicht prägt, ohne sogar von der veränderten Erfahrung beeinflusst zu werden?

Wir meinen, dass dies ein - zugegebenermassen naheliegender -
Fehlschluss wäre. Der Schluss wäre nur berechtigt, wenn wir
gezeigt hätten, dass die andersartige Semantik von almak tatsächlich auch eine andersartige Weltsicht bedingt. Genau dieser
Zwischenschritt aber fehlt, und zwar mit gutem Grund. Wir könnten ihn nur gehen, wenn wir Grund zu der Annahme hätten, dass
ein Türke beim Vergleich der beiden Sätze:

Mehmet çantadan bir kitap aldı.
Mehmet nahm ein Buch aus der Tasche.

und:

Mehmet babasından bir mektup aldı.
Mehmet hat einen Brief von seinem Vater gekriegt.

nicht unterscheiden kann, in welchem der beiden Fälle Mehmet
den beschriebenen Vorgang unmittelbar aktiv herbeiführt und in
welchem nicht. Es gibt aber nicht den geringsten Zweifel daran,
dass ein Türke dies genauso gut unterscheiden kann, wie wir
auch - und zwar unabhängig davon, ob er Deutsch gelernt hat
oder ob er nur seine Muttersprache spricht. Der ganze Unterschied zwischen beiden Sprachen besteht in diesem Fall darin,
dass die Aktivität des Subjekts bei uns durch die Auswahl des
Verbs zum Ausdruck gebracht werden muss, während beim türkischen almak dieser Anteil der Bedeutung implizit bleibt. Er
muss dann dem Zusammenhang entnommen werden, was allerdings auch nicht besonders schwer ist. Die Voraussetzung dafür,
dass der Sprecher des Türkischen den Gesichtspunkt der Aktivität des Subjekts von almak aus dem Zusammenhang entnehmen
kann, ist allerdings, dass er in seinem Erfahrungsschatz Kriterien dafür findet, welche Vorgänge nur ablaufen, wenn man sie
aktiv betreibt (Bücher kommen nicht von selbst aus der Tasche),
und welche ohne eigenes Zutun funktionieren. Insofern ist der
Fall von almak im Gegenteil gerade ein schlagender Beweis dafür, wie wenig sich die "Weltsicht" durch die jeweilige Muttersprache beeinflussen lässt. Wäre es anders, dann würde die Semantik von almak bei Sprechern des Türkischen sicher erhebliche
Orientierungsschwierigkeiten zur Folge haben, wie man sich
leicht ausmalen kann.
Als Ergebnis ist deshalb festzuhalten, dass der türkische Lerner
durch seinen falschen Gebrauch von "nehmen" keineswegs eine
andere "Weltsicht" dokumentiert, sondern nur andere sprachliche
Gewohnheiten hinsichtlich der Frage, was an welcher Stelle und
mit welchem Wort unbedingt explizit gemacht werden muss und
was andererseits implizit bleiben kann.

Nachdem wir jetzt die unter Punkt (2.6.1.) bereits erwähnten
Interferenzfehler etwas ausführlicher auseinandergelegt haben, wollen wir noch einige weitere typische Fälle anführen. Wir fahren
dabei in der Numerierung fort.

(4) Weglassen von Strukturwörtern:

Sehr auffällig ist bei vielen Schülern das häufige Weglassen von
Artikel, Kopula und Pronomen. Nun mag die Weglassung von Artikel und Kopula ein allgemeines Merkmal von Pidginisierung sein[34],
so dass wir es hier nicht unbedingt mit einem Interferenzfehler zu
tun haben. Immerhin sollte nicht übersehen werden, dass diese
Weglassungen auf eine Modellierung des deutschen Satzes nach
dem Vorbild des von den Schülern gesprochenen Türkischen hinauslaufen: einen bestimmten Artikel gibt es im Türkischen nicht, und
die Kopula, die im Schrifttürkischen am Satzende auftaucht, kann
u.U. auch dort wegfallen, und wird von den Kindern beim Sprechen

und Schreiben kaum benutzt.
Beispiele für stark reduzierte Sätze sind etwa:

> das tü:^{a}
> bu kapı
> das ist eine Tür

> das nıçt fa:t^{e}a, das and∂r∂ man
> bu baba değil, bu başka adam
> das ist nicht der Vater, das ist ein anderer Mann

Man sieht allerdings am zweiten Beispiel auch, dass hier nicht
einfach am Türkischen entlang konstruiert wird: die Negation
/nıçt/ steht bereits an der Stelle, wo sie im Deutschen hingehört.
Vgl. auch:

> aba de^a man nıç šne:man
> ama bu adam kardan adam değil
> aber dér Mann ist kein Schneemann.

Solche Sätze finden sich in Sprechtexten der Schüler haufenweise.
Zum Vergleich seien noch einige weitere Beispiele angeführt:

> das zo:n∂
> das ist der Sohn

> das a^{e}n kınd^{e}a
> das ist ein Kind

> di za^{e}nı fa:ta
> der ist sein Vater.

Ebenso auch bei adjektivischem Prädikat oder Zahlen im Prädikat:

> unt za^{e}n zo:n gluklıç
> und sein Sohn ist glücklich

> di b∂zof∂n
> der ist besoffen

> ma^{e}n bru:d^{e}a firseyn, ma^{e}n şvest^{e}a zipseyn
> Mein Bruder ist 14, meine Schwester ist siebzehn.

Solche Sätze tauchen immer wieder auch zwischen anderen auf,
die die Kopula enthalten:

> hi ıs a^{e}n man, dize zo:n, ıs nıç šne:man
> Hier ist ein Mann, dies ist der Sohn, (das) ist nicht
> der Schneemann.

(Ähnlich lässt sich auch immer wieder mitten in sonst relativ richtig organisierter Rede Rückfall in Infinitivstil beobachten. Das pas-

siert offenbar besonders da, wo in einer Sequenz von eng zusam-
menhängenden Teilsätzen die Aufmerksamkeit der Schüler stark auf
die inhaltliche Planung konzentriert ist.)

Wenn es nun auch tatsächlich so zu sein scheint, dass die Weglassung von Artikel und Kopula zu den allgemeinen Reduktionser-
scheinungen bei Pidginisierung gehört, so wäre doch zu fragen,
ob sie sich nicht im Falle von artikel- und kasusloser Ausgangssprache besonders hartnäckig hält. Dies müsste jedoch Gegenstand
eines statistischen Vergleichs zwischen dem Deutsch z.B. türkischer und entsprechender spanischer oder griechischer Schüler sein,
bevor man hierüber sichere Aussagen machen kann.

Die dritte oben genannte Auslassung halten wir jedoch für ziemlich
spezifisch am Türkischen orientiert. Es handelt sich um die Weglassung unbetonter Pronomina entsprechend den Regeln der türkischen Syntax. D.h. es wird nicht nur das Subjektspronomen weggelassen, wie dies auch im Spanischen, Serbokroatischen und Griechischen üblich ist, sondern auch entsprechend unbetonte Objekts-
pronomina. (Diesen Fehler kann man auch im Deutschunterricht für
persische Studenten beobachten, weil das Persische die gleichen
Tilgungsbedingungen aufweist wie das Türkische[35].

Hier nun zunächst einige Beispiele für getilgtes Subjekt:

> R: Und? Guck mal da.
> Ş: Ya:..., va^{e}s nıç das.
> (Ja - das weiss/kenne ich nicht.)

> R: Warum macht der Papa das?
> N: vi irə kind^{e}a šne:man kaputgəmaxt hat.
> (weil er den Schneemann seines Kindes kaputtge-
> macht hat)

> Y: ıç hap nox kla^{e}n švesta, de^a eee de^a ha^{e}s šengül...
> unt nox ma^{e}n tantə , ha^{e}s eee azime.
> (Ich hab noch eine kleine Schwester, die heisst Schen-
> gül, und noch meine Tante, die heisst Azime)

Auffälliger sind jedoch die Objekttilgungen, wie sie in folgenden Ausschnitten vorliegen:

> H: da: zit za^{e}n opa
> o zaman dedesi görüyor
> (da sieht das sein Opa)

> H': ıç ha:bə di gəşıçtə erse:lt
> ıç vıl nox a^{e}nma:l erse:ln
> R: warum?
> H': va^{e}l ıç faštandn ha:bə.

(.....
Ich will <u>sie</u> noch einmal erzählen.
.....
Weil ich <u>sie</u> verstanden habe.)

(5) <u>Andere typische Fehler bei Pronomina:</u>

Abgesehen von der relativ häufigen Tilgung von Pronomina, wie sie im vorigen Punkt demonstriert wurde, kommen noch einige weitere typische Fehler vor.

(a) Ein Schüler sagt z.B.:

<u>Di fensta guk a^{e}nı nimant</u>

Gemeint ist:

Niemand guckt aus dem Fenster.

Die uns seltsam anmutende Form des Pronomens - <u>a^{e}nı nimant</u> - entspricht genau dem türkischen Gebrauch, wo in /<u>hiç bir kimse</u>/ "überhaupt keiner" das Zahlwort /<u>bir</u>/ "ein" enthalten ist:

Pencereden <u>hiç bir kimse</u> bakmıyor.

(b) Eine Schülerin erzählt:

un di kında gukn di šne:man
un di šne:man is kaput
un di fa:ta gukt aux də šne:man
ıs kaput
<u>za^{e}n fa:t^{e}a gukt za^{e}n kınt</u>
....

Der Text ist relativ leicht verständlich bis auf den letzten Teilsatz - denn: was soll hier das doppelte Possessiv? Schaut man sich aber an, wie der Satz auf Türkisch formuliert würde, so erklärt sich die Sache:

babası oğl<u>u</u>na bakıyor
(/sein Vater schaut seinen Sohn an/)
der Vater schaut den Sohn an

Es ist doch der Vater <u>des Sohnes</u>, genauso wie der Junge der Sohn <u>des Vaters</u> ist. Beide Verhältnisse müssen im Türkischen durch eine Possessivendung ausgedrückt werden. Diesen Gebrauch hat die Schülerin offenbar einfach ins Deutsche übertragen.

Auch die beiden hier angeführten Fehler, die ebenfalls häufiger zu beobachten sind, lassen sich wohl kaum anders als durch den Ein-

fluss der Muttersprache zu erklären.

(6) Wortstellungsfehler:

Interessant sind in dieser Hinsicht auch die Wortstellungsfehler.
Bereits in (2.6.5.) Punkt (7) haben wir das Problem der Stellung
von nominalen Ergänzungen in NPs erwähnt. Aber auch die normale deutsche Hauptsatzstellung ist für türkische Lerner problematisch,
da sie an die Enstellung des Verbs gewöhnt sind. Nur in wenigen
Sonderfällen stellt man im Türkischen aus stilistischen Gründen
bestimmte Satzteile hinter das Verb. Beides - die türkische Verbendstellung, wie auch die Umstellungsmöglichkeiten des Türkischen
- werden von den Schülern auf das Deutsche angewandt. Schwierigkeiten macht den Schülern auch die Bestimmung der zweiten Satzstelle - also des Ortes, wohin sie das finite Verb zu setzen haben.
Diese Schwierigkeiten, die sowohl beim Sprechen, als auch beim
reflektierten schriftlichen Gebrauch auftreten, können damit zusammenhängen, dass einleitende Adverben im Türkischen vom Satzgan-
zen deutlich abgesetzt (bzw. durch Komma abgetrennt) werden. Sie
geraten deshalb in die Gefahr, im Deutschen nicht mitgerechnet
zu werden, obgleich sie bei uns das Vorfeld ausfüllen können,
aber nicht - wie im Englischen - dem Vorfeld vorausgehen können.

Die Verbendstellung tritt bei den Schülern zunächst einmal häufig
in Sätzen auf, die anstelle des finiten Verbs einen Infinitiv haben.
Für diese Sätze liesse sie sich auch auf der Basis des Deutschen
erklären, da ja Verben im Infinitiv stellungsmässig bei uns so behandelt werden, als stünden sie im Nebensatz. Es geht dabei um
Beispiele wie die folgenden:

> Yu: dan komt de[r] man vide[r]
>   de:n šne:man vide[r] kaputmax[n]

> Yu: dan .. dan fu:strıt ge:bən

Die gleiche Wortstellung kommt jedoch - beim gleichen Schüler
- auch mit flektiertem Verb vor (und zwar vermischt sowohl mit
Infinitivstil-Sätzen, als auch mit richtig formulierten Sätzen):

> Yu: de[r] man vide[r] komt

Ebenso bei anderen Schülern:

> a[e]n naxt komt a[e]n bəzof man, de[r] šne:man šla:xt

(Oder sollten wir es hier mit einem Übergang zum Relativsatz
zu tun haben? Wir vermuten: nein.)

> unt dan man gans angst

was wohl am besten zu verstehen ist als:

>   ve o zaman adam çok korkuyor

wobei /angst/ als Verb ("er fürchtet sich") aufzufassen ist.

Es gibt jedoch auch noch andere Stellungsprobleme. So haben wir
in den beiden folgenden Sätzen die - im Deutschen nicht erlaubte
- Nachstellung eines Akkusativs:

>   Ya:.., va^es nıç das
>   Ja - das weiss/kenne ich nicht.

>   Ya:.., hap ıç nışt gə̀ze:n dat.
>   Ja - das habe ich nicht gesehen.

Ausgerechnet dies sind Fälle, wo im Türkischen die Nachstellung
des Akkusativs hinter das Verb aus stilistischen Gründen möglich
ist:

>   evet, bilmiyorum bunu
>   evet, hiç görmedim bunu.

Schliesslich noch zwei Beispiele, wo die Schüler im Prinzip die
richtige Verbstellung gewählt haben, nur dass sie - analog zum
Türkischen - die Temporaladverben nicht eingerechnet haben:

>   den fon bo^emə̀ komn da gan^tses blet^ərn
>   dann kommen die ganzen Blätter von den Bäumen

>   unt frü: de^a zo:n gukt ın di ga:ʳtə̀n
>   und früh guckt der Sohn in den Garten

>   vgl. etwa türkisch:
>   ve sabahleyin, oğlan bahçeye bakıyor.

(7) Komplexe Sätze :

Auch der versuchsweise Aufbau komplexer Sätze landet ab und zu
sehr nahe beim Türkischen - vgl. etwa folgenden Finalsatz:

>   unt der man komt fü:r das šne:man kaput maxə̀n.
>   und der Mann kommt, um den Schneemann kaputt zu machen.

Die türkische Fassung hiervon kann ebenfalls für + Infinitiv enthalten - nämlich inform der Postposition için mit vorhergehendem
Infinitiv:

>   ve adam kardan adamı bozmak için geliyor.

Auch das Türkische erlaubt hier übrigens die Nachstellung des finalen Ausdrucks, so dass der Satz dann dem tatsächlich geäusserten deutschen Satz fast völlig parallel ist (nur ist dort "für" vorangestellt, nicht als Postposition gebraucht). Vgl. die revidierte türkische Fassung:

ve adam geliyor <u>kardan adamı bozmak için</u>.

(8) <u>Aus dem Bereich der Modalverben:</u>

Offensichtlich als Übertragung aus der Muttersprache ist zu erklären, dass ein - bereits relativ gut Deutsch sprechender - Schüler auf die Frage:

R: Was meinst du, ist das 'ne deutsche oder 'ne türkische Familie

antwortet:

H: Kanış nış vısən.

Dies ist nämlich die genaue Übersetzung der hier fälligen türkischen Formel:

bilemiyorum.

(9) <u>Rektion:</u>

Natürlich ergeben sich vom Türkischen her eine grosse Zahl von Rektionsfehlern. Dies ist etwa der Fall bei Sätzen wie:

<u>va:rtə mıç</u>
warte auf mich

<u>Halit va:rtət za^{e}nə bru:da</u>
Halit wartet auf seinen Bruder.

Woher soll der Schüler schliesslich auch wissen, dass /<u>warten</u>/ im Deutschen mit /<u>auf</u>/ konstruiert wird, und nicht mit dem Akkusativ, wie das türkische /<u>beklemek</u>/.

Für die Tätigkeit "aus dem Fenster gucken" haben wir unter anderem folgende Formulierungen beobachtet:

a) <u>∅ - Form:</u>

de^a man gukt fenst^{e}a
unt kla^{e}nə kınt gukt fenst^{e}a
unt dan kla^{e}nə kınt fenst^{e}a vida guk
di kla^{e}nə yungə ıs zo: gukən fenst^{e}a

b) <u>im</u>:

    un dizϑ yungϑ gukt <u>ım</u> fensta

c) <u>auf</u>:

    unt di fa:ti <u>auf</u> fensta kukn
    de^r kınt guckt <u>auf</u> fenste^r

d) <u>vom</u>:

    unt de^a yungϑ gukt <u>fom</u> fenst^{e}a

Nur die letzte dieser Formulierungen gibt das Türkische unmittelbar wieder, nämlich dann, wenn man davon ausgeht, dass der türkische Ablativ /-dAn/ immer durch /<u>von</u>/ zu übersetzen sei, vgl.
den türkischen Satz:

    ve çocuk pencer<u>eden</u> bakıyor.

Die übrigen Sätze machen die Unsicherheit der Schüler in der Prä-
positionenwahl deutlich, (c) ausserdem die Tatsache, dass ähnlich
klingende Wörter oft nicht klar geschieden werden. (Hier wie anders-
wo wird die Form /<u>auf</u>/ sowohl für <u>auf</u> als auch für <u>aus</u> und <u>auch</u>
verwendet).

Für den Ausdruck "zu jemandem/etwa XYZ sagen" - im Sinne von
"es als XYZ benennen" - findet sich das Schema:"jemand/etwas
XYZ sagen" - erklärbar aus der Reduktion des türkischen Dativs:

    <u>ıç za:gϑ de:n yungϑ pe:t^{e}a, nıç?</u>
    bu çocuğa "Peter" diyorum, oldu mu?
   = Ich sage zu dem Jungen "Peter", nicht?

    <u>Vat zagϑn zi dat?</u>
    buna ne diyorsunuz?
   = Was sagen Sie dazu?

Solcher Beispiele liessen sich noch viele anführen - auch der bereits angesprochene Satz:

    Was hast du <u>von</u> Englisch genommen?
    İngilizc<u>eden</u> kaç aldın?

gehört hierher. Unter sich lassen sich die Rektionsfehler wieder
nach systematischen Fehlern (z.B. Wiedergabe des Ablativ durch
<u>von</u>) und Einzelfällen unterscheiden, so dass jeweils kleinere Grup-
pen entstehen, auf die dann im Unterricht im einzelnen eingegangen werden müsste. Nimmt man jedoch alle Rektionsfehler zusammen, so ergibt sich ein recht eindrucksvolles Bild: sie machen
nämlich einen erheblichen Teil der syntaktischen Fehler der Schüler aus. Der gemeinsamen Betrachtung all dieser Fehler entspricht
als unterrichtlicher Schritt, dass man das Prinzip der Entstehung

solcher Fehler klarmachen muss und ebenso die Mittel zu ihrer Vermeidung: Ausnutzen der Rektionsangaben im Lexikon, notieren der Verben und ggf. der Adjektive mit ihrer Rektion etc.

(1o) Lexikalische Interferenzen:

Zur Abrundung seien noch einige lexikalische Interferenzen angeführt - Wendungen, die uns seltsam anmuten, aber die sich sofort erklären, wenn man sie mit dem Türkischen vergleicht.

So sagt ein Schüler z.B.:

ma^{e}nə muta trınkt tsigaretən

und meint damit:

meine Mutter raucht (Zigaretten)
Annem sigara içiyor.

Die Tätigkeit des Tretens wird so gefasst:

de^a šla:xt mit de:m fu:s

und tatsächlich sagt man auf Türkisch auch soetwas ähnliches, nämlich:

ayağıyla vuruyor
er schlägt mit dem Fuss.

Das Ergebnis bei dem Betroffenen ist dann etwa so:

unt dan eee lo^{e}ştet auf za^{e}n kop^f ştern
und dann leuchten auf seinem Kopf Sterne

Und tatsächlich drückt man sich auf Türkisch so aus, nämlich:

ve o zaman kafasında yıldız parlıyor.

Lampen, Radios, Fernseher und andere elektrische Geräte werden grundsätzlich nicht ən- und aus-, sondern "auf-" und "zugemacht". Im Türkischen benutzt man nämlich "açmak" (öffnen) und kapatmak (schliessen) wie bei Türen, Fenstern und Wasserhähnen - vielleicht, weil man sich den Schalter als eine Art "Wasserhahn" für elektrischen Strom denkt.

Wenn schliesslich ein türkischer Schüler fraegt:

vas fešteyst du: dafon ?

dann meint er mit Sicherheit gerade nicht das, was wir verstehen würden, nämlich:

Was verstehst du davon?

sondern vielmehr:

Wie verstehst du das?

Denn genau dies heisst auf Türkisch:

Bundan ne anlıyorsun?

Die Liste liesse sich noch ziemlich lange so fortsetzen.

Wir meinen, dass die hier angeführten Fälle (1 - 1o) ausreichen, um zu zeigen, dass Modellierungen der Zweitsprache nach dem Muster der Muttersprache durchaus häufig sind. Sie sind es - wie unsere Beobachtungen zeigen - auch dann, wenn beide Sprachen in "getrennten Kontexten" erworben worden sind. Es wäre deshalb falsch, sie der Klassenraumsituation oder dem Gebrauch der Muttersprache im Rahmen des Fremdsprachenunterrichts anzulasten. Richtig ist allerdings, dass solche Fehler nicht durch reine Wort-für-Wort-Übersetzungen provoziert werden sollten und dass sie durch Wort-für-Wort-Vokabeln nicht sinnvoll bekämpft werden können. Dies entschuldigt jedoch nicht die magischen Praktiken und Rituale, mit denen die einsprachige Fremdsprachendidaktik die Muttersprache aus dem Klassenraum herauszubannen versucht. Worauf es ankäme, wäre: den Schülern ein klares Bewusstsein dafür zu geben, wo das Modell Muttersprache für den Erwerb der Fremd- bzw. Zweitsprache ausreicht und wo es Gefahren enthält und abgewandelt werden muss. Der oft gehörte Hinweis, diese Klarheit könne nichts nützen, weil der Schüler beim Sprechen ja nicht alle Variablen willkürlich kontrollieren könne, ist hinfällig, wenn man Begreifen und Üben in ein vernünftiges Verhältnis zueinander setzt. Es ist klar, dass nur gründlich Geübtes in den Sprachbesitz der Schüler übergeht. Das Üben kann aber nur dann nützen, wenn die Schüler am Anfang erst einmal wissen, worum es geht und wenn sie sich ein Kategoriensystem erwerben, mit dessen Hilfe sie ihre Lernschwierigkeiten analysieren und ihre Lerntätigkeit aktiv steuern lernen können.

Die oft gehörte Klage, die Übungen der gängigen audio-visuellen Kurse funktionierten zwar im Klassenraum, es ergäbe sich dann aber kein Transfer in das sonst von den Schülern gesprochene Deutsch, sind das natürliche Gegenstück zur behavioristischen Fremdsprachendidaktik. Wie soll sich denn ein Transfer ergeben, wenn man die Schüler lediglich mit bewusstseinslosen Sprechspielchen beschäftigt, von denen weder die Relevanz deutlich wird, noch das spezifische Lernziel? Wenn sich die behavioristische Fremdsprachendidaktik im Englischunterricht bis zu einem gewissen Grade "bewährt" hat, dann doch wohl nur deshalb, weil (a) ein Deutscher nun wirklich sehr leicht einiges Englisch aufschnappen kann, und (b) weil die Englischlehrer in den Schulen vernünftigerweise die ihnen empfohlene Methode durchbrechen und erklären, was sie eigentlich nur einschleifen sollten. Für den

Zweitsprachunterricht an Geastarbeiterkinder genügt ein solches
unsystematisches Durchbrechen der behavioristischen Praktiken
aber nicht. Vielmehr muss hier eine Zweitsprachendidaktik entwickelt werden, die einen systematischen Zusammenhang zwischen Orientierung und Übung herstellt nach dem Prinzip:"durch
die bewusste Beherrschung der Sprache hin zur unbewussten". Da
nun die Zweitsprache - wie auch jede Fremdsprache - entlang den
Linien der Muttersprache gelernt wird, muss in der Gegenstands-
orientierung der Schüler - und auch in den Übungen - die Inter-
ferenzproblematik einen breiten Raum einnehmen.

ANMERKUNGEN
==========================

A. Anmerkungen zu Teil I

(1) Vgl. hierzu etwa RUBINSTEIN, Grundlagen der allgemeinen
Psychologie, Berlin 1968, S. 534-537, der die Angaben verschiedener früherer Autoren zusammenfasst. Danach gibt STERN
für das Alter von 6 Jahren 25oo-3ooo Wörter, SMITH (bei 29
untersuchten Kindern) einen Durchschnitt von 2562 Wörtern.

Die STERNsche Angabe übernimmt J.LOMPSCHER, Psychologie des Lernens in der Unterstufe, Berlin 1971, S.23o,
wobei er jedoch hinzusetzt:"(mit grossen Abweichungen nach
oben und unten)". Bereits RUBINSTEIN hatte betont, dass
es sich bei den Angaben STERNs (wie bei denen von SMITH)
um statistische Mittelwerte handelt. Eine den Bereich nach
unten hin erweiternde Einschätzung zitiert E.MÄDICKE in:
Zur Arbeit am mündlichen und schriftlichen Ausdruck in
Klasse 1, Berlin 197o, S.11:"Mit sieben Jahren verfügt das
Kind etwa über einen aktiven Wortschatz von 2ooo bis 3ooo
Wörtern." Die Autorin stützt sich dabei auf N.P.ANTONOW,
Die Entwicklung des Denkens und der Sprache beim Vorschul-
kind. Berlin 1955, S.33. Sehr viel höher schätzt dagegen
W.HAGEMANN, Wege zur Entwicklung des sprachlichen Ausdrucks auf der Unterstufe. Berlin 197o, den Wortschatzumfang des Lernanfängers ein:"Der Umfang des Wortschatzes
kann unter Berücksichtigung unseres jetzigen Einschulungs-
alters und neuerer Untersuchungen[2] mit drei- bis viertausend
Wörtern angenommen werden." (a.a.O. S.16. Die Anm.2
verweist auf den fraglichen Abschnitt bei RUBINSTEIN in
der Ausgabe von 1958, S.531-534 !). Wie man sieht,
schwanken die Schätzungen für den durchschnittlichen Wortschatz der Schulanfänger (zwischen 6 und 7) um je 1ooo
Wörter sowohl bezüglich der unteren Grenze (2ooo bis 3ooo)
als auch bezüglich der oberen (3ooo bis 4ooo Wörter).

Neben solchen zahlenmässigen Angaben finden sich in den
genannten Arbeiten allgemeinere Kennzeichnungen der folgenden
Art: (a) HAGEMANN über den Lernanfänger:"Er verfügt über
einen Wortschatz, der den an ihn gestellten Lebensanforderun-
gen entspricht, und ist in der Regel in der Lage, diesen im
Rahmen altersgemässer Aufgabenstellungen sinnvoll anzuwenden." (.a.a.O.). (b) LOMPSCHER über Kinder bei Schulbeginn:"Sie verstehen sprachliche Darlegungen, die sich auf
ihren Erfahrungsschatz beziehen (wobei die Zeitdauer konzentrierten Zuhörens noch sehr beschränkt ist), und sind in der
Lage, ihre Erfahrungen sinnvoll und im wesentlichen grammatisch richtig zu formulieren." (a.a.O.). (c) Erheblich zögern-

der gibt sich E.MÄDICKE, die zwar einräumt, dass die Sprache des Schulanfängers für seine Kommunikationsbedürfnisse ausreicht, die dies aber eher aus dem starken Einsatz aussersprachlicher Mittel herleiten möchte, wie sie auch situationsgebundene Ausdrucksweise für vorherrschend hält:"Die Situationssprache zeichnet sich durch starke emotionale Elemente aus, Gebärden und Mimik ergänzen, was an Worten fehlt, so dass diese Sprache im unmittelbaren Verkehr - so wie sie auch bei Erwachsenen in bestimmten Situationen gesprochen wird - durchaus vollkommen ist, denn sie genügt der gesellschaftlichen Forderung, Verständigungsmittel zu sein." (a.a.O.) Diese deutlich niedrigere Einschätzung der vorm Schuleintritt erreichten sprachlichen Mittel entspricht dem oben zitierten niedrigeren Ansatz für die untere Grenze des Wortschatzes.

Bereits der tendentielle Unterschied zwischen E.MÄDICKE und den beiden anderen Autoren zeigt, wie wenig die prinzipielle Feststellung der Kommunikationsfähigkeit von Schulanfängern für die Einschätzung ihres tatsächlichen Wortschatzes hergibt. Dies wird noch deutlicher, wenn wir fast genau die gleiche Feststellung bereits für erheblich jüngere Kinder finden, nämlich bei H.D.SCHMIDT, der in seinem Buch Allgemeine Entwicklungspsychologie, Berlin 197o, S. 133 schreibt: "Unter normalen Entwicklungsumständen hat das Kind zwischen 3 und 4 Jahren die Sprache seiner Umwelt insofern vollständig assimiliert, als es über einen hinreichenden lexikalischen Bestand verfügt, um die ihm zugänglichen und seinen Bedürfnissen entsprechenden Situationen unter Anwendung der wichtigsten formalen Kontextnormen sprachlich charakterisieren zu können." Im Prinzip die gleiche Feststellung über 3 bis 4-jährige wie über Schulanfänger - das bedeutet nicht, dass sich der Wortschatz in der Zwischenzeit nicht entwickeln würde, sondern nur, dass dies Prinzip allein für die Kennzeichnung des jeweils erreichten Wortschatzes nicht ausreicht.

Dies kann auch gar nicht anders sein. Die Sache ist so, dass das Kind bereits mit 3 bis 4 Jahren einen Stand erreicht, wo es über seine unmittelbaren Bedürfnisse und Erfahrungen sprachlich ziemlich reibungslos kommunizieren kann. Nur entdeckt es eben in dieser Zeit Tag für Tag Neues und versucht dabei gleichzeitig, durch eine ausgedehnte Fragetätigkeit auch die sprachliche Benennbarkeit des Neuentdeckten abzusichern. Andererseits wird die Geschwindigkeit des Entdeckens auch dadurch beeinflusst, wieweit dem Kind auf seine Fragen sachgerechte Auskunft zuteil wird, denn das "Entdecken" besteht ja nicht in einer blossen Entwicklung seiner Sinnestätigkeiten, sondern in der Vertiefung der kognitiven Verarbeitung und Steuerung seiner Sinnestätigkeit. Da dies so ist, braucht man sich nicht zu wundern, dass die sprachliche Entwicklung mit

der allgemeinen geistigen Entwicklung des Kindes einigermassen Schritt hält. Die Feststellung dieser Übereinstimmung
besagt dann aber auch nichts über den Umfang des Wortschatzes dieses oder jenes konkreten Kindes - oder dieser oder jener
Altersgruppe. Das einzige, was für die Einschätzung des Wortschatzes bei so einer Feststellung herauskommt, ist, dass wir
uns vor der Auslotung des Wortschatzes über die Lebensverhält-
nisse und den Entwicklungsstand des Kindes - oder der Gruppe
von Kindern - zu orientieren haben, deren Wortschatzumfang
wir feststellen wollen, weil wir sonst leicht am Wortschatz
der Kinder vorbei untersuchen können (zur soziolinguistischen
Komponente dieses Problems vgl. U.OEVERMANN in: BEGA-
BUNG UND LERNEN, Stuttgart 1968, S.313). Ansonsten kann
man hieraus nur ableiten, dass der Wortschatz gleichaltriger
Kinder ebenso unterschiedlich ist, wie ihr allgemeiner Entwicklungsstand, was auch den tatsächlichen Befunden entspricht.
Offensichtlich ist auch, dass sowohl der allgemeine Entwicklungsstand, als auch der damit einhergehende Wortschatz nicht
unabhängig von historischen Veränderungen gesehen werden
darf. (Um nur ein Beispiel herauszugreifen: das Eindringen
des Fernsehens in den häuslichen Lebenskreis bleibt natürlich
nicht ohne Einfluss auf beide Fragen.) Dies bedeutet aber,
dass etwa die Zahlen STERNs heute selbst dann nicht mehr
unüberprüft weiterverwendet werden dürfen, wenn man sie für
den Zeitpunkt der Untersuchung für zutreffend hält.

Interessanterweise werden in den neueren Arbeiten Zahlenanga-
ben über den Wortschatzumfang vermieden. So beschränken sich die Autoren FRIEDRICH/MÄDICKE/SCHREIBER/
WOLT des 1976 erschienenen Bandes: Zur Entwicklung des
sprachlichen Ausdrucks in der Unterstufe und in Klasse 4
(Berlin 76) auf folgende Feststellung:"Die Lernanfänger
verfügen also bereits über einen zwar unterschiedlichen aber
relativ umfangreichen und differenzierten Wortschatz und verwenden auch schon die meisten morphologischen und syntaktischen Konstruktionen ihrer Muttersprache." (a.a.O. S.22f).
Und H.HERMANN stellt in der Zeitschrift DEUTSCHUNTER-
RICHT 9/76, S.455 fest:"Unter Anerkennung der Tatsache,
dass sich der Umfang und der Grad der Beherrschung des
von einem Schüler auf einer bestimmten Klassenstufe verwendeten Wortschatzes relativ schlecht einschätzen lassen (1o),
gibt es zumindest eine Reihe allgemeiner Gesichtspunkte,
die für die Planung und Gestaltung der Wortschatzarbeit
von Bedeutung sind:..." (Die Anm. 1o verweist auf eine
entsprechende Feststellung bei RIEHME, Probleme und Methoden des Rechtschreibunterrichts, Berlin 1974, S.68).

Das wachsende Unbehagen gegenüber zahlenmässigen Angaben über den Umfang des Wortschatzes auf dieser oder jener

Altersstufe ist nur allzu verständlich. Schliesslich stellt sich
der quantitativen Untersuchung ein ganzes Bündel von Problemen qualitativer Art in den Weg, die zunächst geklärt werden
müssen, damit die gewonnenen Zahlen überhaupt etwas aussagen. Wie kommt man z.B. zu der Feststellung, dass jemand
ein Wort verstanden hat, so dass es zu seinem passiven Wortschatz zu rechnen ist? Besitzt ein Kind das Wort Hund bereits,
wenn es dies noch undeutlich ausspricht, nicht grammatisch
verändern kann, und auch noch alle möglichen Tiere damit
bezeichnet? Umgekehrt: besitzt es das Wort Pflanze noch nicht,
weil es z.B. Sträucher und Büsche noch nicht zu den Pflanzen
rechnet? Wie sind die Unterbedeutungen zu zählen (a) im Falle
von Homonymen wie Ton/Ton , (b) im Falle von Polysemen
(vgl. zur Polysemproblematik auch S.193ff.). Wie werden
idiomatische Wendungen berücksichtigt? Wie vermeidet man
- bei Wörtern, die nicht Gegenstände bezeichnen - dass das
fragliche Wort dem Kind fremdartig erscheint, weil es aus dem
Kommunikationszusammenhang herausgerissen ist? Wie stellt
man den aktiven Sprachgebrauch fest, der doch (abgesehen
von den häufigeren Strukturwörtern) ziemlich themenabhängig
ist? Wie ist überhaupt das Verhältnis von passivem zu aktivem
Besitz eines Wortes einzuschätzen? Hier geht es ja nicht nur
um die allgemein bekannte Feststellung, dass man viel mehr
versteht, als selbst verwendet. Es geht auch um unterschiedliche Grade der Aneignung und bei zusammengesetzten Wörtern
auch darum, dass man aufgrund projektiver Eigenschaften zum
Teil auch noch nie gehörte Wörter verstehen kann (So wird
ein Kind, das umziehen, einsteigen, aussteigen kennt, aber
noch nicht ausziehen, einziehen , diese "neuen" Wörter bei
geeignetem Kontext u.U. spontan verstehen. Gehörten sie
deshalb schon vor ihrem ersten Auftreten zu seinem "passiven
Sprachschatz"?)

All diese Probleme sind ernst zu nehmen. Sie dürfen jedoch
nicht dazu führen, dass nun die Frage der zahlenmässigen Erfassung von Alterswortschätzen ganz beiseite gelegt wird. Denn
quantitative Feststellungen dieser Art sind ausgesprochen relevant für die Planung von Unterricht und Lehrbüchern (besonders
dann, wenn zusätzlich auch qualitative Angaben gemacht werden). Dies gilt für den Muttersprachunterricht, wie für den
Sach- und Fachunterricht, da beide an den bereits erworbenen
Wortschatz anknüpfen und ihn ausbauen. Es gilt aber noch
mehr für den Fremdsprachunterricht und am stärksten wohl für
die Didaktik des Zweitsprachunterrichts. Denn einerseits ist
es problematisch, den Kindern in einer fremden Sprache Wortschatz zu vermitteln, für den noch keine Stützpunkte in der
Muttersprache existieren, andererseits ist das Heranführen an
die Zweitsprache als Unterrichtsmedium selbst theoretisch
nicht zu bewältigen, solange unklar ist, um welchen Wort-

schatz es geht und welchen Umfang er hat. Für die Entwicklung der Zweitsprachdidaktik ist es deshalb notwendig, eine
nach Klassen und Fächern gestaffelte Übersicht über den realen Wortschatzbedarf in der Regelklasse zu haben. Nur so
wird man mit der der magischen Zahl 2 ooo fertig werden,
wie sie sich immer wieder in "Grundwortschätzen" und Deutsch-
kursen niederschlägt und wie sie z.t. auch in die Didaktik
eingegangen ist. So schreibt z.B. MAHLER, Zweitsprache
Deutsch, Donauwörth 1974, S.164: "Im einzelnen beherrscht
ein Kind die Sprache, wenn folgende Ziele erreicht sind:...
.... - weitgehende Beherrschung eines Grundwortschatzes,
auch in der Rechtschreibung, der auf etwa 2ooo Wörter ge-
schätzt werden kann,..". Dies selbstverständlich für alle
Klassenstufen! Man braucht sich hierüber aber nicht zu wundern, wenn man selbst in einem Werk wie Kleine Enzyklopädie. Die deutsche Sprache , Leipzig 1969, S.536 den folgenden Mythos kolportiert findet:"Manche Menschen verwenden
im Leben des Alltags kaum mehr als einige 1oo Wörter im
aktiven Gebrauch,...". Auffassungen dieser Art findet man
leider auch in Lehrerkollegien, die Ausländerkinder auf den
Gebrauch des Deutschen als Unterrichtsmedium vorzubereiten
haben.

Uns scheint - aber das ist natürlich nur ein Eindruck - die
Zahl von 2ooo bis 3ooo Wörtern für den Schulanfänger reich-
lich niedrig gegriffen, jedenfalls wenn man Wortzusammenset-
zungen, Mehrfachbedeutungen und ähnliche Erscheinungen
einkalkuliert. Einen Hinweis in diese Richtung gibt die Tatsache, dass die Fibeln mit sehr unterschiedlichem Wortschatz
arbeiten können, ohne auf fundamentales Unverständnis zu
stossen. Vgl. hierzu MESSELKEN , Empirische Sprachdidaktik, Heidelberg 1971, S.47 u. 55ff. Dabei ist selbst MESSEL-
KEN noch weitaus zu optimistisch, was Übereinstimmungen
angeht. Er stellt aus 333 Wörtern, die in SCHULTZEs Liste
und zwei weiteren untersuchten Fibeln übereinstimmen, sowie
den in dieser Sammlung nicht vorkommenden der 1oo häufigsten Wörter von MEIER (Sprachstatistik) einen "Elementarwortschatz" von 4oo Wörtern zusammen, von denen er glaubt:
"..es handelt sich hier um Wörter, die keinem Kind erspart
bleiben." Innerhalb des Leseunterrichts der 1. Klasse bleiben
aber sehr viele Wörter auch dieser Liste sehr vielen Kindern
erspart - und dafür müssen sie andere lernen. Dies zeigt ein
kurzer Blick in eine beliebige nicht in den Vergleich einbezo-
gene Fibel. So fällt der Vergleich mit KLETTs "Unsere neue
Fibel", Stuttgart 1968 nach Ausweis des Wörterverzeichnisses
im Lehrerband S. 147ff. für den Buchstaben b folgendermassen
aus: (1) Wörter, die in beiden Listen auftauchen: backen ,
Bahnhof, Ball, Baum, bei, Bein, bekommen, bellen, Berg,
Bett, binden, bis, blau, bringen, (= 14 Wörter); (2) nur

in MESSELKENs "Elementarwortschatz" finden sich: bald, Bär, beginnen, beissen, besuchen, beten, bezahlen, bitten, blasen, bleiben, böse, brauchen, braun, brav, brennen, brümmen, bunt, Butter (= 18 Wörter), (3) nur in "Unsere neue Fibel" finden sich demgegenüber: Bach, Bäcker, baden, Ballon, Banane, Bauch, bauen, Benzin, Blatt, Blitz, Blume, Boot, Brief, Briefträger, Brot, Brötchen, Brücke, Buch, Bus (= 2o Wörter). D.h. auf insgesamt 52 Wörter mit dem Anfangsbuchstaben b kommen nur 14, die beiden Listen gemeinsam sind (= 27%). Das liegt natürlich nicht nur daran, dass "die didaktischen Schwierigkeiten, die aus der Vorgabe des Wortmaterials folgen, zu gross sind" - wie MESSELKEN meint (a.a.O. S.56) - sondern einfach daran, dass die Autoren der Fibeln ohne weiteres davon ausgehen können, dass Schulanfänger diese - und noch sehr viele andere - Wörter kennen.

Bezeichnend ist allerdings, welche der oben zitierten 52 Wörter nicht in dem relativ umfangreichen Glossar (deutsch/serbokroatisch, türkisch) zu MELLINGHAUS, Deutsch in Deutschland (Tübingen 1971) vorkommen. Dies Glossar enthält immerhin 2576 Wörter, darunter 212, die mit b anfangen. Aber darunter befinden sich nicht: Ballon, Bär, bauen, bellen, beten, blasen, Boot, brummen. Wenigstens für einige dieser Wörter trifft wohl zu, was MESSELKEN vermutet: dass die Autoren aus dem eigenen Wortschatz heraus "kindgemäss" zu schreiben versuchen, ohne sich um die tatsächlichen Verhältnisse zu kümmern.

Jedenfalls aber scheinen uns die Verhältnisse in den Fibeln darauf hinzuweisen, dass keine klaren Vorstellungen darüber bestehen, wo denn nun die Grenzen des Wortschatzes eines Schulanfängers sind. Darüber hinaus zeigt die relative Verwendbarkeit der gängigen Fibeln unseres Erachtens, dass der Wortschatz bereits von Schulanfängern weit über dem liegen muss, was man gemeinhin annimmt.

(2) Vgl. ebenfalls RUBINSTEIN, Grundlagen der allgemeinen Psychologie, Berlin 1968, S. 536. In der Kleinen Enzyklopädie (a.a.O.) S. 536 finden wir sogar eine noch niedrigere Schätzung:"Der Durchschnittssprecher kommt mit etwa 6ooo bis 1oooo Wörtern   aus". Dies stimmt möglicherweise, solange der "Durchschnittssprecher" über "Durchschnittliches" spricht. Zeitung und Radio wird er damit aber nicht verstehen und über irgendein Fachthema kann er sich mit diesem engen Wortschatz auch nicht unterhalten. HOFSTÄTTER, Fischer-Lexikon "Psychologie", S.277 gibt daher auch an: "Der Umfang des Vokabulariums eines gebildeten Erwachsenen (Abiturienten) wird mit 2o ooo - 25o ooo Wörtern beziffert." Uneinigkeit besteht über GOETHE. RUBINSTEIN schreibt:"Goethe verwendete in seinen Werken einen Wortschatz von 17 ooo Wörtern". Demgegenüber behauptet die Kleine Enzyklopädie :"Goethe dürfte nach neueren Forschungen 1oo ooo erreichen." Um so

schlimmer, wenn man im gleichen Absatz andere Erwachsene
mit "kaum mehr als einigen 1oo Wörtern im aktiven Gebrauch"
herumlaufen lässt (vgl. oben Anm. 1). Man kann davon ausgehen, dass die Autoren der Kleinen Enzyklopädie zu dieser
Einschätzung nicht aufgrund eigener Beobachtung an ihren Mit-
menschen gekommen sind, sondern dass sie sie aus älteren
Arbeiten übernommen haben.

In manchen Fällen scheint es übrigens auch so zu sein, dass
die Annahmen, die über den Wortschatz "durchschnittlicher"
oder "gebildeter" Erwachsener gemacht werden, etwas damit
zu tun haben, in welchen gesellschaftlichen Rollen man diese
Personen sieht. Wer z.B. unterstellt, dass ein "Sprecher"
den ganzen Tag isoliert am Fliessband steht und darüber hinaus
wenig Verwirklichungsmöglichkeiten hat bzw. sucht, wird den
aktuellen Wortgebrauch dieses "Sprechers" relativ niedrig ansetzen. (Das heisst aber noch nicht, dass der früher von diesem Menschen erworbene Wortschatz gering sein muss, weshalb man auch den aktuellen Wortgebrauch nicht mit dem aktiven Wortschatz verwechseln darf. Der aktive Wortschatz ist
nicht der, der innerhalb eines bestimmten Zeitraums gebraucht
wird, sondern der, der ständig gebrauchsbereit ist!). Versucht
man, die Vorstellung des wenig Sprache benutzenden Fliessbandarbeiters auf die Schulsituation der Gastarbeiterkinder zu
übertragen, so sieht man, wie wenig dies im Grund möglich
ist. In der Unterrichtssituation sind sie nie isoliert, sondern
ständig angesprochen und - aktiv wie passiv - sprachlich und
intellektuell gefordert. Es gibt nur eine Situation, die der des
Fliessbandarbeiters ähnlich ist: die eines Schülers, den die
Lehrer endgültig abgeschrieben haben, und der selbst Lehrer
und Schüler abgeschrieben hat, bzw. der am Unterricht nur
als Clown teilnimmt, weil der eigentliche Unterricht für ihn
nicht zugänglicher ist, als eine beliebige andere Geräuschku-
lisse. Solche Schüler werden z.Z. noch durch die fehlende
Wortschatzarbeit in vielen Vorbereitungsklassen "vorbereitet".
Sie können aber ganz sicher nicht das Ziel einer planvollen
Zweitsprachdidaktik sein.

(3) S.M.KERMOYAN, A.M.TER-MARKOSSIAN: English-Armenian
Dictionary (For Secondary Schools), Yerevan 1968
(Angleren - hayeren dproc'akan bar'aran)

(4) Kh.H.HEKIMIAN: Dictionnaire Scolaire Français-Arménien
Érévan 1971
(Franseren - hayeren dproc'akan bar'aran)

(5) R.L.MELKUMJAN, A.A.SEKOJAN: Armjano-russkij škol'nyj
slovar', Erevan 197o
(Hay-r'ouseren dproc'akan bar'aran)

(6) T.S.SAFIEV, A.T.TURABAEV: Russko-karakalpakskij slovar', Odobreno Ministerstvom Prosveščenija KKASSR v kačestve učebnogo posobija dlja 8-letnix i srednix škol. Moskva 1962 (Rusşa-karakalpakşa sözlik)

(7) S.SIABANDOV, A ÇAÇAN: Hay-k'rderen bar'aran, Erevan 1957 (Xebernama ermenî-k'urdî - Armjansko-kurdskij slovar')

B. Anmerkungen zu Teil II

(1) Der Bilinguismus unter jugoslawischen Schulkindern im Ruhrgebiet. Beginn: Mai 1973 - Laufzeit: 2 Jahre - finanziert vom Land NRW.

(2) Dies ist inzwischen durch die neue KMK-Empfehlung vom 8.4.76 und die vorausgehenden und folgenden Erlasse insofern geändert, als segregierte Klassen verschiedener Art als Alternative zur Regelklasse angeboten werden. Hierdurch wird die bisherige Praxis, die Vorbereitungsklassen zu Dauerghettos zu machen, abgesegnet. Vgl. dazu die Darstellung in Teil III des vorliegenden Buches, insbes. S.27off.

(3) Dies ist ansich schon schlimm, weil dadurch die muttersprachliche Ausbildung ins pädagogische Abseits gerät und die notwendige Einheitlichkeit der Ausbildung von vorn herein verunmöglicht wird. Viele Kinder besuchen diesen Unterricht auch dann nicht, wenn er "angeboten" wird. Hierbei spielen die langen Anmarschwege, die schlechte Ausstattung und Organisation eine Rolle, aber auch: dass dieser Unterricht deutlich "nicht dazugehört" (was schon damit anfängt, dass die deutschen Schulen in vielen Fällen die Information über Ort und Zeit nicht an die Kinder weitergeben.)

Neuore Tendenzen laufen aber darauf hinaus, auch diesen Unterricht noch weiter zu beschneiden bzw. abzuschaffen. Sie wurden deutlich, nachdem der Rat der Europäischen Gemeinschaften 1975 den Vorschlag einer "Richtlinie des Rates über die schulische Betreuung der Kinder von Wanderarbeitnehmern" erarbeitet hatte. Dieser Richtlinienvorschlag, den die Bundesregierung durch die Drucksache 7/4o52 dem Bundestag mitteilte, richtet sich darauf, (a) den Aufnahmeunterricht (in der Sprache des Aufnahmelandes), (b) den muttersprachlichen Unterricht abzusichern. Zum Muttersprachunterricht legt Artikel 3 folgendes fest:

"Die Mitgliedstaaten ergreifen ferner alle Massnahmen, damit
in den Lehrplan der Schulen der kostenlose Unterricht in der
Muttersprache und in der Kultur des Herkunftslandes der Kinder von Wanderarbeitnehmern aufgenommen wird, durch den
die in Artikel 1 genannten Ziele verwirklicht werden können.
Unabhängig von den Mitgliedstaaten angewandten besonderen
Methoden und Verfahren, die der Lage dieser Kinder besser
angepasst sind, muss der Unterricht gemäss den Unterrichts-
normen des Aufnahmelandes erteilt werden, vor allem was die
Schülermindest- und höchstzahl pro Klasse betrifft. Dieser
Unterricht ist während der ganzen Dauer der allgemeinen
vollzeitlichen Schulpflicht im Sinne der Gesetzgebung des
Aufnahmelandes zu erteilen."

Man sollte meinen, dass gegen eine solche Bestimmung kaum
etwas eingewendet werden kann. Schliesslich zahlen die Eltern
der betroffenen Schüler Steuern wie jeder andere Bürger auch,
und schliesslich sind sie im Interesse der Wirtschaft der Auf-
nahmeländer angeworben worden. Ausserdem wird die muttersprachliche Ausbildung heute gern als Vorwand benutzt, sobald
es darum geht, die schulische Segregation zu verteidigen. Der
Artikel 3 hätte also eigentlich unwidersprochen bleiben sollen.

Aber gerade an diesem Artikel hat sich der Widerstand von
Bundesrat und Bildungsausschuss des Bundestages entzündet.
Hier zunächst die Stellungnahme des Bundestagsausschusses
für Bildung und Wissenschaft vom 11.2.76 (Drucksache 7/4724),
die einstimmig von allen Fraktionen beschlossen wurde. Es
heisst dort nach der Aufforderung, weiter mit den Ländern und
der Kommission zu verhandeln: "Dabei sollen insbesondere
folgende Aspekte berücksichtigt werden:
1. Welche zusätzlichen Belastungen zu den bisher zu erbringenden Leistungen würden den Ländern durch die Realisie-
   rung der vorgeschlagenen Massnahmen auferlegt?
2. Welche Auswirkung wird die starke Betonung des muttersprachlichen Unterrichts auf die Fähigkeit der Kinder haben,
   das Bildungsangebot der deutschen Schule, insbesondere
   auch der weiterführenden Schulen, wahrzunehmen?
3. Wie ist gegenüber der Verpflichtung der Länder bzw. der
   Eltern, Unterricht anzubieten bzw. anzunehmen, die zur
   Zeit geltende Regelung eines freiwilligen, nach regionalen
   und sozialen Gesichtspunkten abgestimmten Angebotes
   zu bewerten?
Darüber hinaus soll geprüft werden, ob die Rechtsform einer
Richtlinie durch die Rechtsform einer Empfehlung ersetzt
werden sollte."

Der rationale Kern dieser Stellungnahme sind folgende Punkte:
(a) Die Durchführung der vorgeschlagenen Richtlinie würde

Geld kosten, das die Bundesländer aufzubringen hätten. (b) Die
Kernfrage stellt dabei der Muttersprachunterricht dar. (c) Die
Richtlinie fordert, diesen Unterricht bundeseinheitlich als Pflicht-
fach in den Lehrplan aufzunehmen, anstatt - wie bisher - den
einzelnen Bundesländern zu überlassen, wieweit sie dieser Notwendigkeit gerecht werden wollen oder nicht. (d) Indem man
aus der Richtlinie eine Empfehlung macht, nimmt man ihr den
verpflichtenden Charakter, so dass alles beim alten bleiben
kann.

Die vom Bildungsausschuss gewählten Formulierungen sind zum
Teil etwas erstaunlich. Wenn z.B. von "zusätzlichen Belastungen
der Länder gesprochen wird, so kann das nur der voll würdigen,
der die "bisher zu erbringenden Leistungen" für die ausländischen
Schüler kennt. Wenn sich Punkt (2) Sorgen um die Überlastung
der ausländischen Schüler macht, so zeigt dies, dass der Bildungsausschuss davon ausgeht, dass die ausländischen Schüler
das derzeitige "freiwillige, nach regionalen und sozialen Gesichtspunkten abgestimmte Angebot" ohnehin nicht annehmen -
oder dass sie selbst schuld sind, wenn sie es doch tun. Denn
wer dies Angebot annimmt, muss oft an zwei Nachmittagen der
Woche einen weiten Weg auf sich nehmen, um dann in einer
"Klasse" von 7 - 15-jährigen ohne geeignetes Buch einen plan-
losen "Unterricht" über sich ergehen zu lassen (Dieser Unterricht fällt auch z.B. in NRW nicht unter Lehrmittelfreiheit,
Lehrplanrichtlinien existieren bisher nicht). Wie soll denn eine
zusätzliche Belastung der Schüler dadurch eintreten, dass dieser Unterricht "stark betont" - d.h. in den Lehrplan übernommen, auf den Morgen verlegt, sinnvoll organisiert, mit Lehr-
mitteln ausgerüstet, geplant und mit dem übrigen Unterricht in
Beziehung gesetzt - wird?! Das einzige, was hier "mehrbelastet
wird, sind in der Tat die Kassen der Länderfinanzminister. Für
die Schüler würde die Richtlinie dagegen eine erhebliche Verbesserung zur Folge haben. Auch die in Punkt (3) gestellte
Frage wirkt einigermassen seltsam. Verallgemeinert lautet sie:
Was ist besser: Schulpflicht oder ein beliebig manipulierbares
und nicht verpflichtendes Angebot. Es sollte eigentlich im
Bildungsausschuss bekannt sein, dass die Schulpflicht eine
sehr wichtige Errungenschaft unseres Bildungssystems ist.

Sehr viel klarer als der Bildungsausschuss hatte bereits der
Bundesrat formuliert, was gemeint ist. In seinem Beschluss
vom 18.12.75 (Drucksache 572/75) heisst es:

"Die Bundesregierung wird nachdrücklich gebeten, den Vorschlag
der Kommission abzulehnen, weil er erhebliche finanzielle Mehr-
aufwendungen erfordern würde, die nicht erbracht werden könnten.
Besonders ernste Bedenken bestehen gegen die Forderung, den
Unterricht in der Muttersprache und in der Kultur des Herkunftslandes der Kinder in die Lehrpläne der Schulen aufzunehmen.

Da eine ausreichende Zahl einheimischer Lehrer für diesen
Unterricht nicht zur Verfügung stehen würde, müssten ausländische Lehrkräfte eingestellt werden. Es wäre ausgeschlossen,
diese Massnahmen innerhalb der nächsten drei Jahre zu reali-
sieren (Art. 5 des Richtlinienvorschlags).

Bund, Länder und Gemeinden befinden sich z.Z. in einer
äusserst schwierigen Haushaltslage. Zur Konsolidierung der
öffentlichen Finanzen sind Steuererhöhungen und ein Abbau ge-
setzlicher Leistungen vorgesehen. Die Bemühungen um eine
Einschränkung der Ausgaben erstrecken sich insbesondere auf
den Personalbereich. Die Länder sind zu harten Restriktionen
auch im Schul- und Hochschulbereich gezwungen. Der Kommis-
sionsvorschlag würde die deutschen Sparmassnahmen konter-
karieren."

Deutlicher kann man in der Tat nicht sagen, woran die Ausbildung der ausländischen Arbeiterkinder in der Bundesrepublik
immer wieder scheitert. Es ist zu befürchten, dass diese Haltung der Bundesländer geeignet ist, im Ausland böse Erinne-
rungen wachzurufen.

Unmittelbar nachdem Bundesrat und Bildungsausschuss in dieser
Weise Stellung genommen hatten, sah sich das Kultusministe-
rium von NRW zu einer Neuinterpretation seiner Handhabung
des Muttersprachunterrichts genötig. Während man hier immer
davon ausgegangen war, dass 5 Wochenstunden muttersprach-
licher Unterricht für alle ausländischen Schüler von Regelklassen Pflicht sind, wurde nun (im April 1976) festgestellt, dass
es sich lediglich um ein "Angebot" handelt, das von den Schülern nicht angenommen zu werden braucht. Die unmittelbare
Folge war, dass nun die Lehrerzuweisung sich nicht mehr an
der Statistik der Schüler in Regelklassen, sondern an der real
am Muttersprachunterricht beteiligten Schülerzahl orientiert.
Im übrigen hat man sich mit dieser Neuinterpretation an andere Bundesländer angepasst, die von vorn herein dem muttersprachlichen Unterricht weniger Aufmerksamkeit geschenkt haben. Die nächste Stufe dieser Entwicklung ist, dass die neue
KMK-Empfehlung in Punkt 7 vorschreibt:"Um die ausländischen
Schüler nicht zu überlasten, soll der Ergänzungsunterricht
5 Wochenstunden nicht überschreiten." D.h. es wird keine
Stundenzahl festgelegt und auch keine untere Grenze angegeben. In den neuen Erlass von NRW wurde dies so eingearbei-
tet:"Für ausländische Schüler in deutschen Regelklassen sollen
nach Möglichkeit wöchentlich bis zu 5 Stunden muttersprach-
licher Unterricht einschliesslich Landeskunde angeboten werden,
sofern mindestens 15 Schüler gleicher Sprachzugehörigkeit
hieran regelmässig teilnehmen." (6.2.) Da dieser Unterricht
aber nur "im Rahmen der Stellen auf Grund der Schüler-Leh-
rerstellen-Relation" durchgeführt werden kann, d.h. keine

zusätzlichen Lehrerstellen dafür bereitgestellt werden, wird der "Schwarze Peter" praktisch an die Schulämter weitergegeben.

(4) Vgl. die Beschreibung dieser Schule in:W.F.Mackey, Bilingual Education in a Binational School, Rowley, Mass. (1972)

(5) Vgl. etwa das Vorwort in: F.OHRTMANN/L.AKDORA/G.DINLER: Türkçe öğrenelim - Türkisches Lehrbuch für ein deutsches Gymnasium. Istanbul

(6) Sie ist vielleicht weniger irreal für den Fall spanischer Schüler, da das Spanische als Sprache ein relativ hohes Prestige hat, so dass hier lediglich die Barriere zwischen einheimischer Bevölkerung und Gastarbeitern durchbrochen werden müsste, während der Erwerb der Zweitsprache Spanisch durchaus attraktiv gemacht werden könnte.

(7) Aufgrund unserer Daten können wir sagen, dass nur rund 1/3 der Eltern konkrete Rückwanderungspläne für die nächsten 5 Jahre haben - dies jedoch auch unter dem unmittelbaren Eindruck der Krise und oft ohne klare Perspektive für die Möglichkeiten in der Heimat. Vermutlich wird selbst ein Teil dieser Eltern erheblich länger hierbleiben. Viele Eltern geben als Mindestaufenthalt den Zeitraum bis zur Beendigung der Berufsausbildung ihrer Kinder an, andere die Erreichung des Rentenalters und ein erheblicher Teil hat bereits den Entschluss gefasst, nicht wieder zurückzukehren.

(8) Auch dies ist inzwischen durch den neuen Erlass von NRW legalisiert worden. Man überlässt jetzt den Eltern, wo sie ihre Kinder einschulen wollen, ohne sie aber über die Folgen ihrer Entscheidung aufzuklären. Hierdurch ist die Zahl der gut deutsch sprechenden Schüler in 1. Vorbereitungsklassen merklich gestiegen.

(9) Siehe Anm. 5. Man muss hinsichtlich der Kinder zusätzlich bedenken, dass die Rückwanderung eines Elternteils oder auch beider Eltern, wenn sie nicht in nächster Zukunft erfolgt, nicht automatisch auch die Rückwanderung der Kinder bedeutet. Viele von ihnen sind sehr jung in die BRD gekommen oder auch hier geboren. Sie kennen die Türkei nur aus Erzählungen und allenfalls Ferienaufenthalten. Es gibt keinen ersichtlichen Grund, warum eine grössere Zahl dieser Kinder nach abgeschlossener Berufsausbildung freiwillig in die Türkei "zurückkehren" sollte.

(1o) Im Gegensatz zu den übrigen Gastarbeiter-Nationen wohnen die türkischen Arbeiter hier in Essen konzentriert in bestimmten Vierteln und Strassenzügen, insbesondere des

Essener Nordens - im Süden punktuell in Kupferdreh, Heisingen, Rellinghausen, Holsterhausen. Diese Wohnkonzentration führt dazu, dass die Kinder in bestimmten Gegenden relativ niedrigere Chancen auf deutsche Spielkameraden haben - jedoch zeigen einige Kinder aus eben diesen Strassenzügen, dass es auch dort nicht buchstäblich unmöglich ist, deutsche Spielkameraden zu finden.

(11) Dies hat sich inzwischen geändert, nachdem Pläne, die Stadtbibliothek im Arbeiterviertel Karnap zu schliessen und Filialen in anderen Arbeiterviertel stark in der Öffnungszeit zu reduzieren, auf starke öffentliche Proteste gestossen waren. Die Schliessungspläne waren mit einem Hinweis auf die Leserstatistik motiviert worden, die gerade in den Arbeitervierteln besonders niedrig liege. Hiergegen war eingewendet worden, dass für einen grossen Teil der Bevölkerung - nämlich die ausländischen Mitbürger - überhaupt keine Bücher zur Verfügung stehen. Spenden von privater Seite, u.a. von türkischen Eltern gesammeltes Geld und Geld von Studenten und Hochschullehrern der Essener Gesamthochschule ermöglichten es, der von der Schliessung bedrohten Bibliotheks-Filiale türkische Kinderbücher im Werte von über 1ooo DM zur Verfügung zu stellen. Durch die öffentlichen Proteste konnten Schliessung und Kürzungen zunächst abgewendet werden. Inzwischen sind auch Bücher für ausländische Mitbürger in die Haushaltsberatungen der Stadt Essen einbezogen worden.

(12) Dies konnten wir jedenfalls an einer Reihe neuintegrierter Schüler - besonders aus dem Bereiche der Hauptschule - beobachten. Die Frage ist allerdings, wie lange diese günstige Situation andauert, wenn die Schüler einerseits immer wieder mit Misserfolgen konfrontiert werden und andererseits keine sinnvolle Orientierung für ihre Absicht erhalten, die eigene Situation zu verbessern.

(13) Jens.G.HANSEN: Der Unterricht für Gastarbeiterkinder in Schleswig-Holstein. Wegweiser für die Lehrerfortbildung 78, herausgegeben vom Landesinstitut Schleswig-Holstein für Praxis und Theorie der Schule, Kiel 1974
HANSEN schreibt:"So fehlt z.B. in der neugriechischen Sprache fast vollständig der lange Vokal. Das griechische Kind ist also gar nicht oder kaum in der Lage, einen langen oder kurzen, einen offenen oder geschlossenen E-Laut voneinander zu unterscheiden, und neigt förmlich dazu, beim Schreiben alle verschiedenen E-Laute mit dem einfachen E abzudecken. Noch schwieriger ist es mit den Umlauten des O und des A. Das griechische Kind hört sie nicht, ebensowenig wie die bei uns so deutlich unterschiedenen S-Laute. Vor noch grösseren Schwierigkeiten in dieser Hinsicht steht das türkische Kind."

Es ist offensichtlich, dass der Autor hier Lautung und Rechtschreibung vermischt. Dass wir im Deutschen die E-Laute e, ee, eh,

ä, äh schreiben, ist eine Besonderheit unserer Rechtschreibung,
nicht unserer Lautung. Gerade in Schleswig-Holstein dürfte der
ausländische Schüler kaum auf einen Lehrer stossen, der äh
und eh verschieden ausspricht. Es ist selbstverständlich, dass
die Schüler hier Rechtschreibschwierigkeiten haben, besonders
wenn der Lehrer versucht, die unterschiedliche Schreibweise
"hören" zu lassen.

Richtig ist, dass griechische Kinder Schwierigkeiten mit der
Opposition "kurz/lang" haben, ebenso mit den Umlauten von
O und U (nicht mit dem von A, denn der ist lautlich einfach
E!), und mit den S-Lauten. Bis auf die Opposition "kurz/lang"
bestehen diese Schwierigkeiten aber für den türkischen Schüler
nicht. Vermutlich hat HANSEN die "noch grösseren Schwierigkeiten" der türkischen Kinder deren Rechtschreibung entnommen,
ohne zu bedenken, dass Rechtschreibschwierigkeiten nicht immer auf lautliche Schwierigkeiten zurückgehen müssen, sondern
sehr wohl auch durch den Kontrast zweier Rechtschreibsysteme
mitbedingt sein können.

(14) Man vergleiche hierzu etwa folgendes Argument:"Da das Ziel
des Sprachunterrichts für ausländische Arbeiter nicht in sozialer
Anpassung liegen soll, ist es eher darin zu sehen, dem Ausländer die notwendigen Ausdrucksmittel und Informationen zur
Verfügung zu stellen, so dass er selbst seine soziale Situation
verbessern und seine Interessen effektiver in der Gesellschaft
vertreten kann." (Sprache und Kommunikation ausländischer
Arbeiter, Heidelberger Forschungsprojekt "Pidgin-Deutsch",
Kronberg 1975, S.39.)

Was ist von dieser Alternative zu halten: (a) "soziale Anpassung" oder (b) zur Verfügung Stellen der notwendigen Ausdrucksmittel und Informationen zur Selbsthilfe? Wir meinen, dass
hier Unvergleichbares auf eine Stufe gestellt wird, nämlich
"Ausdrucksmittel" und "Informationen". Informationen bewirken
- wenn sie akzeptiert werden - eine neue Einschätzung eines
Tatbestandes, z.B. der eigenen Lage oder der Interessen und
des Verhaltens anderer. Insofern nun Informationen richtig oder
falsch, vollständig oder unvollständig sein können, können sie
unter Umständen auch zur Unklarheit über die eigene Lage beitragen. Soweit solche Informationen dazu benutzt werden, jemanden an eine für ihn unvorteilhafte Lage anzupassen, kann
man von "sozialer Anpassung" im negativen Sinne des Wortes
reden. Solche Fehlinformationen sollten natürlich möglichst
weitgehend aus dem Unterricht ferngehalten werden. Um etwas
ganz anderes geht es jedoch bei den Ausdrucksmitteln. Hier
handelt es sich nicht um Inhalte, um Informationen, sondern
um Mittel zu ihrem Ausdruck. Die blossen Ausdrucksmittel beeinflussen die Einschätzung der eigenen Lage und der gesell-

schaftlichen Verhältnisse nicht unmittelbar. Hier geht es vielmehr darum, ob ich mich ohne Mühe verständlich machen
kann, ob ich alles verstehen kann, was gesprochen und geschrieben wird, ob ich mich so ausdrücken kann, dass man
mich daran nicht als Ausländer erkennt, wenn ich es nicht
will, usw. Natürlich kann man - wenn es beliebt - auch hier
von "sozialer Anpassung" reden, weil der Begriff sehr dehn-
bar ist, aber dies ist dann jedenfalls eine ganz andere Art
von "Anpassung". Und - darauf kommt es hier an - die Ab-
lehnung der einen Art "Anpassung" schliesst noch nicht die
der anderen Art ein, wie das obige Zitat dies unterschieben
möchte. Wenn ich nicht bereit bin, jemanden über seine Situation zu belügen, heisst das noch lange nicht, dass ich
nicht bereit bin, ihm meine Sprache beizubringen.

(15) Vgl. hierzu: J.MEYER-INGWERSEN:Grundsätzliche Überlegungen zur Frage der "sprachlichen Benachteiligung" der Kinder ausländischer Arbeiter. AGG-Materialien 8, Text 4
R.NEUMANN: Für eine qualifizierte Deutschausbildung, AGG
Materialien 9, Text 2.

(16) Dies war teilweise eine Folge des verstärkten Familiennach-
zugs im Gefolge der neuen Kindergeldregelung und des daran
anschliessenden Runderlasses des KM vom 8.1.1975, der
in türkischen Vorbereitungsklassen die Heraufsetzung der
Schülerzahl auf normale Klassenstärke zuliess. Inzwischen
ist von Seiten des Schulamtes einiges geschehen, um die
Situation zu bessern und auch viele Kollegen haben sich verstärkt für die Verbesserung der Situation eingesetzt. So
konnten zu Beginn des Schuljahres 76/77 viele der Kinder,
die bereits über 3 Jahren in Vorbereitungsklassen zugebracht
hatten, integriert werden. Probleme liegen z.Z. in der Betreuung der neuintegrierten Schüler, die z.T. sehr stark verstreut
sind.

(17) Nämlich in dem Band: W.HÜLLEN (Hrs.g): Neusser Vorträge
zur Fremdsprachendidaktik, Berlin 1973

(18) Peter CLASSEN: Zur gesellschaftlichen Relevanz linguistischer
Theorien im Studium zukünftiger Sprachlehrer. In: Neusser
Vorträge... vgl. Anm. 17, dort S.3o-41

(19) Jürgen QUETZ: Wortschatzarbeit im Lichte neuerer Semantik-
theorien und lernpsychologischer Untersuchungen. In: Neusser
Vorträge.... vgl. Anm. 17, dort S. 13o-137

(2o) Vgl. hierzu auch den in Anm. (15) erwähnten Beitrag von J.
MEYER-INGWERSEN in den AGG-Materialien 8

(21) Vgl. etwa: C.F.van PARREREN: Psychologie und Fremdsprachenunterricht. Praxis des neusprachlichen Unterrichts 1963/1o

(22) Vgl. etwa: G.PIPPIG: Zur Entwicklung mathematischer Fähigkeiten. Psychologische Beiträge 12 - Berlin 1971; jedoch greift diese Theorie viel weiter, vgl. etwa den Sammelband: Probleme der Lerntheorie, Berlin 1967. Verwandt sind die Arbeiten von J.LOMPSCHER, z.B. Kenntniserwerb und geistige Entwicklung in der Unterstufe. Psychologische Beiträge 5, Berlin 1969; Theoretische und experimentelle Untersuchungen zur Entwicklung geistiger Fähigkeiten. Berlin 1972

(23) Probleme der Lerntheorie S. 82-1o5, Beitrag von N.S.PATINA

(24) A.A.LEONT'EV: Psycholinguistik und Sprachunterricht, Stuttgart 1974, S. 55 ff.

(25) S.M.ERVIN & C.E.OSGOOD: Second Language Learning and Bilingualism. In: J.abnorm. and soc. Psychol., 1954,49 pp. 139-146

(26) Vgl. A.BACHMAIR, AGG-Materialien No. 8; dagegen R.NEUMANN in AGG-Materialien 9, vgl. hier Anm. 15.

(27) O.STEIN: Überlegungen zu einer modernen Lerngrammatik in Probleme, Prioritäten, Perspektiven des fremdsprachlichen Unterrichts. Frankfurt/Berlin/München 1972 / 1975 S.84-9o

(28) the Chicago which hunt Papers from the Relative Clause Festival - April 13, 1972 - Chicago 1972

(29) So noch in ALPERS/VOGES: Britain and America A 2, 1. Aufl. 1966, wo das gesamte Relativum in Lektion 2 verhandelt wird, dazu noch relativ wirr dargestellt im grammatischen Anhang (S-84f.)

(3o) J.MEYER-INGWERSEN: Einige typische Deutschfehler bei türkischen Schülern, in: LILI 5/1975, Heft 18, S.68-77

(31) T.N.ALIEVA: Ošibki v pis'mennoj reči učaščixsja kak sledstvie slabyx orfoepičeskix navykov. Russkij jazyk i literatura v azerbajdžanskoj škole 1/74 Baku 1974, S. 61-68, dort S. 63

(32) Vgl. zur Situation in der Aserbeidschanischen SSR: M.ŞIRELIEV Azerbaycan dialektolokiyasının esasları, Bakı 1962, S.77
Die fragliche Lautverschiebung betrifft neben dem tš auch das dž, das zu dz wird. Sie findet in allen in dem fraglichen Gebiet gesprochenen Sprachen statt, also im Neupersischen und Kurdischen genauso, wie im Aserbeidschanischen. Sie setzt

sich im Iran bis ins Mukri-Kurdische (Raum Mehabad) fort,
vgl. K.R.EJJUBI, I.A.SMIRNOVA: Kurdskij dialekt Mukri
Leningrad 1968, S.16.
Ursprünglich ist diese Verschiebung wohl auf kaukasischen
Einfluss zurückzuführen.

(33) Inzwischen konnten wir sie beobachten. Vgl. hierzu S.45f.
dieses Buches.

(34) Vgl. zur Kopula etwa: Charles A.FERGUSON: Absence of
Copula and the Notion of Simplicity, in DELL HYMES:
Pidginization and Creolization of Languages, Cambridge 1971
S. 141-15o

(35) J.MEYER-INGWERSEN: FEKR - Ein Beitrag zur Transformationsgrammatik des Neupersischen. In: Neue Methodologie
in der Iranistik. Hrsg. R.FRYE, Wiesbaden 1974, S. 1o2f.

(36) Inzwischen in 9 Schulen, da in einem Fall einige Grundschul-
klassen, die zunächst an einer Hauptschule geführt wurden,
inzwischen in eine Grundschule eingegliedert wurden, und da
ausserdem an einer weiteren Grundschule türkische Vorbereitungsklassen eingerichtet wurden. Die Fluktuation ist jedoch noch
grösser, da in einem Fall eine Grundschule mit türkischen Vorbereitungsklassen aufgelöst wurde, so dass die Klassen an eine
andere Schule verlegt wurden, leider ohne die bereits vertrauten
Deutschlehrer, die wiederum an eine andere Schule kamen.

(37) Dies Buch sollte bereits 1976 erscheinen, jedoch war dieser
Termin nicht einhaltbar. Die Grundlinien finden sich im vorliegenden Buch S. 4o-8o. Eine ausführliche Darstellung zu
diesem Thema, einschliesslich Vorschlägen für den Unterricht,
wird folgen.

(38) In Vorbereitung.

(39) Vgl. hierzu den Anhang 1: Projektantrag, S.283-292 dieses
Buches. Der Antrag wurde zunächst für einen 1. Abschnitt
von einem Jahr genehmigt. Die Untersuchungen sind angelaufen.
Beobachtet wird zweisprachiger Fachunterricht in einer 7/8.
Vorbereitungsklasse, Fachunterricht in je einer 7. und einer
8. Regelklasse mit integrierten türkischen Schülern, sowie
einer 1o. Hauptschulklasse, die von 9 integrierten türkischen
Schülern besucht wird.

C. Anmerkungen zu Teil III

(1) Vgl. das in Anm. (2) zitierte Referat von BODENBENDER, dort S. 7. BUSCHFORT (ebenfalls in (2) zitiert) gibt demgegenüber noch 11o 000 Geburten = 1/6 aller Geburten.

(2) Hermann BUSCHFORT: Zur Ausländerpolitik der Bundesregierung. Ausführungen auf einer Arbeitskonferenz von Vertretern der SPD-Bundestagsfraktion und einer jugoslawischen Parlamentarierdelegation am 26. Oktober 1976 in Bonn.
Wolfgang BODENBENDER: Zwischenbilanz der Ausländerpolitik. Referat auf der Tagung der Südosteuropa-Gesellschaft in der Akademie Tutzing am 16. Nov. 1976

D. Anmerkung zum Anhang 1

(1) Es handelt sich um die in den Anmerkungen B. (15) und (3o) genannten Beiträge.

Sachregister

Register zur Rechtschreibung

Die folgenden Stellenangaben beziehen sich auf die jeweils richtige Schreibung, sind also keine Liste der möglichen Fehlschreibungen, und auch nicht der Laute.

Türkische Vokalschreibungen

Türkische Konsonanten

Namenregister

ATHENÄUM
SCRIPTOR

Postfach 1348
D-6242 Kronberg

NEUANKÜNDIGUNGEN FRÜHJAHR 77

Klaus Göbel (Hrsg.)
Das Drama in der Sekundarstufe I
ca. 240 Seiten, ca. DM 16,80 ISBN 3–589–20555–5
Taschenbücher Literatur + Sprache + Didaktik S 115 (Scriptor)

Carol Molony/Helmut Zobl/Wilfried Stölting (Hrsg.)
Deutsch im Kontakt mit anderen Sprachen
German in Contact with other Languages
ca. 200 Seiten, ca. DM 36,– ISBN 3–589–20551–2
Monographien Linguistik und Kommunikationswissenschaft Bd. 26 (Scriptor)

Heinz Moser (Hrsg.)
Probleme der Unterrichtsmethodik
ca. 160 Seiten, ca. DM 14,80 ISBN 3–7610–3146–7
Taschenbücher Erziehungswissenschaft (AT 3146) (Athenäum)

Günter Neff (Hrsg.)
Praxis des entdeckenden Lernens in der Grundschule
ca. 250 Seiten, ca. DM 16,80 ISBN 3–589–20561–X
Taschenbücher Grundschule S 123 (Scriptor)

Klaus Pawlowski
Anwendungen der Rhetorik im Deutschunterricht
Eine didaktisch-methodische Darstellung
ca. 200 Seiten, ca. DM 16,80 ISBN 3–589–20556–3
Taschenbücher Literatur + Sprache + Didaktik S 116 (Scriptor)

Uta Quasthoff (Hrsg.)
Sprachstruktur – Sozialstruktur
Zur linguistischen Theorienbildung
ca. 250 Seiten, ca. DM 38,– ISBN 3–589–20387–0
Monographien Linguistik und Kommunikationswissenschaft Bd. 30 (Scriptor)

Gerd-Bodo Reinert/J. Thiele
Pädagogische Interaktion
ca. 230 Seiten, ca. DM 16,– ISBN 3–7610–3147–5
Taschenbücher Erziehungswissenschaft (AT 3147) (Athenäum)

Gert Sautermeister
Die klassische deutsche Schulnovelle
2 Bände, je ca. 180 Seiten, je ca. DM 14,80
ISBN ges.: 3–589–20557–1, Bd. 1: 3–589–20558–X, Bd. 2: 3–589–20559–8
Taschenbücher Literatur + Sprache + Didaktik S 117 und S 118 (Scriptor)

ΛTHENÄUM
SCRIPTOR
Postfach 1348
D-6242 Kronberg

BEREITS ANGEKÜNDIGTE TITEL:

Wolfgang Börner/Bernd Kielhöfer/Klaus Vogel
Französisch lehren und lernen
Aspekte der Sprachlehrforschung
Monographien Literatur + Sprache + Didaktik Band 8, 1976
152 Seiten, DM 14,80 ISBN 3–589–20375–7 (Scriptor)

Rainer Dietrich (Hrsg.)
Aspekte des Fremdsprachenerwerbs
Beiträge zum 2. Fortbildungskurs
DEUTSCH ALS FREMDSPRACHE
Monographien Literatur + Sprache + Didaktik Band 12, 1976
145 Seiten, DM 14,80 ISBN 3–589–20504–0 (Scriptor)

Wolfgang Eichler/Karl-Dieter Bünting
Deutsche Grammatik
1976, 313 Seiten, DM 19,80 ISBN 3–589–20501–6 (Scriptor)

Heidelberger Forschungsprojekt ,,Pidgin-Deutsch''
Sprache und Kommunikation ausländischer Arbeiter
Analysen, Berichte, Materialien
Monographien Linguistik und Kommunikationswissenschaft Band 20, 1975
162 Seiten, DM 18,– ISBN 3–589–20123–1 (Scriptor)

Danielle Hoppe
Aussprache und sozialer Status
Eine empirische Untersuchung zur französischen Gegenwartssprache
Monographien Linguistik und Kommunikationswissenschaft Band 24, 1976
241 Seiten, DM 42,– ISBN 3–589–20388–9 (Scriptor)

Bernd Kielhöfer
Fehlerlinguistik des Fremdsprachenerwerbs
Monographien Linguistik und Kommunikationswissenschaft Band 14, 1975
223 Seiten, DM 34,– ISBN 3–589–20070–7 (Scriptor)

Dieter Krallmann (Hrsg.)
Didaktische Aspekte der Kommunikation – Kommunikative Aspekte der Didaktik
Monographien Literatur + Sprache + Didaktik Band 14, 1976
ca. 250 Seiten, ca. DM 28,– ISBN 3–589–20506–7 (Scriptor)

ATHENÄUM
SCRIPTOR
Postfach 1348
D-6242 Kronberg

William Labov
Sprache im sozialen Kontext
Beschreibung und Erklärung struktureller und sozialer Bedeutung
von Sprachvariation
Herausgegeben von Norbert Dittmar und Bert-Olaf Rieck
Monographien Linguistik und Kommunikationswissenschaft
Band 33 und 23
Band 1: 1976, 320 S., DM 68,– ISBN 3–589–20022–7
Band 2: 1977, ca. 350 S., DM 74,– ISBN 3–589–20576–8 (Scriptor)

Harro Müller-Michaels (Hrsg.)
Arbeitsmittel und Medien für den Deutschunterricht
Taschenbücher S 104, 1976
312 S., DM 19,80 ISBN 3–589–20495–8

Ernst Nündel
Zur Grundlegung einer Didaktik des sprachlichen Handelns
Taschenbücher S 93, 1976
180 S., DM 14,80 ISBN 3–589–20383–8 (Scriptor)

Achim Schrader/Bruno W. Nikles/Hartmut M. Griese
Die Zweite Generation
Sozialisation und Akkulturation ausländischer Kinder in der Bundesrepublik
1976, 234 S., DM 16,80 (AT 4108) (Athenäum)

Karl Stocker (Hrsg.)
Taschenlexikon der Literatur- und Sprachdidaktik
Taschenbücher S 94/1 und S 94/2, 1976
2 Bde. in einer Kassette, je 300 S., zus. DM 36,–
ISBN 3–589–20384–6 (Scriptor)

Wulf Wallrabenstein
Sprechen als kommunikatives Handeln in der Grundschule
Taschenbücher S 113, 1976
174 S., DM 16,80 ISBN 3–589–20541–5 (Scriptor)